LE LIVRE PRATIQUE DU PATCHWORK ET DU MATELASSÉ

LE LIVRE PRATIQUE DU PATCHWORK ET DU MATELASSÉ

Isabel Stanley et Jenny Watson

Un guide complet et un ouvrage exhaustif sur les techniques du quilting, du patchwork et de l'appliqué, avec plus de 140 projets à réaliser vous-même : couvre-lits et jetés, coussins, vêtements et accessoires pour la maison.

Photographies : Gloria Nicol
Traduction de Founi Guiramand

MANISE

Édition originale publiée en Grande-Bretagne sous le titre
The Ultimate Quilting and Patchwork Companion

NOTE
Afin que cet ouvrage puisse être utilisé au Canada,
nous avons conservé les mesures anglo-saxonnes.
Elles sont donc indiquées systématiquement entre parenthèses.

Éditrice : Joanna Lorenz
Édition des textes : Judy Walker, François Morizot
Photographies : Gloria Nicol et Lucy Tizard
Illustratrice : Lucinda Ganderton

Traduction : Founi Guiramand

Cet ouvrage a déjà été publié en grand format sous le titre :
Le livre pratique du patchwork et du matelassé

ISBN : 2-84198-216-5
Dépôt légal : Octobre 2003

Imprimé en Chine

SOMMAIRE

INTRODUCTION

Le quilting ou matelassé est une technique très ancienne. Depuis des siècles, les Chinois matelassent leurs vêtements pour avoir chaud l'hiver. Plus près de chez nous, au temps des croisades, les soldats découvrirent combien les chemises matelassées que confectionnaient les Sarrasins étaient confortables sous une cotte de mailles. Ils en ramenèrent donc la technique en Europe dès le XIIIe siècle, et les femmes l'adaptèrent pour réaliser des couvre-lits et des couvertures.

Au XVIe siècle, lorsque les premiers émigrants s'embarquèrent pour l'Amérique, ils emportèrent cette technique de couture. Au début de leur implantation, la pénurie des ressources les obligea à recycler leurs vieux vêtements en réutilisant les parties de tissu encore en bon état. Les premiers quilts n'étaient donc pas forcément jolis. Ils devaient d'abord être utiles. Plus tard, bien sûr, avec la prospérité grandissante, ils devinrent plus élaborés, et très vite apparurent, dans leur conception, des préoccupations esthétiques. C'est ainsi que se développa toute une variété de motifs et de dessins. On eut recours ensuite à l'appliqué, qui devint vite une manière très populaire de décorer les couvertures matelassées, et c'est ainsi que naquit le patchwork matelassé décoré.

Nous vous présentons ici les trois techniques du quilting, du patchwork et de l'appliqué, d'une part parce qu'elles sont toutes trois très populaires, et aussi parce qu'elles sont souvent très étroitement associées. Elles vous seront bien sûr expliquées en détail. Les projets à réaliser vous-même qui vous sont présentés témoignent d'inspirations à la fois modernes et traditionnelles. Cependant, avant de vous lancer dans la réalisation de l'un des 140 ouvrages de ce livre, lisez attentivement les pages d'introduction : vous y trouverez des précisions indispensables sur le matériel et les fournitures à vous procurer, ainsi que sur les accessoires indispensables qui donneront à vos ouvrages le fini parfait d'un travail de professionnel.

MATÉRIEL ET FOURNITURES

La plupart des articles mentionnés ci-dessous se trouvent très facilement, et sans doute les avez-vous dans votre boîte à ouvrage. Quant aux autres, vous vous les procurerez dans les merceries ou dans les rayons spécialisés des grands magasins.

CISEAUX ET INSTRUMENTS DE COUPE

Ciseaux de tailleur : vous ne les utiliserez que pour couper du tissu, de sorte que leurs lames ne s'émousseront pas.
Ciseaux à papier : aiguisez-les régulièrement, et ne les utilisez que pour couper du papier.
Ciseaux à broder : ces petits ciseaux à bouts pointus, parfois de forme décorative, s'utilisent dans le patchwork, le matelassé et l'appliqué, pour couper les fils et nettoyer les coutures.
Ciseaux à cranter : ces ciseaux ont des lames dentelées ; on s'en sert pour éviter que les bords d'un tissu ne s'effilochent. Ils servent aussi à découper le bord d'un tissu de façon décorative.
Cutter rotatif : vous vous en servirez toujours en vous appuyant sur une planche à découper. Il vous facilitera la coupe des pièces d'un patchwork. Assurez-vous que sa lame est toujours en bon état.
Cutter à lame : très pratique pour couper des gabarits dans du carton ou du plastique. Découper toujours vers l'extérieur pour ne pas risquer de vous blesser.

INSTRUMENTS DE MESURE

Règle : elle vous sera utile pour dessiner vos gabarits, mais aussi pour découper vos cartons et votre tissu avec un cutter.
Règle lourde en acier : associée à une équerre, elle vous permettra de découper de grands métrages de tissu. Son poids lui évite de glisser.
Équerre : elle vous servira à vérifier que les angles sont bien droits. Utilisez-la aussi pour découper de grands métrages de tissu en vous aidant d'une règle lourde.
Centimètre de couturière : c'est un accessoire pratique et souple pour mesurer le tissu.
Compas : indispensable pour tracer des cercles.

INSTRUMENTS DE MARQUAGE

Réglet : instrument très utile pour vérifier les mesures.
Feutre de couturière : l'encre de ce feutre s'estompera au contact de l'eau ou de l'air et finira par disparaître. Vous pouvez donc l'utiliser pour tracer des repères sur le tissu. Si vous travaillez sur l'envers de l'étoffe, vous pouvez aussi utiliser un crayon à mine tendre.
Craie de tailleur : on l'utilise à même le tissu, que l'on brosse par la suite pour en ôter toute trace. On utilise aussi de la craie en poudre lorsque l'on travaille avec des papiers perforés.

MATÉRIEL DE COUTURE

Aiguilles : vous choisirez des aiguilles pointues pour le travail à la main de matelassage et d'assemblage du patchwork. Pour les points plus petits, choisissez des aiguilles plus fines.
Aiguilles à tapisserie : on s'en sert pour les points de broderie. Choisissez des aiguilles n° 8 ou n° 9 suivant l'épaisseur du tissu que vous travaillez.
Épingles : jetez les épingles rouillées ou émoussées. Les épingles à matelassé sont plus longues que celles que l'on utilise ordinairement en couture : il faut qu'elles traversent plusieurs épaisseurs de tissu.
Epingles de nourrice : elles peuvent être utiles pour maintenir ensemble plusieurs épaisseurs d'un ouvrage à matelasser.
Cire d'abeille : enduisez votre fil de cire avant d'entreprendre les piqûres de matelassé ; il glissera mieux dans les épaisseurs de tissu.
Dé : c'est un accessoire indispensable quand on fait les piqûres de matelassé à la main, car il faut introduire l'aiguille au travers de plusieurs épaisseurs de tissu.
Découd-vite : instrument indispensable qui vous permettra de découdre rapidement les piqûres à la machine.
Fer à repasser : il est indispensable pour ouvrir les coutures d'assemblage d'un patchwork. Dans la mesure du possible, choisissez un fer à vapeur. Si vous avez un fer ordinaire, utilisez-le avec une pattemouille.

TAMBOURS ET MÉTIERS À BRODER

Tambour à broder : ce sont deux cercles qui s'emboîtent l'un dans l'autre, et permettent de tendre l'ouvrage. Vous choisirez un tambour de plastique avec vis de serrage en métal pour vos travaux à la machine. Pour vos travaux à la main, optez pour un tambour de bois.
Métier à broder : ce sont des cadres à quatre côtés soit montés sur pied, soit maintenus à la main. Le tissu se tend quand on ajuste les rouleaux latéraux.

DIVERS

Colle à tissu : vous l'utiliserez à la place de toile d'assemblage thermocollante pour fixer un appliqué sur son tissu de support.
Colle à papier : choisissez-la en spray si vous vous en servez pour coller vos gabarits.
Peintures et teintures pour tissu : vous pouvez matelasser des tissus peints, et nous vous recommandons pour vos tissus des peintures non toxiques à base d'eau, qui se fixent au fer. Utilisez aussi des teintures pour obtenir des tons inattendus. Il existe des teintures à l'eau chaude ou à l'eau froide. Attention cependant, ces dernières ont généralement besoin d'un fixateur. Suivez les instructions portées sur l'emballage.

LÉGENDES :
1 Ciseaux de tailleur
2 Ciseaux à broder
3 Ciseaux à cranter
4 Cutter rotatif
5 Cutter
6 Règle
7 Règle lourde en acier
8 Centimètre de couturière
9 Équerre
10 Compas
11 Réglet
12 Feutre de couturière
13 Craie de tailleur
14 Aiguilles
15 Cire d'abeille
16 Épingles à matelassé
17 Épingle de nourrice
18 Dés
19 Découd-vite
20 Tambour à broder
21 Grand tambour à matellasser
22 Colle à tissu
23 Peintures et teintures à tissu

JAKAR
3011

ACCESSOIRES DIVERS

La plupart des articles mentionnés ci-dessous sont courants, et sans doute les avez-vous déjà dans votre boîte à ouvrage. Sinon, vous pouvez vous les procurer dans les merceries ou dans les rayons spécialisés des grands magasins.

Biais : c'est une bande de tissu étroite taillée dans la diagonale du tissu, qui sert à recouvrir des bords vifs. On en trouve du tout fait, mais vous pouvez le réaliser vous-même (voir Techniques de base).

Boutons : choisissez-en de toutes sortes (plastique, nacre, bois, et bien entendu recouverts de tissu). S'ils servent pour fermer les vêtements, les boutons peuvent aussi s'utiliser comme éléments décoratifs, ou pour fermer des housses de coussins.

Dentelle : des chutes ou des longueurs de dentelle sont utiles pour décorer certains appliqués.

Fermeture Éclair : elle sert à assembler hermétiquement deux morceaux de tissu.

Fils : pour la couture à la main, choisissez du fil 100 % coton, et pour vos travaux à la machine, prenez-en soit 100 % coton, soit mélangé polyester. Le fil à faufiler est plus épais que le fil à coudre ; on s'en sert pour maintenir momentanément plusieurs épaisseurs de tissu ensemble. Les fils pour le matelassé sont très épais aussi.

Fils à broder : choisissez du coton perlé, un fil brillant à deux brins, ou du coton à broder qui compte cinq brins que l'on peut séparer pour les broderies fines. Il existe des fils à broder machine de diverses grosseurs et dans une gamme étendue de coloris, ainsi que des fils métallisés.

Laine à broder : on l'utilise pour remplir l'intérieur de certaines piqûres dans la technique du quilting cordé. On s'en sert aussi pour des broderies.

Molleton : il en existe de coton, de soie, de laine ou en polyester, et c'est le matériau que l'on glisse entre deux épaisseurs de tissu pour confectionner un matelassé. On s'en sert aussi pour le *trapunto*.

Œillets : ils vous serviront pour fermer un sac, un cordon ou une cordelière.

Papier-calque : vous l'utiliserez pour reporter vos motifs.

Papier carbone de couturière : il vous servira à reporter des dessins sur un tissu.

Papier de soie : vous vous en servirez pour reporter vos dessins et motifs, mais aussi pour maintenir ensemble vos différentes pièces d'appliqué.

Papier millimétré ou quadrillé pour couturière : il vous permettra de reproduire facilement vos motifs et gabarits.

Papier sans acide : vous vous en servirez pour emballer vos tissus avant de les ranger.

Frange : grâce à certains articles de passementerie, vous pourrez décorer vos bordures ou enrichir un patchwork ou un quilt. Il existe des franges, des pompons, des glands, des galons, etc.

Perles et sequins : choisissez-les de matières différentes (verre, bois, plastique, os, etc).

Pressions : ces boutons de métal servent à assembler deux morceaux de tissu, on les utilise dans les rabats d'une housse de coussin, par exemple.

Rembourrage : il existe différents matériaux de rembourrage, certains sont de texture naturelle, de coton ou de laine, d'autres sont synthétiques.

Rubans : ils vous permettront d'embellir vos appliqués, ou d'enrichir le bord d'un patchwork. Choisissez vos rubans dans divers matériaux comme le velours, le satin, ou des étoffes tissées à la main.

Toile thermocollante : c'est un matériau très utile pour assembler deux épaisseurs de tissu. On s'en sert donc pour tenir en place un appliqué sur son tissu de support. Vous pouvez aussi dessiner vos gabarits sur le papier de protection du tissu, ce qui est pratique.

Triplure thermocollante : légère, elle s'utilise sur l'envers des pièces d'un patchwork pour bien délimiter la ligne des piqûres à la machine. Elle sert aussi à donner du corps à un tissu mince.

LÉGENDES :

1 Papier sans acide
2 Molleton
3 Perles et sequins
4 Biais thermocollant
5 Boutons
6 Papier carbone de couturière
7 Œillets
8 Fils à broder
9 Fil à broder machine
10 Papier millimétré
11 Triplure thermocollante
12 Toile thermocollante
13 Dentelle
14 Rembourrage
15 Pressions
16 Ruban
17 Rhodoïd
18 Fil à coudre
19 Fil à faufiler
20 Frange
21 Laine à broder

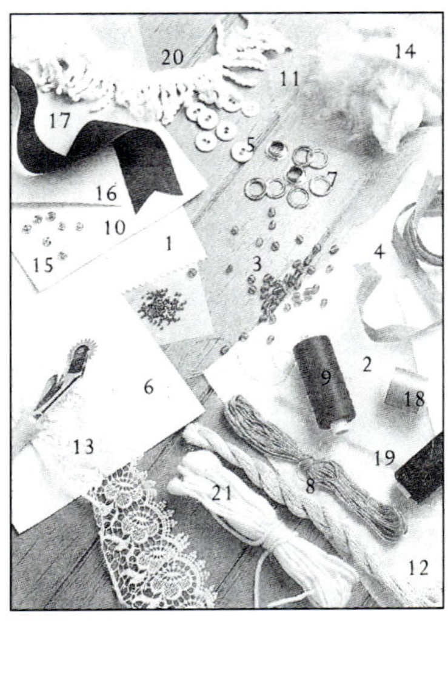

LES TISSUS

Différents types de tissus conviennent au travail de patchwork, de quilting et d'appliqué. Vous trouverez ci-dessous des informations qui vous aideront à choisir en fonction des projets que vous envisagez.

Percale : coton très fin à texture serrée qui existe de différentes couleurs et en imprimé.

Calicot : tissu de coton résistant à trame simple. Il est en général blanc ou de couleur naturelle, et se trouve dans différentes largeurs.

Feutrine : matériau non tissé que l'on obtient en compressant de la laine que l'on a mouillée puis chauffée. La feutrine rétrécit, et n'est donc pas indiquée pour un ouvrage que vous devrez laver souvent. Cependant, elle convient pour les appliqués car elle ne s'effiloche pas.

Lainage : la laine provient de la toison des moutons. C'est donc une fibre naturelle qui possède des qualités d'élasticité et qui isole bien. Les tissus de laine synthétique présentent ces mêmes qualités. La laine naturelle cependant résiste mal au lavage, et finit par feutrer. Vous pouvez utiliser des tissus de laine pour certains appliqués, mais évitez de le faire pour des ouvrages destinés à être souvent lavés.

Lin : matériau qui s'obtient en tissant la fibre naturelle du lin. Il présente généralement une trame irrégulière qui en fait un matériau noble et élégant. Le lin s'effiloche et se froisse, mais vous pouvez l'utiliser comme doublure d'un patchwork ou d'une couverture matelassée.

Mousseline : tissu de coton ou de coton mélangé, très fin et très souple. Convient pour les ouvrages de *trapunto*, les matelassés cordés et certains appliqués.

Organdi : tissu de coton très fin, généralement apprêté, qui convient pour certains appliqués inversés ou découpés.

Organza : tissu très léger, semblable à du voile, fait de soie ou de fibres synthétiques, ou encore d'un mélange des deux. Se trouve uniquement de couleurs unies, et aussi avec des fils métalliques qui lui donnent un aspect iridescent. Convient pour certains appliqués.

Popeline de coton : tissu de coton solide qui se lave et se repasse bien. On la trouve de différentes largeurs, de toutes les couleurs, et avec toutes sortes d'imprimés. Idéale pour le patchwork.

Rayonne et synthétiques : ces matériaux n'ont pas la souplesse du coton, et leur trame n'est pas extensible. Ils sont donc plus délicats à travailler. Vous pouvez néanmoins les utiliser pour des ouvrages en patchwork ou en matelassé réalisés à la machine, à condition de bien régler la hauteur de votre pied-de-biche.

Satin : étoffe brillante qui s'obtient à partir du coton, de la soie ou de fibres synthétiques. Il s'effiloche et se froisse facilement, mais il peut se révéler très joli pour du patchwork ou de l'appliqué.

Satin de coton : étoffe de coton ou de coton mélangé dont l'endroit a un aspect satiné. Convient bien au patchwork et mieux encore au matelassé.

Shantung : étoffe de soie à trame irrégulière. Le shantung s'effiloche facilement, mais il peut être indiqué pour certains ouvrages en patchwork et en matelassé.

Soie : c'est la plus belle et la plus noble des étoffes, et elle convient à tous les types d'ouvrages. Elle s'obtient en tissant les sécrétions produites par les vers à soie. Les tissus de soie sont doux, souples et brillants, et il en existe de toutes sortes de textures, de couleurs et d'épaisseurs.

Taffetas : tissu à trame régulière dont la couleur est en deux tons. On en trouve de soie ou de fibres synthétiques, et il convient parfaitement pour l'appliqué ou pour les ouvrages en patchwork.

Velours : on trouve du velours de coton et du velours synthétique. Ce tissu se caractérise par un envers plat et serré, et un endroit duveteux. Le velours s'effiloche facilement, et il n'est pas très pratique à manipuler parce qu'il glisse. En outre, il faut toujours le travailler dans le même sens.

Velours à côtes (ou velvet) : tissu avec de petites crêtes verticales qui forment comme des côtes. Bien qu'il s'effiloche, le velvet convient à l'appliqué et aux patchworks constitués de grosses pièces.

Vichy : l'alternance des couleurs des fils de chaîne et de trame donne des dessins à carreaux typiques du vichy. C'est un tissu idéal pour le patchwork et le matelassé.

Voile : tissu très fin et presque transparent. On s'en sert dans l'appliqué ombré. Le voile de coton est plus facile à travailler que celui fait de fibres synthétiques.

LÉGENDES :
1 Velours à côtes
2 Percale
3 Feutrine
4 Vichy
5 Lin
6 Organdi
7 Organza
8 Rayonne
9 Satin
10 Soie
11 Taffetas
12 Velours
13 Lainage

LE CHOIX DES TISSUS

Traditionnellement, le patchwork se réalisait avec des chutes et des restes de tissus utilisés pour d'autres ouvrages. Autrefois, on décousait les vieux vêtements pour en récupérer les parties en bon état afin de s'en resservir. Aujourd'hui, peu de gens confectionnent encore eux-mêmes leurs vêtements, et sans doute serez-vous tenté d'acheter des tissus neufs pour vos ouvrages en patchwork. Évitez pourtant les dépenses inutiles, et faites d'abord l'inventaire de vos placards et de vos tiroirs. Utilisez les tissus que vous y trouverez pour concevoir la maquette de votre patchwork par exemple, quitte à réaliser ensuite ce dernier avec des tissus neufs. Deux conseils cependant : n'utilisez jamais un tissu usé, et ne mélangez pas des tissus de fibres naturelles avec des tissus synthétiques.

Tous les tissus ne conviennent pas au patchwork. Choisissez ceux d'épaisseur moyenne, à trame régulière et moyennement serrée. Les tissus trop mous, comme la mousseline, ne conviennent pas car ils manquent de solidité et de tenue. Les tissus à trame trop serrée manquent de souplesse, et sont donc difficiles à assembler. Les tissus élastiques se déforment aussi.

La percale et le satin de coton sont les étoffes les mieux indiquées pour le patchwork, surtout si vous êtes débutant. Ils sont en effet faciles à travailler et très solides. Si vous n'êtes plus débutant, essayez de travailler la soie, ainsi que certains lainages légers.

Rangez vos chutes de tissu selon leur poids et leur épaisseur, et n'assemblez que des tissus de texture et d'épaisseur similaires. Si vous décidez d'utiliser un tissu inhabituel pour la première fois, faites un essai en en assemblant un petit morceau à vos autres tissus, et jugez du résultat.

Les mêmes règles de base s'appliquent aux ouvrages de matelassé. Cependant, pour l'appliqué, vous pouvez montrer plus d'audace et choisir des matériaux originaux, puisque une fois en place sur le tissu de fond, ils ne bougeront plus. Ainsi, vous pourrez marier des tissus à trame régulière avec d'autres à trame irrégulière, des très fins avec des plus épais, etc.

Lavez toujours vos tissus à l'eau tiède avant de les utiliser. Une fois secs, repassez-les avec un fer à vapeur ou, à défaut, avec une pattemouille.

Ci-dessus : *une couleur d'intensité moyenne, comme ce vert, paraît plus sombre associée à un tissu clair, et plus lumineuse associée à un tissu sombre.*

Ci-dessus : *si vous choisissez des tissus dans des tons en camaïeu, vous obtiendrez un effet plus intense en y alliant du noir ou du blanc.*

INTENSITÉ ET COULEUR

La couleur d'un tissu ainsi que son intensité sont essentielles dans la structure d'un motif de patchwork, il est donc important de bien les choisir. Certaines intensités de tons donnent de la profondeur au motif ; certaines alternances d'intensité donnent un effet de relief beaucoup plus réaliste que si l'on variait seulement les couleurs. C'est par les différences d'intensité de couleurs que l'on obtient des dessins précis comme pour le motif de la Cabane en rondins, par exemple. Si l'on ne jouait que sur les différences de couleurs, ce motif aurait un aspect déconstruit, voire désordonné.

Classez vos tissus selon trois intensités de couleurs différentes : clair, moyen et sombre. Pour ne pas vous tromper dans votre classement, regardez les tissus en ayant les yeux mi-clos. Vous verrez alors que les tissus clairs ressortent et paraissent plus proches que les tissus foncés. Quant aux moyens, ils paraissent foncés par rapport aux clairs, et clairs par rapport aux foncés.

Dans le travail du patchwork, une bonne planification est indispensable. Commencez par faire des essais d'assemblage de tissu, puis d'autres pour le positionnement des motifs. Dessinez aussi le motif de base et faites-en plusieurs photocopies, puis coloriez chaque partie de votre motif avec des couleurs différentes pour faire vos essais de tons et déterminer ainsi avec précision l'effet recherché.

LES COLORIS

Souvent, pour jouer la carte de la sécurité, on choisit pour un patchwork des tissus d'une même couleur mais aux intensités différentes. On obtient alors un ouvrage monochrome. Cependant, le résultat est plus intéressant si l'on marie ces couleurs en camaïeu à du blanc ou du noir. Si vous vous sentez davantage d'audace, songez aux couleurs du spectre. Les trois couleurs primaires sont le rouge, le bleu et le jaune, et leurs couleurs complémentaires sont le vert, l'orange et le violet. Vous obtiendrez le contraste maximum en alliant une couleur primaire avec sa couleur complémentaire : le rouge avec le vert, le bleu avec l'orange, et le jaune avec le violet. Lorsque l'on utilise des couleurs complémentaires soit pures soit dans des dégradés d'intensité, on obtient toujours un effet d'une grande profondeur. On peut aussi marier les couleurs en les associant comme elles le sont dans le spectre, pour cela

Ci-dessus : *les tissus dans des dégradés de jaune et de violet montrent bien le joli contraste que forme une couleur primaire (le jaune) associée à sa couleur complémentaire (le violet).*

choisissez des tons de rouge, d'orange et de jaune. Ou encore, pour un effet plus frais, optez pour du vert, du bleu et du violet.

Une couleur varie beaucoup en fonction de celles qui l'entourent : gardez ce grand principe à l'esprit, et faites des essais d'assemblage de couleurs avant de vous lancer dans votre ouvrage.

Si vous reprenez une même couleur en différents endroits du motif, vous créerez ainsi des points de focalisation autour desquels s'organiseront les autres éléments du motif. Traditionnellement, on utilisait du tissu rouge pour le centre du motif de la Cabane en rondins. Des morceaux de tissu de couleur vive, s'ils sont judicieusement positionnés, donneront du relief à votre patchwork.

TRAMES FANTAISIES ET IMPRIMÉS

Certains patchworks se réalisent avec des tissus dans le même ton de couleur, mais d'intensités et de textures différentes. Le résultat peut être très subtil et même magnifique. Choisissez des tissus précieux, comme du velours, ou brillants, comme des satins, ou encore spectaculaires, comme des taffetas. Les tons de ces tissus changeront subtilement avec l'éclairage, et vous obtiendrez des effets irisés. Les patchworks réalisés dans des imprimés sont difficiles à réussir, mais ils ont souvent un charme désuet très agréable. Pour des effets variés, choisissez d'associer des imprimés à petits, moyens et gros motifs. N'oubliez pas que la qualité la plus importante d'un tissu est l'intensité de sa couleur, aussi déterminez bien la valeur de la couleur de vos imprimés. Pour les imprimés à gros motifs, découpez vos gabarits dans un élément intéressant du motif : le cœur d'une fleur, par exemple. Utilisez pour cela un gabarit évidé qui vous permettra de bien visualiser la partie que vous découperez. Si vous voulez être très sélectif dans vos choix, il vous faudra prévoir suffisamment de tissu.

Si vous choisissez des imprimés à motifs espacés, ou des tissus à rayures ou à pois, prenez votre temps pour définir la disposition des étoffes les unes par rapport aux autres, et faites des essais avant d'assembler vos morceaux. Si vous travaillez avec des tissus à rayures, jouez sur les horizontales, les verticales et les diagonales. Vous pouvez aussi former des chevrons ou disposer les rayures en étoile par rapport à un centre.

Ci-dessus, à gauche : *on obtient des effets de couleur très subtils en choisissant des tissus imprimés dans une même tonalité de base ; ici, on a choisi une harmonie de rose et de rouge chauds.*

Ci-contre, à gauche : *l'association d'une couleur claire à une autre d'intensité moyenne produit un effet de contraste intense.*

Ci-contre, à droite : *ici, on a choisi une harmonie plus fraîche, en optant pour des tons de vert et de bleu.*

LES TECHNIQUES DE BASE

Les multiples projets proposés dans ce livre font appel à toutes sortes de techniques tant traditionnelles que modernes, et venant des quatre coins du monde. Ainsi, vous découvrirez les secrets de l'appliqué San Blas, du patchwork séminole et du matelassé *sashiko*, de même vous apprendrez la broderie blanche, l'appliqué inversé, et bien d'autres merveilles. Cependant, il est indispensable de maîtriser certaines techniques de base concernant le matelassé, le patchwork et l'appliqué, avant de commencer un projet. Ces techniques se retrouvent dans tous les ouvrages.

L'ABC DU PATCHWORK

Le patchwork est l'assemblage de morceaux de tissu découpés selon des formes régulières, et cousus selon un schéma géométrique de manière à former une mosaïque. Les morceaux de tissu se découpent et s'assemblent à la main. L'assemblage à la machine est plus rapide, mais l'assemblage à la main donnera à votre ouvrage un cachet ancien et traditionnel grâce aux petites irrégularités des coutures. Si vous êtes débutant, travaillez sur des gabarits de papier rigide ou de carton, de manière que les angles de vos pièces soient bien nets. Que vous choisissiez l'assemblage à la main ou à la machine, vos morceaux de tissu devront être coupés avec une précision méticuleuse, vos coutures régulières, et vous ne devrez pas oublier de repasser avec soin l'ouvrage fini.

LES GABARITS

Des gabarits précis vous permettront de découper des morceaux de tissu exactement identiques quant à leurs dimensions et leur forme. Le travail d'assemblage s'en trouvera ainsi facilité. Il existe plusieurs types de gabarits, vous pouvez les faire vous-même, ou les acheter. Dans le premier cas, découpez-les dans du carton ou dans des feuilles de Rhodoïd transparent. Vous pouvez aussi faire des gabarits évidés qui vous permettront de voir le tissu. Faites un gabarit pour chacune des formes entrant dans la composition du motif, ainsi que pour chaque morceau de tissu nécessaire. Un gabarit qui n'est plus impeccable donnera des pièces de tissu de dimensions imprécises.

Les gabarits doivent comporter les dimensions de tissu nécessaires pour les coutures d'assemblage, généralement 5 mm (1/4 po) de plus. Si vous doublez vos morceaux de tissu avec du papier de support, prévoyez deux gabarits, dont l'un comportera les coutures et l'autre non. C'est avec ce dernier que vous découperez le papier. Si vous utilisez un gabarit évidé, vous couperez le papier selon ses bords intérieurs, et le tissu selon ses bords extérieurs.

RÉALISATION DES GABARITS EN CARTON

1

Reportez le dessin sur du papier quadrillé, puis découpez chaque forme avec des ciseaux à bouts pointus.

2

Collez chaque forme sur un morceau de carton fin, tracez tout autour les lignes des coutures, puis découpez le carton en suivant ces lignes.

3

Recouvrez la marge représentant le tissu des coutures avec une fine couche de vernis à ongles transparent.

PRÉPARATION DES PIÈCES DE TISSU

Disposez le gabarit sur le tissu en alignant un bord droit avec le fil du tissu. Dessinez les contours du gabarit sur l'envers de l'étoffe au moyen d'un feutre de couturière ou d'une craie de tailleur. Assurez-vous que les formes sont bien respectées.

GABARITS EN RHODOÏD

Disposez la feuille de Rhodoïd sur le motif et dessinez chacune de ses formes. Tracez ensuite les lignes correspondant aux coutures, et découpez. Vos gabarits étant transparents, vous pourrez facilement sélectionner les dessins de vos tissus imprimés.

GABARITS ÉVIDÉS

Reportez vos formes sur une feuille de carton et dessinez les lignes des coutures en prévoyant 5 mm (1/4 po) tout autour. Découpez en suivant le tracé extérieur, puis découpez encore en suivant le tracé intérieur de la forme.

GABARITS ARRONDIS

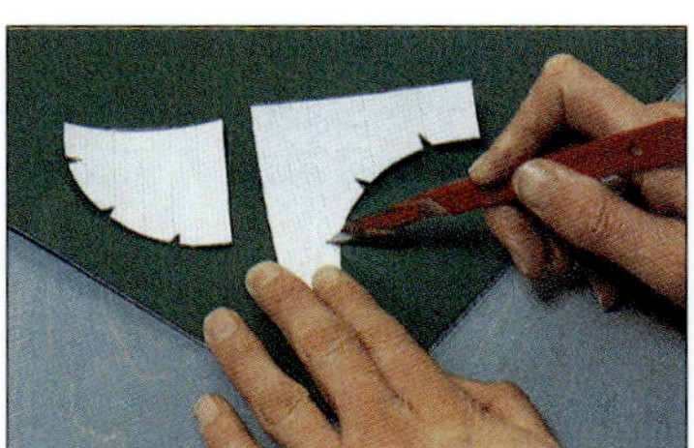

Si vos formes ont des lignes courbes, il faut les cranter (comme ci-dessus). Découpez soigneusement vos gabarits, puis crantez leur courbe au cutter.

DÉCOUPE DE PLUSIEURS PIÈCES ENSEMBLE

1

Il est possible de découper plusieurs pièces ensemble en pliant le tissu en accordéon, puis en agrafant le gabarit en carton sur le tissu ainsi plié.

2

Découpez vos épaisseurs avec un cutter rond ou à manche, et appuyez fort.

3

Conservez ensemble les pièces identiques en les piquant avec une longueur de fil. Vous les détacherez, une par une, au gré de vos besoins.

FIXATION DES PAPIERS OU CARTONS DE SUPPORT

Épinglez les papiers de support à l'envers des pièces de tissu. Rabattez les marges des coutures, et repassez. En laissant une extrémité du fil libre, faufilez les lignes des coutures par paire en leur milieu, et rabattez les angles. Cela fait, n'arrêtez pas votre fil, de façon à pouvoir défaire vos faufils, et enlevez les papiers de support une fois l'ouvrage terminé.

DOUBLAGE DES PIÈCES AVEC DE LA TRIPLURE

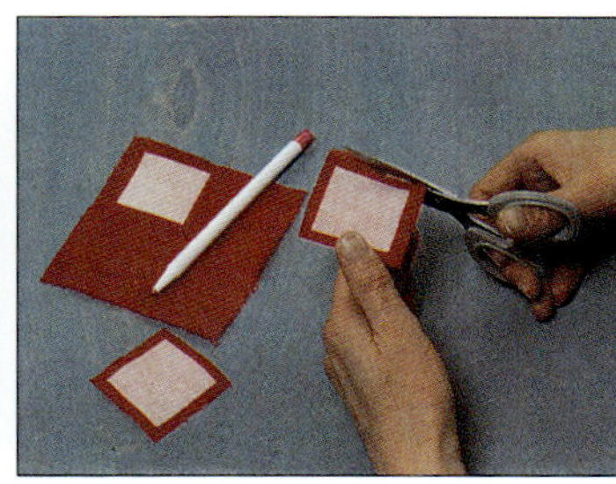

On peut utiliser de la triplure thermocollante à la place du papier de support. C'est particulièrement utile quand on assemble les éléments d'un patchwork à la machine. Dessinez vos formes sur le papier de protection de la triplure. Découpez-les et collez-les sur l'envers de votre tissu. Tracez ensuite sur celui-ci les marges des coutures, puis découpez chacun de vos morceaux de tissu avec des ciseaux bien aiguisés.

L'ASSEMBLAGE DES PIÈCES DE TISSU

Disposez vos pièces de tissu selon le motif que vous désirez créer. Quand la disposition vous convient, commencez à les assembler. Il y a différentes méthodes d'assemblage selon que vous choisissez de le faire à la main ou à la machine.

ASSEMBLAGE À LA MAIN

Épinglez les morceaux de tissu préparés, endroit contre endroit. Commencez par les angles, puis piquez une épingle au centre de chacun des côtés. Cousez ensuite à petits points de surjet réguliers, comme vous le voyez ci-dessus. Enlevez les épingles au fur et à mesure que l'assemblage progresse.

ASSEMBLAGE À LA MACHINE : MÉTHODE EN DRAPEAU

Cette technique permet d'assembler plusieurs pièces de tissu en une seule fois. En travaillant endroit contre endroit, épinglez les pièces deux par deux. Piquez en suivant la ligne des coutures, en vous guidant du pied-de-biche, et enlevez les épingles au fur et à mesure. Laissez une longueur de fil libre entre chaque assemblage de deux pièces, puis séparez chaque paire. Attention ! Vous devez piquer droit, et vos coutures ne doivent jamais froncer. Repassez-les ensuite sur l'envers en les couchant sur un côté.

ASSEMBLAGE EN BANDE

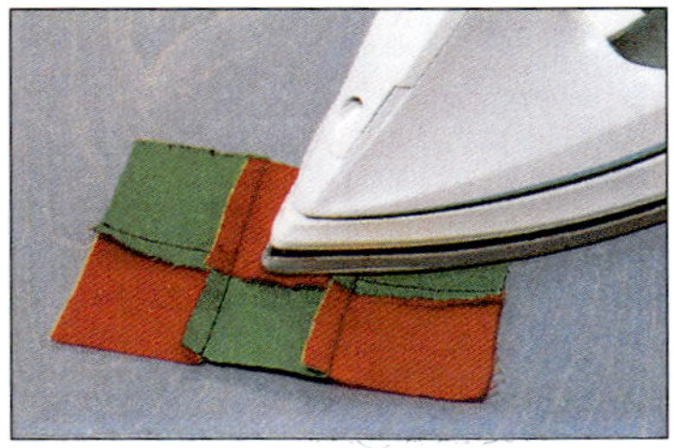

Que les coutures d'assemblage soient faites à la main ou à la machine, assurez-vous que les lignes des coutures se correspondent précisément avant de les épingler, puis de les coudre. Repassez ensuite sur l'envers en couchant les coutures sur un côté.

ASSEMBLAGE EN ANGLE

Pour réaliser un montage en angle, assemblez deux pièces d'étoffe en suivant la ligne de couture. Arrêtez la couture à 5 mm (1/4 po) du bord par un point arrière. En travaillant endroit contre endroit, épinglez une pièce constituant un angle au bord du patchwork, puis cousez du coin vers l'extérieur. Fixez l'angle adjacent de l'autre côté, en cousant de nouveau du coin vers l'extérieur.

BANDES INTERCALAIRES ET BORDURES

Ce sont deux éléments différents, même s'ils se coupent et se cousent de la même manière. Les bandes intercalaires s'utilisent à l'intérieur du motif pour séparer certains éléments de celui-ci ou isoler des groupes d'éléments. Les bordures, comme leur nom l'indique, se placent autour de l'ouvrage pour en dissimuler les bords vifs.

BANDES INTERCALAIRES

Pour les côtés longs des pièces, vous taillerez des bandes de tissu de la longueur de ces côtés. Pour les côtés courts, coupez des bandes de la largeur des pièces, plus le double de la largeur des bandes des côtés longs. En travaillant endroit contre endroit, cousez les bandes longues avant les courtes. Repassez sur l'envers et rabattez les coutures sur l'extérieur du travail.

BORDURES À ANGLES RABATTUS EN ONGLET

Découpez vos bandes de bordure (comme ci-dessus) en prévoyant 5 cm (2 po) supplémentaires pour chacun des quatre angles, afin de pouvoir les rabattre. Cousez vos bordures (comme ci-dessus). Pour rabattre un angle, rabattez le bord vif d'une bande sur l'envers en formant un angle de 45 degrés, épinglez, et cousez à points glissés sur l'endroit. Pour rabattre un angle à la machine, travaillez sur l'envers, et rabattez les bords vifs à 45 degrés, puis repassez pour écraser. Épinglez, puis piquez en suivant les pliures. Nettoyez les coutures et repassez.

MOTIF DE PATCHWORK
DE LA CABANE EN RONDINS

Commencez toujours le travail à partir du milieu des bords. Partez d'un carré central, épinglez, puis cousez des bandes sur chacun des côtés de ce carré. Travaillez dans le sens inverse des aiguilles d'une montre. Chaque nouvelle bande sera un peu plus longue que la précédente. Continuez d'ajouter des bandes jusqu'à obtention des dimensions désirées du motif. Terminez l'ouvrage par une bordure à angles bien rabattus. Vous obtiendrez une couverture ou un jeté de lit en assemblant plusieurs motifs que vous pourrez ou non séparer par des bandes intercalaires.

L'ABC DU MATELASSÉ

Il faut trois épaisseurs pour faire un quilt : du tissu pour le dessus, généralement le plus décoratif ; du molleton ; du tissu de doublure pour le fond ou le dos. Ces épaisseurs sont maintenues ensemble par des lignes de points qui peuvent constituer une grille, ou des lignes régulières, ou un dessin très élaboré. Il existe des motifs pour bordures, des médaillons, des motifs de nœuds, et d'autres spécialement conçus pour s'adapter aux angles d'un ouvrage. À l'origine, on matelassait en faisant des lignes de petits points devant très régulièrement espacés afin que la chaleur se répartisse.

ASSEMBLAGE D'UN OUVRAGE MATELASSÉ

Superposez avec soin la doublure, le rembourrage et le dessus, en veillant à ce que l'endroit des tissus soit sur l'extérieur. Faufilez solidement les trois épaisseurs ensemble. Utilisez pour cela un fil de couleur contrastée. Travaillez depuis le milieu de l'ouvrage en passant des fils horizontaux, puis verticaux, et enfin en diagonale. Si vous comptez surpiquer à la machine ou sur un tambour, renforcez les angles de l'ouvrage.

SURPIQUAGE À LA MAIN

Disposez le cercle interne du tambour sur une surface plane, tendez l'ouvrage faufilé dessus, placez le cercle extérieur par-dessus, et emboîtez avant de serrer la vis de réglage. Cousez au point devant en partant de l'endroit vers l'envers puis inversement, tout en guidant l'aiguille de votre main libre pour qu'elle traverse bien les trois épaisseurs.

SURPIQUAGE À LA MACHINE

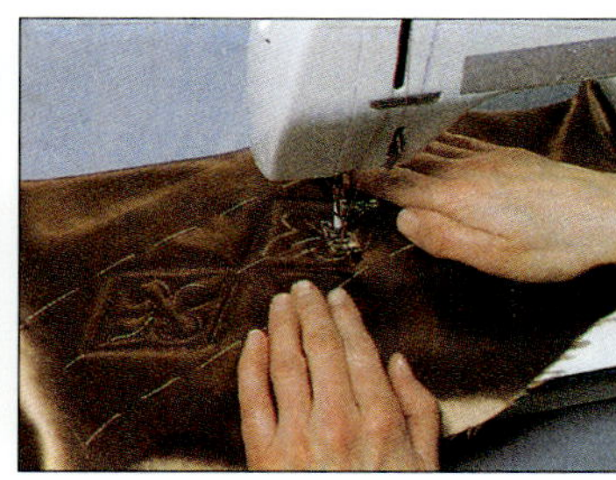

Réglez votre pied-de-biche très haut afin de manipuler facilement votre ouvrage. Pour les surpiqûres rectilignes, utilisez un guide-fil gradué qui vous permettra de placer les surpiqûres à égale distance. Pour les dessins libres, enlevez le pied-de-biche et tendez votre ouvrage soit avec vos deux mains, soit sur un tambour. Piquez lentement afin de ne pas faire d'écart.

L'ABC DE L'APPLIQUÉ

L'appliqué se réalise dans les tissus les plus divers dont la soie, le lainage et le coton. On obtient les meilleurs résultats avec des étoffes de bonne tenue à trame serrée. La feutrine fait aussi de jolis appliqués parce qu'elle ne s'effiloche pas. Les motifs d'appliqué sont infinis : vous pouvez réaliser toutes sortes de formes, enrichir vos appliqués en les rebrodant ou en les ornant de perles, de sequins ou de passementerie et également faire des appliqués inversés ou découpés.

LA TOILE OU LA TRIPLURE THERMOCOLLANTE

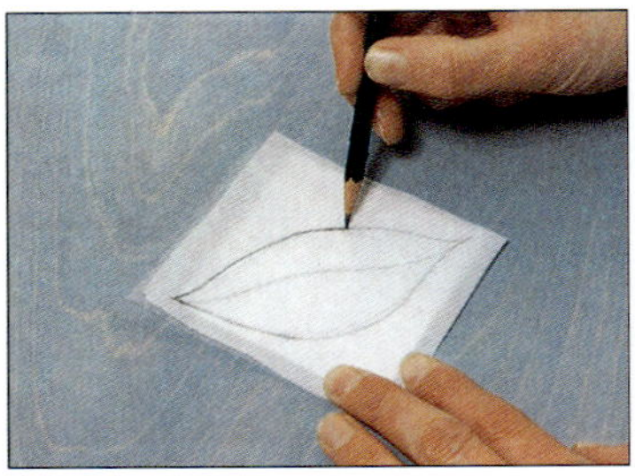

1

C'est une façon rapide et pratique de fixer un appliqué au tissu de support. Elle évite aussi que le tissu de l'appliqué ne s'effiloche. Dessinez la forme de l'appliqué sur la toile.

2

Découpez la triplure en carré autour du motif, et collez-la sur l'envers du tissu de l'appliqué. Découpez ensuite les contours du motif avec des ciseaux à bouts pointus ou avec un cutter rond.

3

Enlevez le papier de protection de la triplure, et collez-la au tissu de support. Entourez les contours de l'appliqué à la machine au point zigzag.

LE MONTAGE À LA MAIN

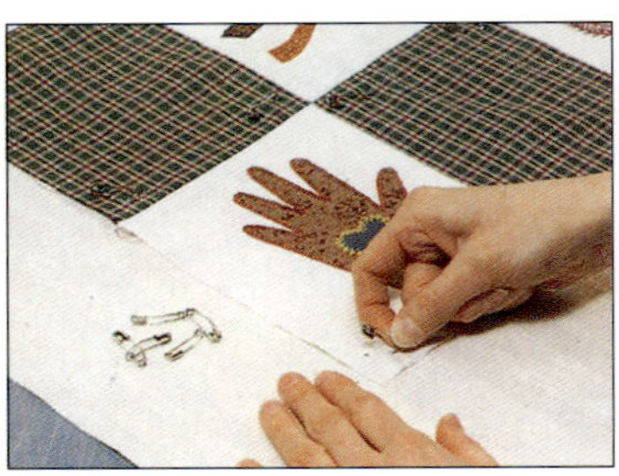

Faufilez les lignes de couture en suivant les contours de l'appliqué. Repérez l'emplacement de ces lignes sur l'endroit du tissu de support. Disposez les éléments de l'appliqué en suivant ces lignes. Placez d'abord les éléments qui forment le fond du motif, puis les détails. Vous pouvez éventuellement les assembler avec du ruban adhésif double face.

Ci-dessous : *cet appliqué tout simple qui représente une marguerite multicolore a été réalisé à la main.*

LES POINTS

Le point devant est le point de machine le plus courant. Il se travaille en lignes droites, et on l'arrête par un ou plusieurs points arrière. Pour faufiler un ouvrage à la machine, réglez celle-ci sur les points les plus longs. Pour fixer un appliqué ou un *crazy patchwork*, réglez votre machine sur un point zigzag serré, et faites une ligne de points de bourdon. Les points que vous trouverez ci-dessous seront utilisés tout au long de cet ouvrage.

POINT DEVANT

C'est le point par excellence pour les surpiqûres du matelassé. On l'utilise aussi pour l'assemblage du patchwork. Il faut que les points soient d'égale longueur et ne dépassent jamais 3 mm (1/8 po). Vous pouvez faire plusieurs points à la fois.

POINT DE TRAIT DOUBLE

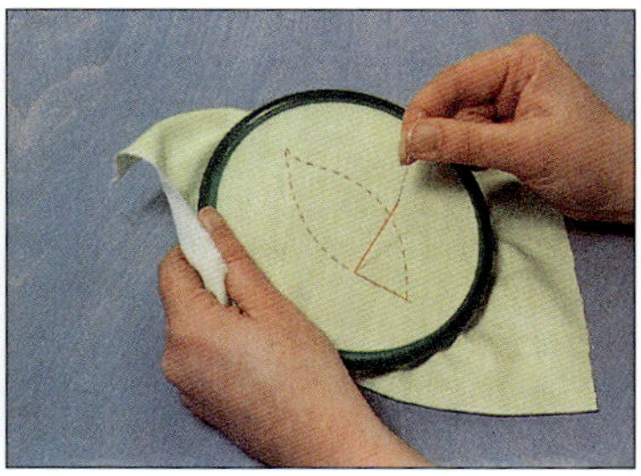

On l'appelle aussi point de Holbein ou double point avant. Faites une ligne de points devant dans un sens, puis remplissez les vides avec une ligne de points devant dans le sens inverse.

POINT GLISSÉ

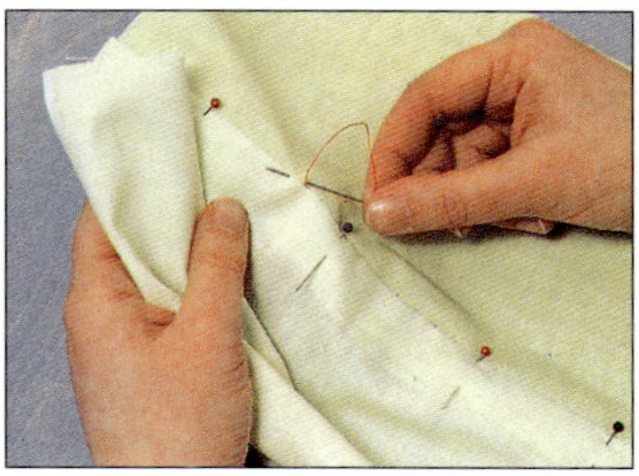

Il convient pour rabattre un bord proprement fini sur un autre morceau de tissu. On s'en sert donc pour fixer un appliqué, par exemple. Avec votre aiguille, piquez ensemble un fil de chacune des surfaces, faites des petits points régulièrement espacés.

POINT DE SURJET

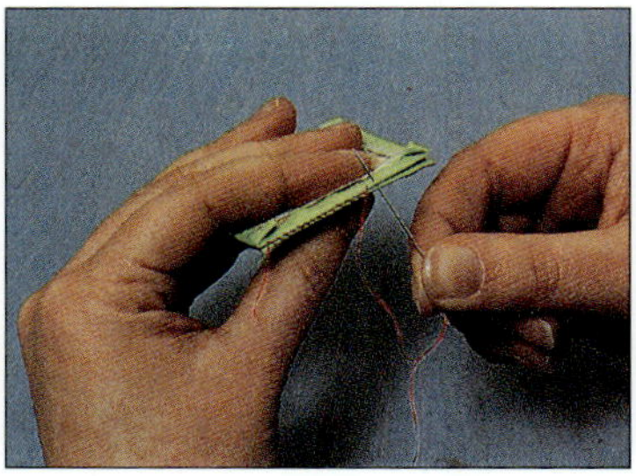

C'est un petit point droit qui sert à assembler deux bords de tissu. Travaillez de l'arrière vers l'avant en piquant les deux morceaux d'étoffe à la fois de sorte que le fil passe par-dessus les bords vifs.

POINT DE PIQÛRE

C'est une variante du point devant, et on l'utilise pour surpiquer un matelassé épais. Tenez votre aiguille perpendiculaire à votre surface de travail, et faites un point à la fois. Tirez votre fil bien régulièrement pour ne pas faire de fronces.

POINT DE GRÉBICHE

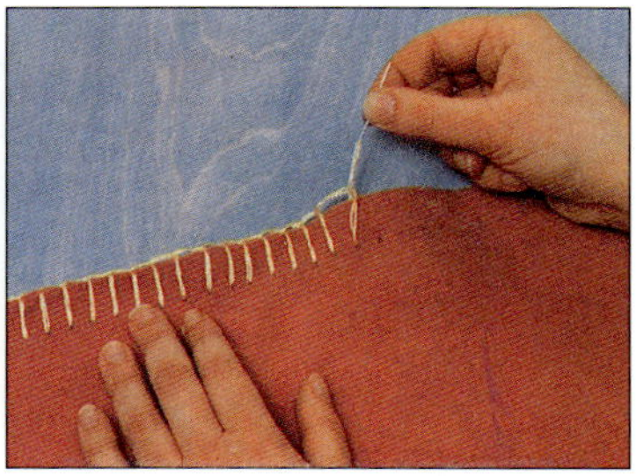

On l'appelle aussi point de couverture, ou point de boutonnière, et il convient pour finir un bord vif qui ne s'effrange pas, comme celui de la feutrine, par exemple. On l'utilise aussi pour coudre les ourlets. Piquez l'aiguille dans l'envers du tissu, faites passer l'aiguille dans la boucle que fait le fil, et tirez à travers la boucle. Vous obtiendrez un effet décoratif avec un point de grébiche réalisé avec du fil épais et de couleur contrastée par rapport à votre tissu.

GÉNÉRALITÉS

LE FIL DU TISSU

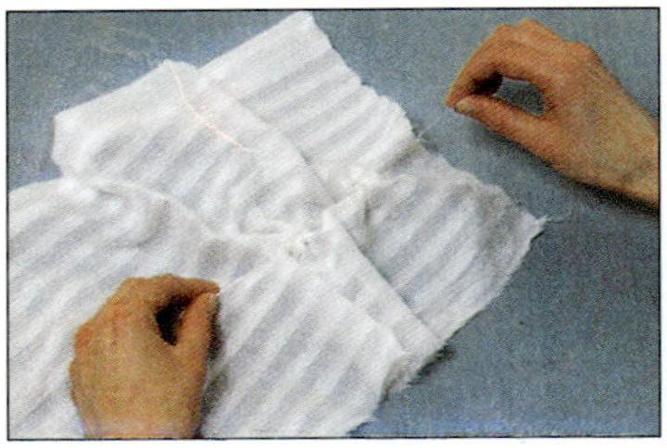

Il est indispensable de trouver le fil du tissu pour que vos bords soient bien rectilignes. Pour cela, tirez doucement un fil à quelques millimètres d'un bord vif, et sur toute la longueur du tissu, puis coupez votre bord en suivant l'espace ainsi créé. De la même manière, vous pouvez tirer les fils d'un tissu afin de créer des franges.

AGRANDISSEMENT D'UN MOTIF

Dessinez le motif sur du papier quadrillé. Sur une autre feuille de papier, reproduisez un nombre identique de carrés agrandis à la dimension voulue. Copiez le motif sur ce nouveau papier quadrillé en vous guidant sur les carreaux.

TRANSFERT D'UN MOTIF SUR TISSU

1

Dessinez le motif sur du carbone de couturière. Disposez le carbone sur l'envers du tissu, et repassez sur les lignes du motif avec un crayon en appuyant fort.

2

Pour reporter un motif sur l'endroit du tissu, on le décalque par la méthode du papier troué. Dessinez le motif sur un papier, placez-le sur l'endroit du tissu, et repassez sur les lignes soit avec une épingle, soit à la machine dont vous n'aurez pas enfilé l'aiguille. Le contour du dessin se trouvera marqué de petits trous. Recouvrez le papier de craie en poudre qui pénétrera dans les trous. Enlevez le papier.

3

Dessinez le motif sur du papier de soie, et épinglez celui-ci sur l'envers du tissu. Piquez ensuite en suivant les lignes du motif. Enlevez le papier, quand vous aurez retranscrit le dessin sur le tissu. Ce procédé convient pour les tissus délicats.

Ci-dessous : *pour ce sac-pochon, on a transféré des motifs sur des éléments de patchwork.*

LES BANDES DE BIAIS

On utilise des bandes de biais pour border ou faire des passepoils. On s'en sert aussi pour certains appliqués. Découpez un carré dans le droit-fil du tissu, pliez-le selon sa diagonale de sorte que le droit-fil de trame soit parallèle au droit-fil de chaîne. Repassez ce pli, puis ouvrez. Le pli ainsi marqué vous servira de guide pour tracer des bandes de la largeur voulue, à laquelle vous ajouterez ce qu'il faut pour les marges de couture. S'il vous faut de grandes longueurs de biais, assemblez-en plusieurs par des coutures.

POSE D'UN BIAIS OU D'UNE TRESSE

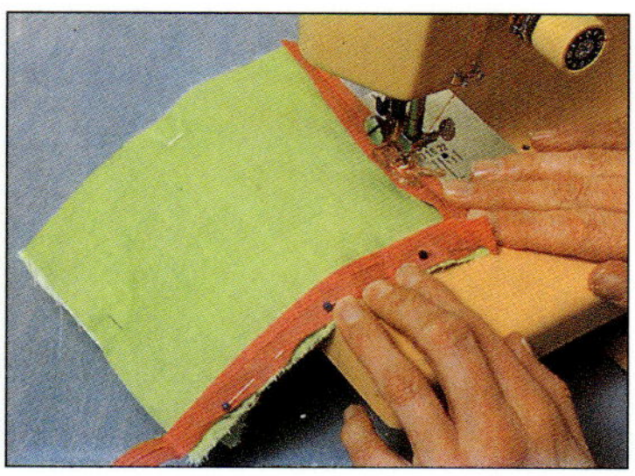

1

Prenez de la tresse ou du biais. Piquez le long d'un côté, comme vous le voyez ci-dessus, et tout près du bord vif. Arrêtez la piqûre à 5 mm (1/4 po) de l'angle. Soulevez le pied-de-biche, et faites tourner l'ouvrage pour piquer l'autre bord. Un pli va se former dans la tresse, juste à l'angle. Aplatissez-le et abaissez le pied-de-biche pour continuer à piquer jusqu'au côté adjacent.

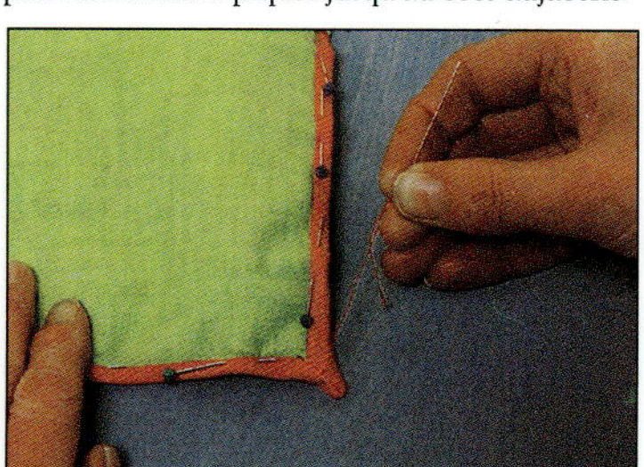

2

Rabattez la tresse ou le biais sur l'autre côté de l'ouvrage, et piquez de nouveau tout près de la première piqûre. Écrasez le pli d'angle en diagonale, et cousez-le à points glissés.

HOUSSE DE COUSSIN

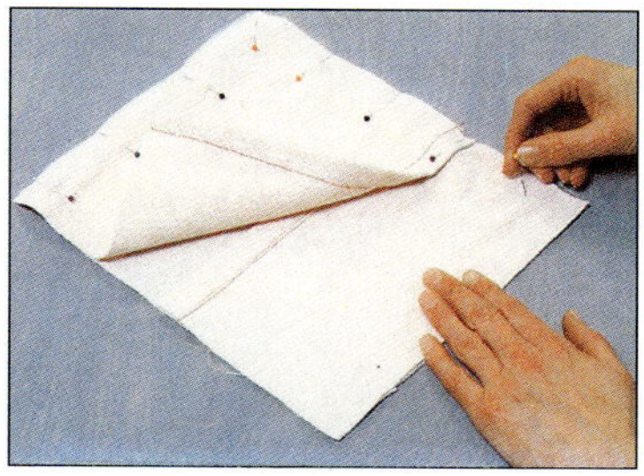

Pour le devant, coupez un morceau de tissu de la surface du rembourrage, plus 1 cm (1/2 po). Coupez pour le dos un morceau en prévoyant 2,5 cm (1 po) de plus sur l'un des côtés. Coupez-le en deux dans la longueur. Repassez puis rabattez un ourlet de 1 cm (1/2 po) le long d'un des bords vifs des morceaux du dos. Endroit contre endroit, épinglez le devant aux dos, de telle sorte que les ourlets se chevauchent légèrement. Piquez les côtés, en prenant dans les coutures, s'il le faut, une passementerie. Crantez les angles, repassez, et retournez.

TENDRE UN OUVRAGE

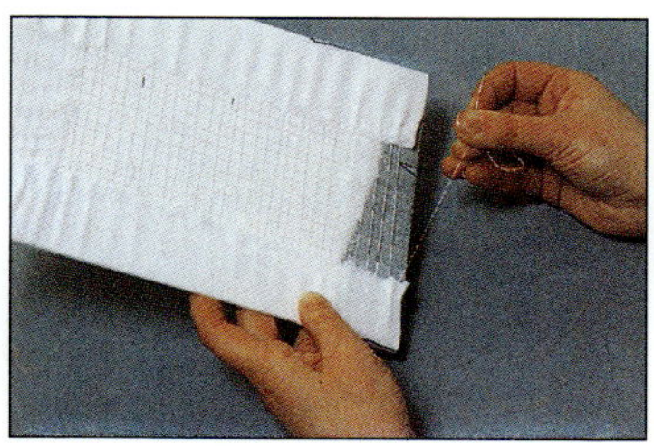

Pour tendre un ouvrage sur un support rigide, il faut du fil fort. Joignez, comme vous le voyez ci-dessus, les bords vifs du tissu par de gros points, en faisant d'abord des horizontales, puis des verticales. Commencez par joindre les côtés les plus longs, puis les plus courts. Consolidez le travail avec du ruban adhésif.

SAC À FERMETURE À GLISSIÈRE

1

Assemblez deux rectangles de tissu par trois côtés, laissant ouvert l'un des côtés étroits. Découpez deux rectangles de même dimension dans la doublure, et assemblez les deux côtés longs. Cousez l'une des extrémités étroites, laissez une ouverture de 5 cm (2 po), puis reprenez la couture jusqu'au bout. Endroit contre endroit, épinglez les sacs ensemble, et piquez le bord supérieur. Nettoyez et crantez la couture, puis retournez par l'ouverture ménagée. Repassez, et refermez à points glissés.

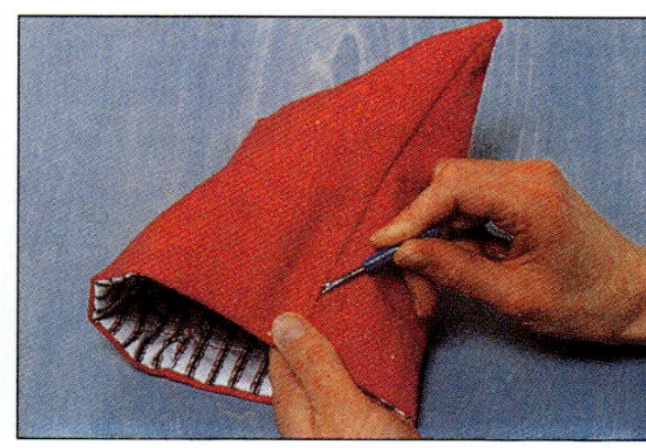

2

Rentrez la doublure à l'intérieur du sac et repassez. Pour constituer la glissière, piquez deux lignes parallèles espacées de 1 cm (1/2 po) du haut du sac. Décousez une des coutures entre les deux lignes avec un Découd-vite et enfilez un cordon ou une cordelière dans la glissière.

CHAPITRE PREMIER

LE STYLE TRADITIONNEL

Le patchwork, l'appliqué et le matelassé ont une histoire très ancienne, qui fascine parce qu'elle est le reflet de la vie et des habitudes sociales d'autrefois. Les patchworks en coton réalisés par les premiers immigrants américains sont bien différents de ceux, riches et somptueux, que l'on affectionnait à l'époque victorienne. Faites revivre ces différents styles traditionnels en confectionnant quelques-uns des superbes projets proposés dans ce chapitre. Saisissez l'occasion d'un mariage ou d'une naissance, et votre ouvrage comptera vite parmi vos plus chers souvenirs de famille.

INTRODUCTION

Ci-dessus : *le motif de cette housse de coussin est inspiré d'un patchwork réalisé en Pennsylvanie vers 1870.*

Ci-dessous : *couverture piquée galloise de la fin du* XIX*e siècle.*

Au fil des siècles, le patchwork, le matelassé et l'appliqué se sont développés dans de nombreux pays. Les méthodes et les techniques ont franchi les continents, connaissant, selon les époques, de grandes vogues pour ensuite passer de mode, puis revenir. Elles ont donc évolué, modelées par les changements économiques et culturels.

À l'origine, c'est la nécessité et le besoin qui ont induit ces techniques, et non l'esthétique ou le plaisir. Le patchwork était une façon de réutiliser des chutes de tissu en bon état récupérées sur des vêtements usés, quand on ne pouvait pas s'acheter d'étoffes neuves ; l'appliqué s'utilisait pour dissimuler un trou ou une marque d'usure dans un tissu ; le matelassé tenait chaud. Néanmoins, l'histoire nous montre que, très vite, ceux qui faisaient du patchwork ou du matelassé, ou encore de l'appliqué, ont associé à leurs impératifs économiques des soucis d'esthétique. C'est ainsi qu'en patchwork sont apparus des motifs très élaborés, exigeant des centaines de minuscules morceaux de tissu de forme géométrique. Certes, la conception du motif prenait un temps infini, et sa réalisation aussi, puisque l'assemblage se faisait à la main et que les pièces étaient doublées le plus souvent d'un papier de support. Certains patchworks anciens ont encore leurs papiers de support, et l'on s'est aperçu qu'ils étaient souvent découpés dans de vieilles lettres ou des journaux de l'époque. C'est ce qui a permis d'ailleurs de dater avec précision certains ouvrages. De cette manière aussi, on s'est rendu compte que certains patchworks inachevés avaient été abandonnés pendant des années, pour être repris et terminés à la génération suivante.

Souvent, les femmes réutilisaient des chutes de tissu pour ne pas les gaspiller. L'époque victorienne connut une grande vogue pour les tissus précieux. On vit donc apparaître des patchworks somptueux, faits dans d'opulentes étoffes, et qui n'avaient plus rien de commun avec les modestes patchworks en coton des premiers émigrants. Avec le temps, les patchworks devinrent aussi un moyen d'apprendre à broder, et un support pour exprimer des messages personnels, souvent sentimentaux. On embellissait le patchwork avec des points de broderie très recherchés, des motifs, des rubans et des boutons, chacun ayant sa signification, si bien que l'ouvrage racontait véritablement une histoire.

Depuis toujours, les quilts sont liés à la célébration d'événements importants. Autrefois, on confectionnait une couverture ou une courtepointe matelassée pour une occasion particulière, et le dessin du matelassage reflétait la nature de celle-ci. Ainsi, pour un cadeau de mariage ou pour un anniversaire de mariage, surpiquait-on un motif représentant deux alliances entrelacées. Ce motif se faisait aussi en patchwork, mais comme les pièces étaient minuscules il représentait un travail dans lequel on ne se lancerait pas aujourd'hui, faute de temps.

Au tout début de son histoire, le matelassé n'avait qu'un rôle utilitaire : se protéger du froid. La technique consistait à fixer un rembourrage léger entre deux épaisseurs de tissu au moyen de points devant. Ces trois épaisseurs, une fois bien maintenues, constituaient un textile souple et isolant. Mais, très vite, les gens comprirent le potentiel esthétique du matelassé, et l'on vit apparaître des motifs de surpiqûre ainsi que certains matelassés en relief comme le *trapunto*. Ce dernier, comme le matelassé cordé ou noué, est une technique purement décorative, et on l'utilise dans la confection de certains vêtements. Le matelassé cordé consiste à rehausser certains éléments linéaires du motif au moyen de cordonnets que l'on glisse entre deux piqûres qui forment une gorge. On obtient ainsi un effet de relief très intéressant. On associe souvent le matelassé cordé au matelassé traditionnel, et il sert alors à faire ressortir un motif. Le *trapunto* se réalise de manière à peu près semblable, mais l'on rembourre les motifs par l'envers du travail, ce qui permet d'avoir des formes entières en relief, et non plus seulement des lignes. On peut aussi faire des matelassés semi-transparents : pour cela, on choisit un tissu de dessus diaphane (voile, organdi) pour

À gauche : *voici un modèle naïf et charmant de* crazy quilt *comme on aimait à les faire à la fin du* XIXe *siècle.*

qu'il laisse apparaître le rembourrage des motifs, que l'on aura choisi d'une couleur contrastée. À l'origine, ce type de matelassé se faisait avec un tissu de dessus blanc.

Au départ, l'appliqué était une façon de rapiécer un tissu usagé. Très vite, il est devenu un moyen d'embellir un tissu ou un vêtement. Au XVIIIe siècle, on pratiquait beaucoup la technique de la broderie perse pour conserver certains motifs que l'on trouvait sur les cotons imprimés importés des Indes. Ces dessins étaient en effet bien différents de ceux que l'on reproduisait sur les tissus fabriqués en Europe : les couleurs étaient vives, et les motifs représentaient d'étranges oiseaux, des cornes d'abondance ou encore des fleurs imaginaires. Ces imprimés connurent une telle popularité que l'on délaissa à leur profit les textiles des fabricants anglais. En guise de riposte, le gouvernement britannique fit passer une loi limitant les importations de textiles étrangers. Devant la difficulté à se procurer des cotonnades imprimées en provenance des Indes, les femmes entreprirent de découper les motifs de celles qu'elles possédaient pour les appliquer sur d'autres tissus.

Les projets que nous vous présentons dans ce chapitre sont inspirés de styles traditionnels, qu'il s'agisse de patchwork, de matelassé ou d'appliqué. Vous trouverez certainement une très grande satisfaction à les réaliser. Ils ont été conçus pour vous encourager à vous lancer dans certaines techniques traditionnelles, tout en restant suffisamment simples pour séduire les débutants, auxquels nous conseillons de commencer par des petits projets : sachets de lavande, pochette à chemise de nuit, petites pantoufles d'enfant, par exemple. Pour ressusciter le charme d'antan, cherchez des tissus bien adaptés comme des velours, des satins, des taffetas ou des brocarts. N'oubliez pas non plus la passementerie, les perles, les rubans, les glands, les pompons, qui personnaliseront votre travail.

Ci-dessous : *ce patchwork matelassé moderne s'inspire d'un modèle ancien de l'école de Baltimore, très populaire au* XIXe *siècle.*

ÉCHARPE DE VELOURS

Des carrés disposés en diagonale et se terminant en dents de scie forment le dessin des extrémités de cette belle écharpe. Les carrés sont en velours et en soie, deux textures riches et complémentaires.

FOURNITURES

du carton fin
un crayon
un cutter
des ciseaux de tailleur
des chutes de soie et de velours dans les tons de rose, rouille et brun
1 m x 90 cm (1 yd x 36 po) de velours
une machine à coudre
du fil assorti
un fer à repasser
des épingles
1,80 m x 40 cm (72 x 16 po) de soie de doublure

PRÉPARATION

Suivez le schéma ci-dessous. Pour chaque extrémité de l'écharpe, il faut 26 carrés. Faites des gabarits de 9 cm (3 1/2 po) de côté. Découpez 24 carrés de couleur rouille, 14 roses, et 14 bruns (mélangez soie et velours). Coupez en deux trois des carrés roses, et un en quatre en suivant les diagonales. Coupez en deux six carrés bruns. Suivez le plan de montage ci-dessous pour monter les deux extrémités de l'écharpe. Coupez le velours dans le sens de la largeur et assemblez les deux morceaux pour obtenir une longueur de 2 m (2 yd) de long.

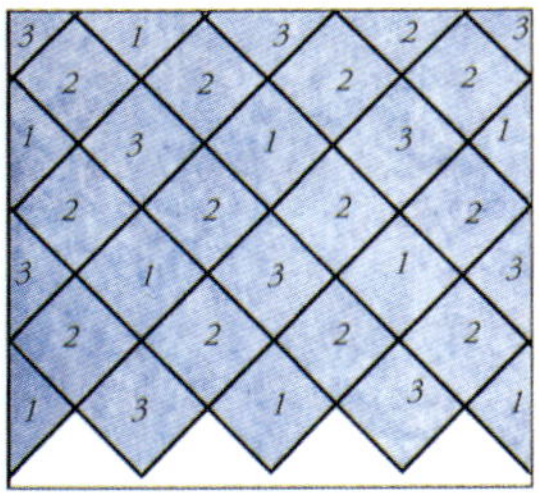

1 = Brun
2 = Rouille
3 = Rose

1

Assemblez les carrés en bandes, puis les bandes, comme on l'a vu dans « Techniques de base ». Insérez les triangles, pointe vers l'intérieur, pour avoir des bords rectilignes sur trois côtés. Repassez les coutures. Procédez de la même manière pour l'autre extrémité.

2

Mesurez la largeur de chaque extrémités en patchwork et retaillez le velours à ces dimensions. Épinglez le bord droit étroit des extrémités au morceau de velours. Assemblez par une piqûre à la machine, et recouvrez sur l'endroit au point zigzag. Nettoyez et repassez.

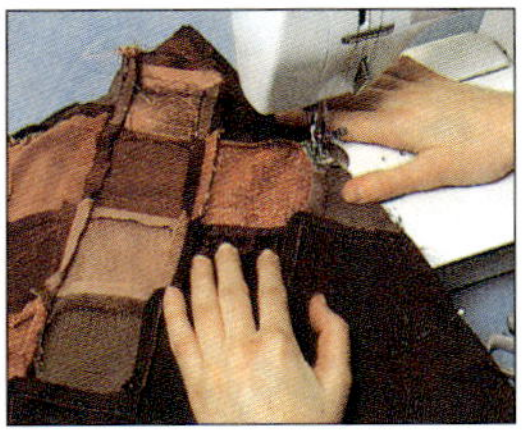

3

Épinglez, endroit contre endroit, le travail en velours à la doublure de soie. Piquez les coutures en laissant une ouverture au milieu de l'une d'elles. Nettoyez et crantez les angles. Retournez sur l'endroit et repassez. Fermez l'ouverture à point glissés.

MULES DE VELOURS

Ces petites mules d'enfant sont faites de velours et de soie. On a rebrodé les empeignes avec de minuscules points devant comme sur certains quilts des Indiens Kantha.

FOURNITURES

du papier et un crayon de couturière
des ciseaux de tailleur
30 x 90 cm (12 x 36 po) de velours
30 x 90 cm (12 x 36 po) de soie
15 x 90 cm (6 x 36 po) de calicot
une aiguille et du fil à bâtir
un cutter
une paire de semelles intérieures
un marqueur pour tissu
de la colle pour tissu
du fil métallisé
du fil machine et du fil à coudre de couleur coordonnée
des épingles
une paire de semelles extérieures
4 petits glands

PRÉPARATION

Reproduisez en les agrandissant les gabarits sur du papier, et découpez quatre empeignes dans le velours et dans la soie. Découpez ensuite quatre morceaux de doublure dans le calicot et faufilez ceux-ci à l'envers des empeignes de velours. Découpez deux semelles intérieures à la dimension voulue. Dessinez le contour de ces semelles dans du velours en prévoyant une marge pour la couture, et découpez.

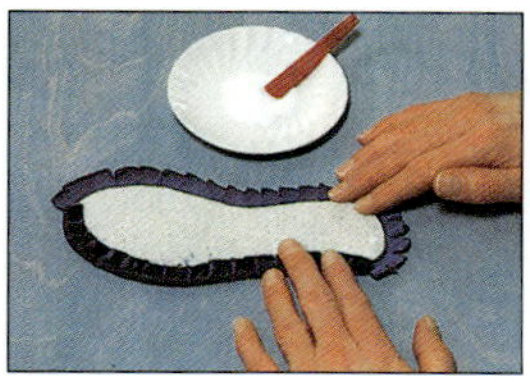

1

Posez les semelles intérieures sur l'envers du velours. Découpez. Crantez les marges de coutures et rabattez-les sur les semelles. Collez en place et maintenez fortement.

2

Décorez les empeignes en velours avec le fil métallisé. Faites des petits points devant pour former des motifs. Assemblez les empeignes par la couture du milieu. Travaillant endroit contre endroit, cousez les empeignes de velours à leurs homologues en soie par le bord le plus plat. Retournez sur l'endroit et faufilez les bords vifs.

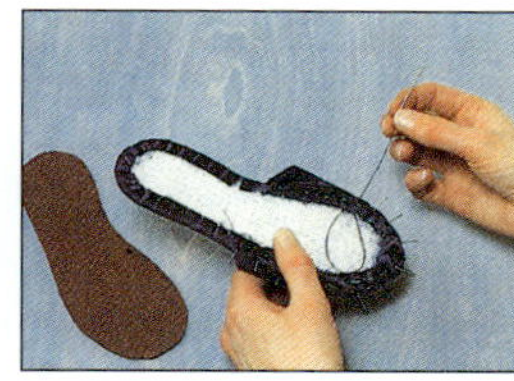

3

Épinglez les semelles aux empeignes, maintenez en place et assemblez à points glissés.

FINITION

Collez les semelles extérieures aux semelles intérieures en cachant bien les replis de velours. Laissez sécher. Cousez les glands aux empeignes.

DOUBLURE EN CALICOT À AGRANDIR DE 50 %

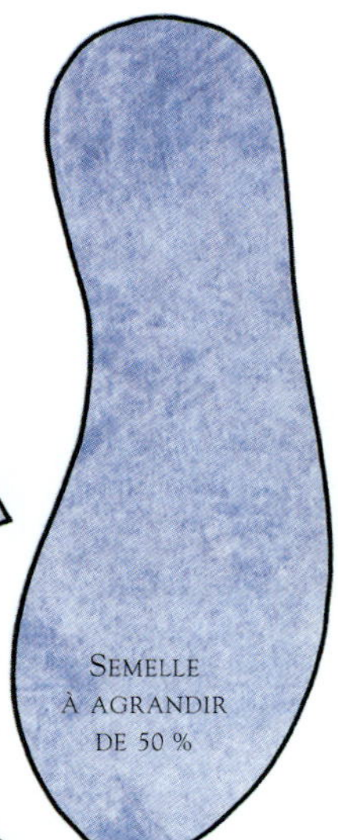

EMPEIGNE À AGRANDIR DE 50 %

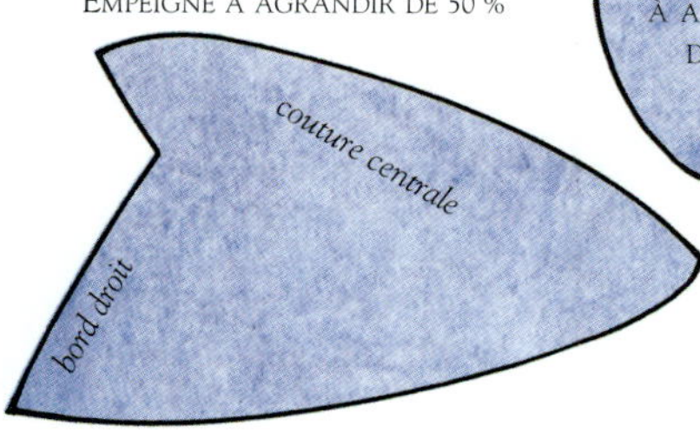

COUSSIN EN CRAZY PATCHWORK

Cette housse de coussin est réalisée en appliqués qui ressemblent à un dallage irrégulier de pierre plates. Les morceaux de tissu, de formes irrégulières, sont disposés au hasard. Choisissez des étoffes d'épaisseurs et de textures assorties, et calculez bien les valeurs des coloris ainsi que leur intensité.

FOURNITURES

des ciseaux de tailleur
60 x 90 cm (24 x 36 po)
de tissu de coton
du carton fin
un crayon
des chutes de tissu dans six imprimés ou coloris différents
des épingles
une aiguille et du fil à faufiler
des fils à coudre assortis
un fer à repasser
1,80 m (72 po) de frange
d'ameublement en coton
une machine à coudre
une fermeture Éclair de
38 cm (15 po)
une garniture de coussin de
46 cm (18 po) de côté

1

Découpez les pièces du patchwork dans des chutes de tissu, en prévoyant 5 mm (1/4 po) de marge pour la couture sur tout leur pourtour.

2

Montez les pièces de tissu sur des gabarits en carton, et faufilez-les en place sur le dessus de la housse.

3

Cousez chaque pièce à points glissés avec du fil assorti.

PRÉPARATION

Coupez le tissu de coton en deux carrés de 46 cm (18 po) de côté. Agrandissez le modèle ci-contre à la dimension du coussin, et découpez chacun des gabarits dans du carton. Ici, on a choisi un tissu de support assez épais, et les appliqués ont été découpés dans des chutes de tissu d'ameublement.

FINITION

Repassez chacun des carrés de la housse, puis endroit contre endroit, épinglez la frange et prenez-la en couture quand vous assemblerez les deux carrés. Placez la fermeture Éclair sur l'un des côtés, puis glissez le rembourrage dans la housse ainsi obtenue.

SCHÉMA DU CRAZY PATCHWORK À AGRANDIR 3 FOIS

COUSSIN POUR ÉPINGLES À CHAPEAU

Pour ce joli coussin destiné à des épingles à chapeau décoratives, on a choisi un *crazy patchwork* en velours, satin et soie.

FOURNITURES

des ciseaux de tailleur

du papier de couturière

un compas et un crayon

des chutes de soie, de velours et de satin

50 x 90 cm (20 x 36 po) de tissu de coton

des épingles

une machine à coudre

des fils assortis

un fer à repasser

du matériau de rembourrage

une aiguille

PRÉPARATION

Découpez vos gabarits dans le papier. Il vous faudra une forme ronde de 18 cm (7 po) de diamètre qui constituera le haut et la base du coussin, et un rectangle de 52 x 10 cm (20,5 x 4 po) pour le tour. Coupez un cercle dans la soie, et un autre ainsi qu'un rectangle dans le tissu de coton. Découpez un biais de velours et un de soie, de 52 x 5 cm (20,5 x 2 po).

1

Assemblez les deux extrémités courtes du rectangle en coton pour former un tube, et cousez-le au cercle de soie constituant la base. Épinglez et cousez le cercle de coton au tube, en ménageant une ouverture pour retourner le travail sur l'endroit. Nettoyez les coutures, repassez, retournez sur l'endroit, et insérez le rembourrage. Fermez l'ouverture.

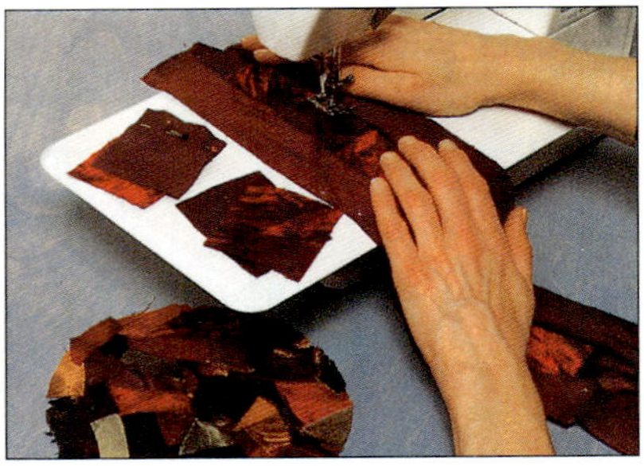

2

Coupez de petits morceaux d'étoffe au hasard, mélangeant la soie, le velours et le satin. Rabattez leurs bords vifs et assemblez-les à la machine de sorte qu'ils se chevauchent à la façon d'un patchwork craquelé. Cela fait, découpez dans le patchwork ainsi réalisé un cercle à la dimension du haut du coussin. Confectionnez une étroite bande de patchwork de soie et velours de 52 cm (20,5 po) de long. Disposez vos deux biais côte à côte, et la bande de patchwork sur la ligne d'assemblage. Épinglez, rabattez les bords vifs sur l'envers, et piquez à la machine.

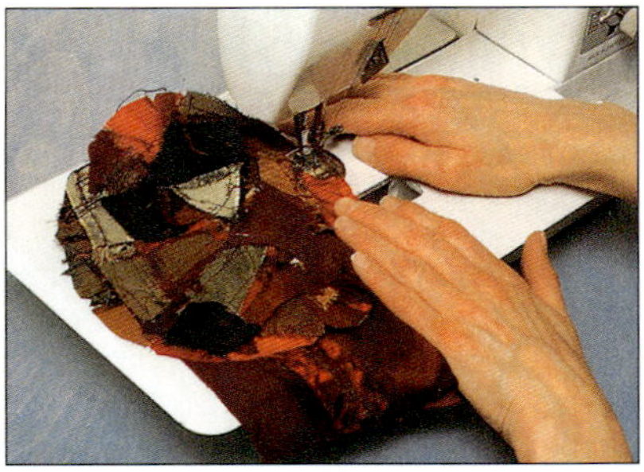

3

Travaillant endroit contre endroit, assemblez la bande constituée par les biais et le patchwork au patchwork rond. Repassez et retournez sur l'endroit.

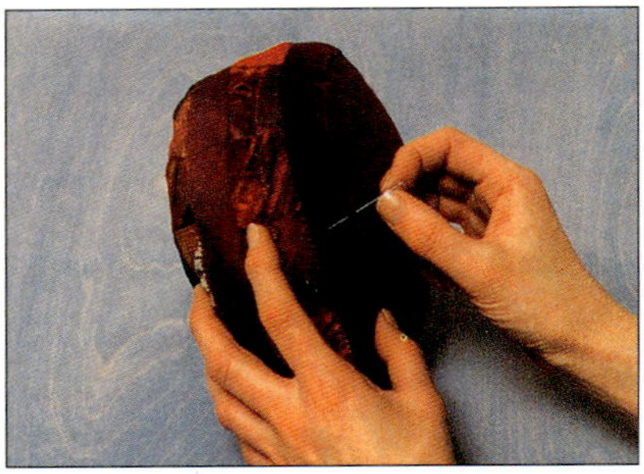

4

Glissez l'enveloppe ainsi réalisée en patchwork sur la housse en coton, rabattez un bord vif et cousez à points glissés.

COURTEPOINTE DE LIN

Ce quilt carré comme une courtepointe est réalisé en lin blanc. Il est brodé au point de nœud ou au point de poste (un peu plus gros) avec du coton perlé selon un schéma régulier, et sa bordure est constituée de trois rangs de points devant parallèles.

FOURNITURES

un feutre de couturière

un carré de 90 cm (36 po) de lin blanc

une règle

des épingles

une aiguille et du fil à faufiler

un carré de molleton de 90 cm (36 po)

2 écheveaux de coton perlé bleu marine

une aiguille à tapisserie

un carré de 90 cm (36 po) de coton de doublure blanc

du fil assorti

des ciseaux de tailleur

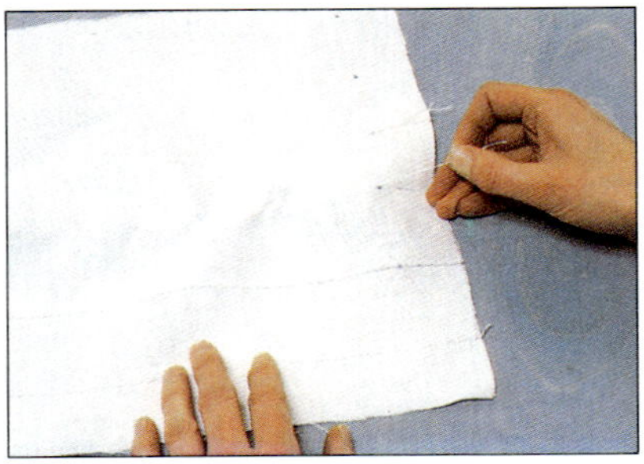

1

Avec le marqueur, tracez sur le lin des petits points tous les 5 cm (2 po) sur toute la longueur du tissu. Centrez-les bien pour que les premiers points en haut, en bas et sur les côtés soient à la même distance des bords vifs. Passez un fil de faufil le long de chaque ligne ainsi tracée.

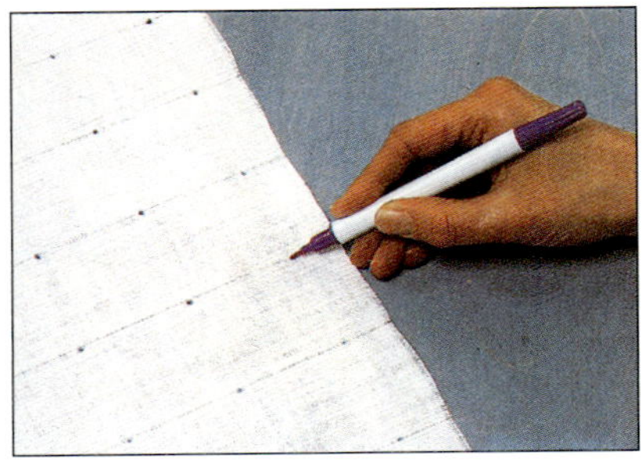

2

Retournez le lin sur l'envers et, suivant les lignes de faufil, tracez au marqueur des points sur ces lignes tous les 5 cm (2 po). Retournez sur l'endroit.

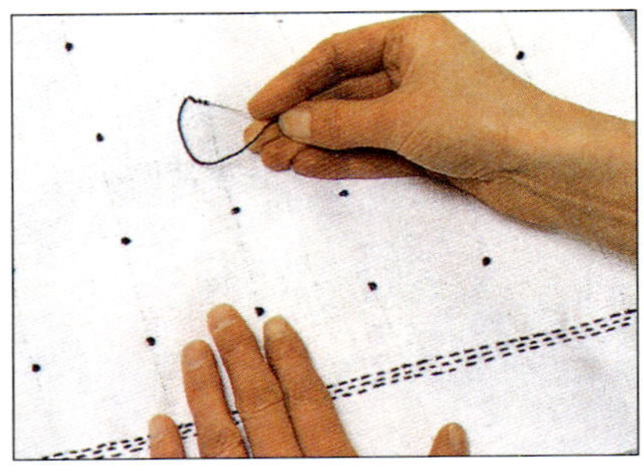

3

Faufilez le molleton au lin. Puis, avec le coton perlé, faites un point de poste sur chaque petit point tracé au feutre, en commençant par le centre de l'ouvrage. Faites ensuite trois lignes parallèles de points devant juste à l'extérieur des marques les plus proches des bords.

FINITION

Épinglez endroit contre endroit le tissu de coton au lin ainsi matelassé. Piquez à la machine les quatre côtés, en ménageant une ouverture. Retournez le travail sur l'endroit et fermez l'ouverture à points glissés. Repassez. Finissez les bords par un point de surjet, de manière à bien maintenir le molleton.

RIDEAUX DE SALLE DE BAINS

Ces vaporeux rideaux sont ornés d'un motif appliqué représentant un coquillage dans des tons délicats d'écru et de rose pâle. Les bords des coquillages sont dissimulés sous un point de boutonnière serré afin qu'ils ne s'effilochent pas.

FOURNITURES

deux rideaux de voile uni

du papier-calque et un crayon

25 x 90 cm (10 x 36 po) de voile écru

du papier carbone de couturière

des épingles

une aiguille et du fil à faufiler

un tambour à broder

du coton perlé rose pâle

une aiguille à tapisserie

des ciseaux à broder

PRÉPARATION

Achetez ou confectionnez une paire de rideaux en voile à la dimension de vos fenêtres. Dessinez un plan de chaque rideau pour déterminer l'emplacement et le nombre de coquilles. La quantité de voile écru indiquée vous permet de confectionner six appliqués.

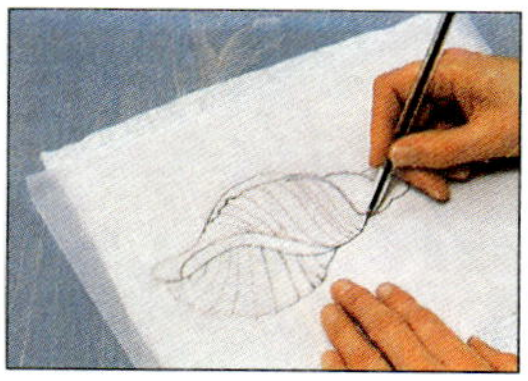

1

Reproduisez le gabarit ci-dessous sur du papier-calque. Placez sur un morceau de voile écru le papier-calque, en intercalant un morceau de papier carbone. Transférez le motif sur le voile.

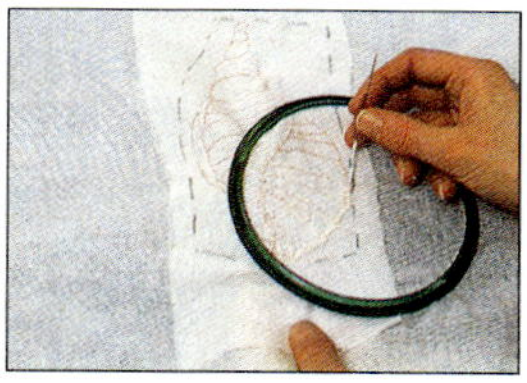

2

En veillant à mettre les deux tissus dans le même sens, faufilez le motif sur l'endroit du rideau. Tendez les deux épaisseurs de voile dans un tambour, puis, avec le coton perlé, brodez les contours du motif à petits points de boutonnière, et les lignes intérieures du motif au point de tige ou à petits points devant.

FINITION

Faites autant de motifs appliqués que nécessaire. Avec des ciseaux à broder, découper finement ensuite le surplus de voile écru autour du motif.

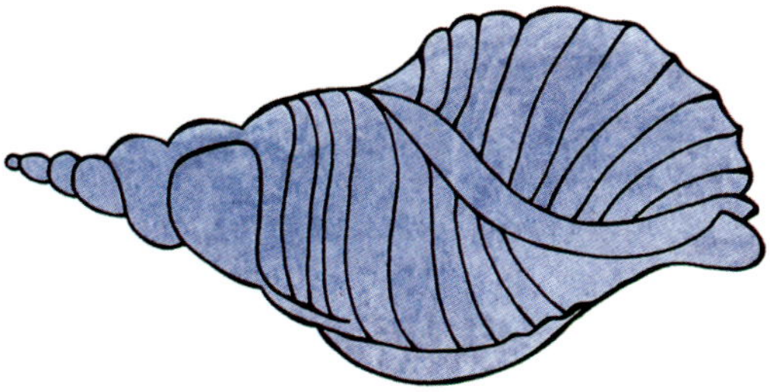

HOUSSE À THÉIÈRE

On a surpiqué les motifs de cet imprimé fleuri pour les mettre en relief. Cette housse, parce qu'elle est matelassée, évitera que le thé, dans la théière, ne refroidisse trop vite.

FOURNITURES

du papier de couturière et un crayon

des ciseaux de tailleur

50 x 90 cm (20 x 36 po) de tissu imprimé à fleurs

du molleton

des épingles

une aiguille et du fil à faufiler

du fil à coudre assorti

un petit morceau de Velcro

PRÉPARATION

Agrandissez les deux pièces du patron aux dimensions indiquées. Coupez dans l'imprimé quatre côtés et deux fonds, et dans le molleton, deux côtés et un fond, en prévoyant 5 mm (1/4 po) tout autour pour les coutures.

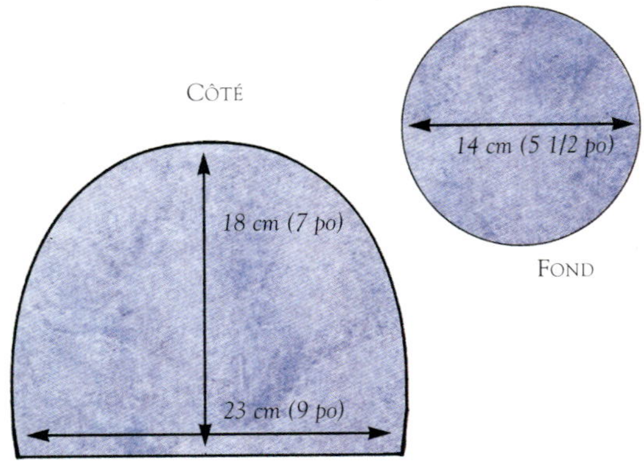

1

Superposez endroit contre endroit deux côtés en imprimé en intercalant un morceau de molleton. Cousez ensuite le long du bord arrondi. Faites de même pour le second côté et pour le fond. Crantez les coutures, repassez, et tournez sur l'endroit. Faites une surpiqûre à 1 cm (1/2 po) en retrait du bord arrondi.

2

Surpiquez au point devant le contour des fleurs pour leur donner du relief. De cette manière, vous maintiendrez aussi en place le molleton comme pour un quilt.

3

Assemblez les côtés au fond. Nettoyez et crantez les coutures pour qu'elles soient nettes.

FINITION

Tournez la housse sur l'endroit et repiquez la couture d'assemblage pour dissimuler les bords vifs. Cousez deux petits morceaux de Velcro en haut des côtés arrondis pour maintenir la housse fermée.

MANIQUE

Cette manique s'inspire d'un motif du célèbre créateur Charles Rennie Mackintosh, qui l'a utilisé pour des papiers peints.

FOURNITURES

des ciseaux de tailleur

un carré de 30 cm (12 po) de tissu de couleur moutarde

un morceau de tissu de coton rose de 20 x 26 cm (8 x 10 po)

un morceau de 22 x 24 cm (8 1/2 x 9 1/2 po) de molleton de polyester

un morceau de tissu à carreaux bleu et blanc de 26 x 28 cm (10 x 11 po)

des épingles

une aiguille et du fil à faufiler

un fer à repasser

des fils à coudre assortis

PRÉPARATION

Découpez quatre carrés de 6 cm (2 1/4 po) de côté dans le tissu moutarde, et huit dans le tissu rose. Coupez un rectangle moutarde aux mêmes dimensions que le morceau de molleton. Disposez ce dernier sur l'envers du tissu à carreaux et faufilez en place.

1

Faites un petit repli sur chacun des côtés des carrés. Épinglez les petits carrés moutarde au centre du tissu à carreaux. Placez un carré rose à chaque angle et un au milieu de chaque côté.

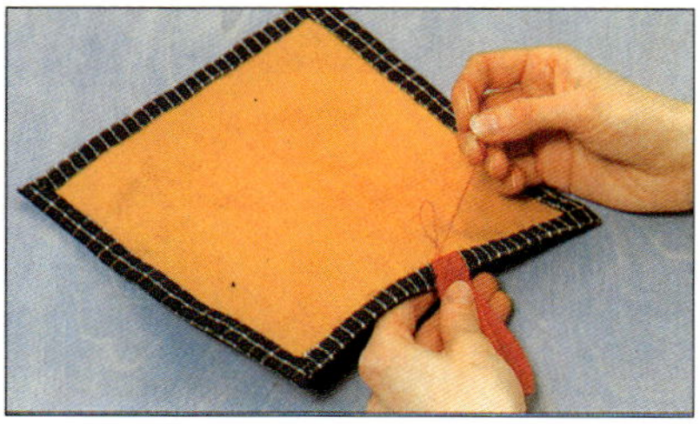

2

Cousez les carrés en place à points glissés. Faufilez le rectangle moutarde au dos de l'ouvrage de manière à recouvrir le morceau de rembourrage. Faites un petit repli sur les quatre côtés du tissu à carreaux, et repliez-le encore pour dissimuler les bords vifs. Rabattez ces replis sur le tissu moutarde afin d'en dissimuler les bords vifs. Cousez à points glissés, en prenant soin de bien rabattre les angles. Cousez une attache rose au milieu d'un des côtés pour suspendre la manique.

PORTE-AIGUILLES EN VITRAIL DE CATHÉDRALE

Il s'agit d'un travail de patchwork, mais, rassurez-vous, il est moins compliqué qu'il n'y paraît. Il est même assez facile à monter. Parce qu'il se compose de pièces de tissu superposées, il évoque un quilt, et l'on pourrait d'ailleurs utiliser ce motif pour une couverture piquée.

FOURNITURES

des chutes de taffetas
des ciseaux de tailleur
un fer à repasser
des épingles
une aiguille et du fil assorti
des chutes d'organza
des chutes de tissu de doublure
une machine à coudre
du fil assorti
4 morceaux de feutrine
des ciseaux à cranter
un bouton

PRÉPARATION

Coupez huit carrés de taffetas dans le droit-fil. Chacun doit être deux fois plus grand que la pièce de patchwork prévue. Rabattez les bords vifs.

1

Déterminez le centre de chaque carré en en rabattant les angles opposés les uns sur les autres. Repassez le pli de cassure.

2

Repliez les angles sur le centre. Écrasez au fer, et fixez avec des épingles.

3

Repliez de nouveau les angles du carré vers le centre, écrasez au fer et épinglez en place. Puis fixez par un point au centre.

4

Assemblez deux carrés dos à dos, et cousez-les à points de surjet sur un côté. Assemblez deux bandes de quatre pièces de cette façon, puis assemblez les bandes.

5

Mesurez le pli allant d'un angle au centre de l'une des pièces. Découpez dix carrés de cette dimension dans l'organza. Épinglez chaque morceau en diagonale sur la couture. Pour couvrir les bords vifs de l'organza, faites des roulottés à chaque bord de taffetas et cousez-les à points glissés. Répétez l'opération pour chacune des pièces afin d'obtenir un effet de vitrail.

6

Coupez le tissu de doublure à la dimension du porte-aiguilles, en prévoyant 5 mm (1/4 po) de plus pour les coutures. Rabattez les marges des coutures. Travaillant envers contre envers, cousez à points glissés la doublure au porte-aiguilles. Cousez un bouton sur un côté, et une bride en tissu sur l'autre. Découpez la feutrine à la dimension voulue, et crantez les bords. Empilez les morceaux de feutrine, disposez-les dans le porte-aiguilles, et cousez selon une ligne centrale.

COUSSIN À ÉPINGLES ÉTOILÉ

Bien qu'extrêmement élaboré, ce coussin à épingles est simple à réaliser. Des carrés pliés en triangle sont disposés en étoile sur le tissu de fond. Les morceaux de tissu n'étant pas coupés à la forme, mais pliés, il ne s'agit pas vraiment d'un patchwork.

FOURNITURES

des chutes de taffetas de deux couleurs

des ciseaux de tailleur

un fer à repasser

des chutes de tissu de coton

des épingles

une aiguille et des fils assortis

un compas et un crayon

des chutes de velours

une machine à coudre

du matériau de rembourrage

PRÉPARATION

Dans une des étoffes de taffetas, coupez douze rectangles de 5 x 9 cm (2 x 3 1/2 po), et huit de la même taille dans l'autre. Rabattez au fer 5 mm (1/4 po) sur l'un des côtés longs de chaque rectangle. Coupez un carré de tissu de coton de 20 cm (8 po) de côté qui servira de support. Rabattez les angles opposés les uns sur les autres pour déterminer le centre. Écrasez au fer pour marquer les pliures comme vous le voyez sur l'image 1.

1

Pour chacun des rectangles, rabattez les deux angles du côté pourvu d'un rabat vers le milieu pour constituer un triangle, et repassez.

2

Disposez quatre triangles de la première couleur au centre du tissu de fond, de manière à former un carré comme ci-dessus. Épinglez, puis assemblez, et fixez au tissu de support au point glissé.

3

Disposez maintenant huit triangles de la seconde couleur autour du motif central. Commencez par épingler quatre triangles au tissu de fond, à 2,5 cm (1 po) du centre de l'ouvrage, comme vous le voyez ci-dessus. Puis placez quatre autres triangles en diagonale pour qu'ils chevauchent les premiers. Cousez à points glissés les bords extérieurs.

4

Prenez maintenant huit triangles de la première couleur. Épinglez-les en les faisant chevaucher sur la base des triangles précédents, et en les plaçant à 4 cm (1 1/2 po) du centre de l'ouvrage. Cousez à points glissés comme précédemment, et faufilez le tour extérieur pour le maintenir au tissu de support.

FINITION

En fichant la pointe de votre compas au centre de l'ouvrage, tracez un cercle englobant l'étoile que vous avez dessinée. Découpez un cercle à cette dimension dans le velours. Assemblez endroit contre endroit l'étoile au velours, en ménageant une ouverture dans la couture pour retourner l'ouvrage. Crantez la couture, repassez, puis tournez sur l'endroit. Remplissez avec le rembourrage et fermez l'ouverture à points glissés.

OURS EN PATCHWORK

Autrefois, les jouets souples des enfants étaient souvent réalisés en patchwork. Nous nous en sommes inspirés pour cet ours adorable dont le patchwork en losanges évoque un arlequin.

FOURNITURES

du carton mince

un crayon

un cutter

un morceau de 50 x 90 cm (20 x 36 po) de triplure thermocollante

des ciseaux de tailleur

un fer à repasser

des chutes de satin dans des tons assortis

des épingles

une machine à coudre

des fils assortis

une aiguille et du fil à faufiler

un cutter rond

du matériau de rembourrage

PRÉPARATION

Agrandissez le patron de l'ours comme spécifié, et reportez-le sur du carton. Agrandissez également les gabarits 1 et 2 et découpez-les dans du carton, puis reportez-les sur la triplure. Découpez suffisamment de gabarits pour recouvrir les deux moitiés d'ours, en prévoyant deux fois plus de gabarits 2. Vous découperez tous les gabarits 1 dans une même couleur, et les gabarits 2 dans des tons assortis, en veillant à obtenir autant de pièces foncées que de pièces claires. Collez la triplure aux chutes de satin, puis découpez vos pièces de satin en prévoyant 5 mm (1/4 po) pour les coutures. Quand vous assemblerez vos pièces, alternez-en une claire et une plus foncée de façon que la foncée soit toujours du même côté. Vous obtiendrez ainsi une illusion de profondeur.

1

Travaillant endroit contre endroit, assemblez un gabarit 2 clair et un foncé pour former un angle. Écrasez la couture au fer en la rabattant d'un côté. Épinglez le gabarit 1 dans l'angle en faisant bien correspondre les angles. Cousez et arrêtez les fils. Emboîtez un autre angle à l'autre côté du gabarit 1 et épinglez, puis cousez comme précédemment.

2

Répétez l'opération pour constituer des bandes, puis assemblez celles-ci après les avoir faufilées. Écrasez les coutures en alternant le sens.

GABARIT 1 À AGRANDIR À 90 %

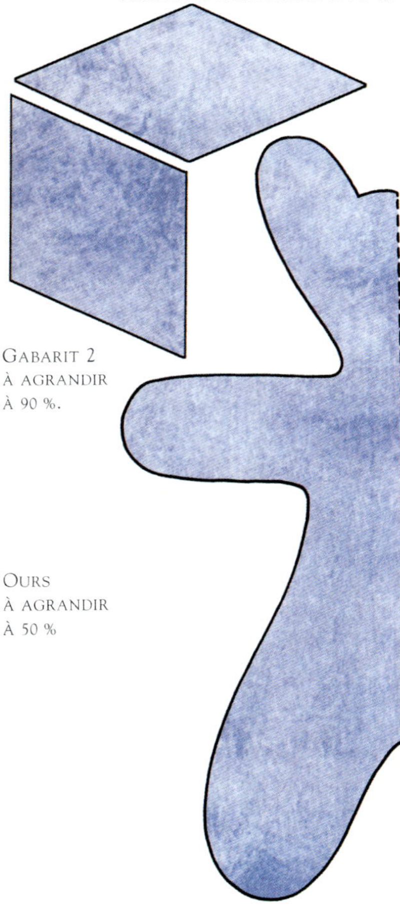

GABARIT 2 À AGRANDIR À 90 %.

OURS À AGRANDIR À 50 %

FINITION

Confectionnez deux grandes pièces de patchwork de manière à recouvrir l'ours. Coupez selon le patron deux ours dans la triplure. Inutile de prévoir des marges de couture. Collez les deux morceaux de triplure sur l'envers de vos patchworks. Pliez vos patchworks en deux par le milieu, et épinglez le gabarit le long de la ligne de pliure en prévoyant une marge pour la couture. Découpez deux morceaux identiques dans votre patchwork avec un cutter rond. Travaillant endroit contre endroit, et en commençant par le bord intérieur d'une jambe, cousez tout autour de la forme, en laissant une ouverture de 5 cm (2 po). Crantez les angles, nettoyez les coutures et repassez. Retournez sur l'endroit, remplissez avec le rembourrage et refermez l'ouverture à points glissés.

JETÉ DE VELOURS

Avec ce projet, vous apprendrez la façon de travailler le velours pour un patchwork. Des triangles sont assemblés par deux pour constituer des losanges qui sont à leur tour groupés pour former des étoiles. Vous pourriez utiliser ce motif de patchwork pour une couverture ou un coussin.

FOURNITURES

du carton fin

un crayon

de la triplure thermocollante

un cutter

un fer à repasser

des chutes de velours assortis

un cutter rond

des épingles

une machine à coudre

des fils assortis

de la soie de doublure

une aiguille et du fil assorti

PRÉPARATION

Déterminez la taille de votre jeté. Dessinez un triangle aux côtés un peu plus longs que la base et reportez-le sur du carton. Calculez le nombre de gabarits qu'il vous faudra, et découpez-les dans la triplure avec un cutter. Appliquez les gabarits au fer sur l'envers du velours, et coupez vos morceaux en prévoyant 5 mm de marge pour les coutures d'assemblage. Disposez les triangles afin de former des losanges, puis disposez ceux-ci pour constituer des étoiles. Pour cela, faites une maquette et jouez sur les couleurs.

1

Assemblez les triangles deux à deux par leur base, de manière à former des losanges. Utilisez la méthode en drapeau expliquée à la page 20. Écrasez les coutures.

2

Assemblez ensuite vos paires de triangles en bandes horizontales, en suivant la maquette que vous aurez établie, puis assemblez les bandes pour obtenir un patchwork. Écrasez les coutures pour éviter les épaisseurs.

FINITION

Coupez la doublure à la dimension de votre patchwork. Endroit contre endroit, piquez tout autour du jeté, en laissant une ouverture de 10 cm (4 po). Crantez les angles et repassez. Retourner sur l'endroit et cousez l'ouverture à points glissés.

PLAID MASCULIN

Ce plaid est plus particulièrement destiné à un homme parce qu'il est constitué de chutes de tissus de complets. On a découpé celles-ci en carrés en alternant le sens des rayures des différents tissus.

FOURNITURES

du carton mince
un crayon
un cutter
des chutes de tissus de costumes
un crayon de couturière
des ciseaux de tailleur
des épingles
une machine à coudre
des fils assortis
de la soie de doublure de couleur contrastée
une aiguille et des fils assortis
un fer à repasser
du fil à faufiler
des boutons de chemise

PRÉPARATION

Coupez dans le carton un gabarit rectangulaire, et calculez le nombre de morceaux de tissu nécessaires pour le plaid que vous avez prévu de réaliser. Reportez le gabarit sur vos chutes de tissu en les dessinant au crayon de couturière. Découpez vos morceaux de tissu en prévoyant 5 mm (1/4 po) pour les coutures d'assemblage. En utilisant la méthode en drapeau, assemblez à la machine les morceaux par deux, après les avoir épinglés. Puis assemblez-les en bandes. Écrasez les coutures.

1

Assemblez les bandes de patchwork afin d'obtenir un seul grand morceau. Nettoyez les coutures, puis écrasez-les au fer pour éviter les épaisseurs.

2

Mesurez les dimensions du patchwork, en prévoyant 13 cm (5 po) sur chacun des côtés pour la bordure. Découpez la doublure à ces mesures. Endroit contre endroit, épinglez la doublure au patchwork, et piquez à 1 cm (1/2 po) des bords vifs. Ménagez une ouverture de 10 cm (4 po) dans un côté, et laissez libres les angles. Repassez la couture, retournez et refermez à points glissés.

3

Repassez la bordure comme vous le voyez ci-dessous. Épinglez le rabat des angles.

FINITION

Cousez à points glissés la bordure au patchwork pour la maintenir en place. Cousez la pliure des angles. Puis cousez des boutons comme vous le voyez ci-dessus.

PETIT SAC DE LAVANDE

L'étoile est un motif classique en patchwork, et celle que nous vous présentons ici est particulièrement populaire. Pour assembler les angles très aigus qui constituent le cœur de l'étoile, prenez votre temps car le travail est délicat.

FOURNITURES

du papier-calque et un crayon

du carton mince

un cutter

des chutes d'organza de soie de trois couleurs assorties

un cutter rond

des chutes de soie de doublure

des épingles

une machine à coudre

des fils assortis

une aiguille et du fil assorti

de la lavande séchée

du ruban

PRÉPARATION

Dessinez votre étoile selon le schéma ci-dessous, et faites vos gabarits. Pour chaque étoile (il vous en faudra deux), découpez huit morceaux du gabarit 1 dans deux couleurs, et quatre pièces des gabarits 2 et 3 dans la troisième couleur.

1

Pour constituer l'étoile, travaillez endroit contre endroit, et assemblez deux morceaux 1 de couleurs différentes. Cousez-les à la main. Assemblez-en encore deux autres dans les mêmes couleurs. Cousez et repassez.

SCHÉMA DE L'ÉTOILE

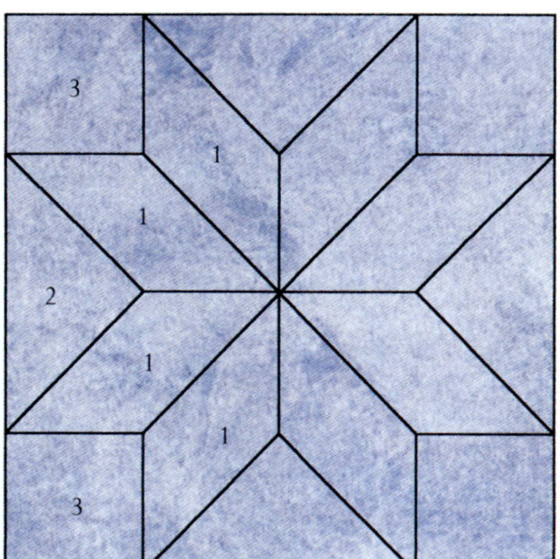

2

Assemblez vos deux morceaux ainsi réalisés de façon que les angles se rejoignent bien au centre, comme ci-dessus. Cousez et repassez les coutures en les couchant sur un côté. Faites la seconde moitié de l'étoile de la même façon.

3

Assemblez maintenant une pièce 3 dans l'un des angles formés par l'étoile. Cousez, puis assemblez un triangle 2 en soignant bien le point d'insertion de l'angle. Cousez et repassez soigneusement les coutures sur l'envers.

FINITION

Cousez les angles 3 et les triangles restants pour achever le motif. Faites une seconde étoile semblable. Mesurez ensuite un des patchworks et découpez deux morceaux d'organza de la même longueur (plus les coutures) et de 5 cm (2 po) de plus en largeur. Piquez les patchworks sur chacun de ces morceaux. Repassez. Travaillant endroit contre endroit, assemblez la base et les côtés du sac, et retournez. Faites un repli de 1 cm (1/2 po) en haut du sac, cassez au fer, et cousez au point d'ourlet. Remplissez le sac de fleurs de lavande séchées, et fermez avec un ruban.

POCHETTE À CHEMISE DE NUIT

Le motif de patchwork présenté ici est inspiré de celui qui ornait les quilts de mariage. Les lignes courbes se croisent et se chevauchent à intervalles réguliers, figurant des anneaux entrelacés.

FOURNITURES

du carton mince

un cutter

des ciseaux de tailleur

des chutes d'organza de cinq couleurs différentes

des épingles

une machine à coudre

des fils assortis

un fer à repasser

une aiguille et du fil assorti

des boutons-pression

PRÉPARATION

Reproduisez les gabarits qui vous sont donnés à la page 242. Chaque motif d'anneau est constitué de huit pièces arrondies, quatre gabarits 4, et quatre gabarit 5. Il vous faudra en tout 6 anneaux. Pour chaque pièce arrondie, coupez quatre gabarits 1 dans une première couleur. Coupez donc trente-deux gabarits 1. Pour chaque pièce arrondie, coupez deux gabarits 2 dans une deuxième couleur. En tout, il vous faut donc seize gabarits 2. Pour quatre pièces arrondies seulement, coupez un gabarit 3 dans une quatrième couleur et un dans la cinquième. Il vous faut donc huit gabarits 3. Coupez deux gabarits 4 dans la deuxième couleur, et deux dans la troisième. Coupez enfin deux gabarit 5 dans la quatrième couleur et deux dans la cinquième.

1

Pour réaliser une pièce arrondie, assemblez quatre morceaux 1. Écrasez les coutures. À chaque extrémité, assemblez un morceau 2.

2

Prenez un morceau 4 et assemblez-le au bord intérieur d'une pièce arrondie de telle sorte que les deux morceaux s'emboîtent parfaitement. Faites trois autres motifs semblables.

3

Pour les quatre restants, cousez des morceaux 3 dans des couleurs contrastées à leurs extrémités. Repassez.

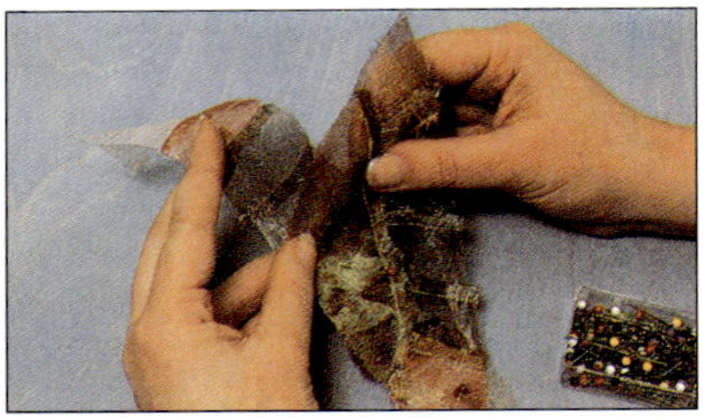

4

Insérez un morceau 4 dans l'arrondi, assemblez et repassez. Faites quatre pièces de cette façon.

5

Prenez un morceau 5 et faites coïncider les pointillés avec la couture centrale des bords extérieurs des arcs. Insérez bien l'angle et assemblez. Repassez. Assemblez le second arc à l'autre côté courbe des morceaux 5, cousez et repassez.

FINITION

Recommencez l'opération 5 jusqu'à ce que vous ayez obtenu un carré. Mesurez celui-ci, ajoutez 1 cm (1/2 po) de marge pour la couture sur trois côtés, et 2 cm (3/4 po) sur le quatrième. Coupez un morceau d'organza à ces dimensions. Pliez en deux le côté long et coupez. Rabattez un ourlet double sur les deux morceaux ainsi obtenus et cousez-le. Faites se chevaucher les deux morceaux, et placez-les endroit contre endroit sur le patchwork. Faites une housse comme expliqué dans « Techniques de base ». Vous pouvez faire une doublure en soie de la même manière. Fermez avec des boutons-pression.

POCHETTE EN MATELASSÉ CORDÉ

Le matelassé cordé est une technique très ancienne. Il consiste à surpiquer un dessin avec des lignes de points parallèles de manière à constituer des sillons dans lesquels on insérera du cordonnet ou de la laine pour obtenir un effet de relief. C'est un travail très proche du *trapunto*.

FOURNITURES

du papier de soie et un marqueur

30 x 90 cm (12 x 36 po) de mousseline

un marqueur pour tissu

une aiguille et du fil à faufiler

30 x 90 cm (12 x 36 po) de satin de couleur bronze

une machine à coudre

du fil assorti

du cordonnet ou de la laine

une aiguille à bout arrondi

des épingles

30 x 90 cm (12 x 36 po) de satin bleu

des ciseaux de tailleur

un bouton-pression

PRÉPARATION

Reproduisez le motif ci-dessous sur du papier de soie. Faufilez la mousseline sur l'envers du satin bronze, et faites une piqûre tout autour. Épinglez le papier de soie dessiné à la mousseline et piquez le motif. Arrêtez bien les fils. Enlevez le papier de soie.

DESSIN DU MOTIF À AGRANDIR DE 25 %

1

Avec l'aiguille à bout arrondi, enfilez le cordonnet, ou la laine, dans les sillons sur l'envers de l'ouvrage. Sortez-le comme vous le voyez ci-dessus et laissez du jeu pour que le tissu ne se déforme pas.

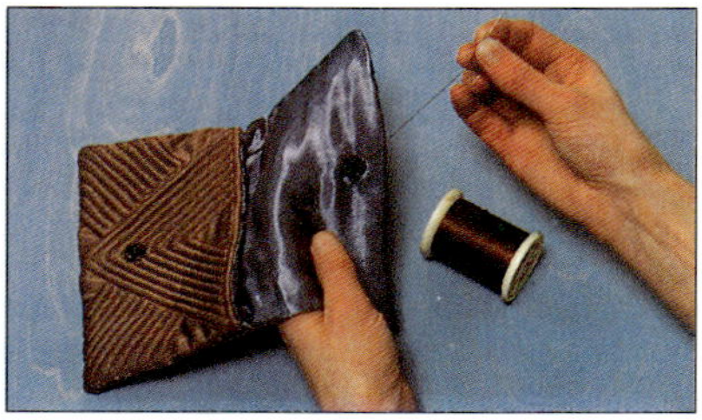

2

Épinglez le satin bleu à l'ouvrage endroit contre endroit. Cousez le tour en laissant une ouverture. Crantez et repassez, puis tourner sur l'endroit. Cousez les côtés à points glissés. Cousez un bouton-pression en guise de fermeture.

QUILT CORDÉ

Ici, on a surpiqué les contours d'un motif avec deux lignes parallèles qui prennent deux épaisseurs de tissu. On a formé ainsi des sillons que l'on a garni pour leur donner du relief. On peut travailler de cette façon toute une couverture, ou seulement créer un effet décoratif de bordure.

FOURNITURES

des ciseaux de tailleur
du satin
de la mousseline
du papier de soie et un crayon
des épingles
une aiguille et du fil à faufiler
une machine à coudre et du fil assorti
une aiguille à bout arrondi
de la laine à broder
du tissu de coton pour la doublure

PRÉPARATION

Déterminez la taille de votre quilt, et découpez aux dimensions la mousseline et le satin. Reproduisez le motif sur du papier de soie autant de fois qu'il faudra pour la bordure du quilt. Faufilez la mousseline sur l'envers du satin et faites une piqûre tout autour, en restant très près des bords vifs.

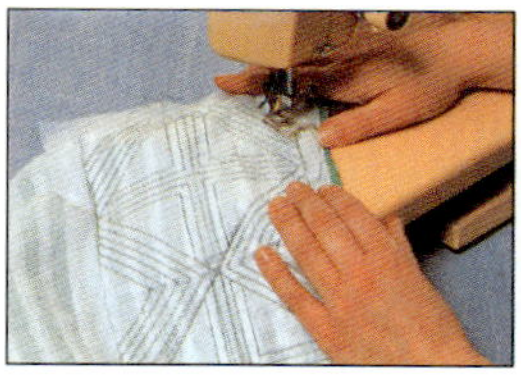

1

Épinglez le papier de soie dessiné sur la mousseline. Piquez-le en suivant bien les lignes parallèles. Nouez les fils pour les arrêter et enlevez le papier de soie.

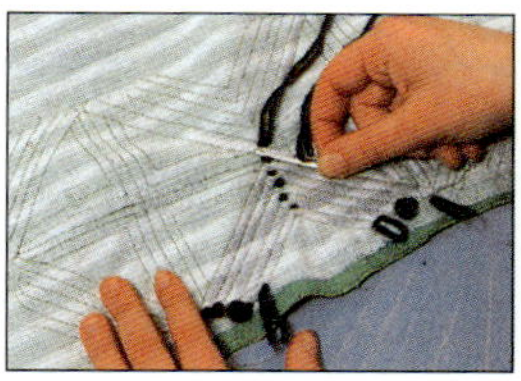

2

Enfilez votre aiguille à bout arrondi avec de la laine, et piquez dans l'un des sillons pour insérer celle-ci entre les deux épaisseurs de tissu. Arrivé à un angle, sortez l'aiguille sur l'envers, faites une boucle et repiquez dans le sillon. Au croisement de deux sillons, coupez la laine et reprenez au-delà. Faites toute la bordure du quilt de cette façon.

FINITION

Nettoyez bien les bords vifs du satin et de la mousseline, et coupez la doublure à la dimension. Travaillant endroit contre endroit, assemblez le tout, ménageant un espace ouvert de 10 cm (4 po). Retournez sur l'endroit et fermez l'ouverture à points glissés.

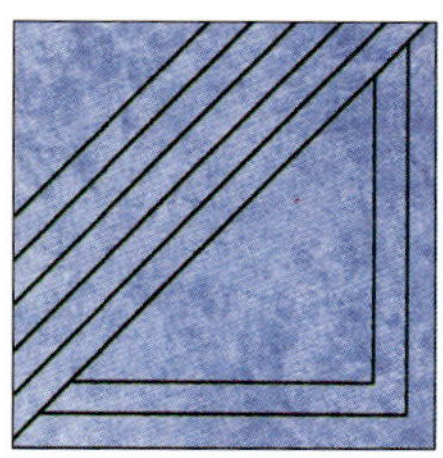

CELA REPRÉSENTE UN QUART DU MOTIF. AGRANDISSEZ À LA TAILLE VOULUE.

TABLEAU EN APPLIQUÉ

Ce tableau naïf et charmant est constitué d'éléments de couleur appliqués sur un fond uni. On a ensuite recouvert le tableau avec un tissu translucide pour obtenir un effet légèrement ombré.

FOURNITURES

du papier et un marqueur

des ciseaux de tailleur

du ruban adhésif double face

des carrés de feutrine dans les couleurs suivantes : blancs, orange clair et foncé, verts clair et foncé

2 morceaux de mousseline de 38 x 30 cm (15 x 12 po)

des épingles

une aiguille et du fil à faufiler

un métier à broder

des fils à broder blancs, orange, verts et marron

une aiguille à tapisserie

un fer à repasser

un carton de fond

du kraft adhésif

un cadre

PRÉPARATION

Agrandissez le motif en le reproduisant sur du papier. Dessinez le cœur des fleurs et la coccinelle séparément. Découpez chacun des éléments et collez-les sur la feutrine avec du ruban adhésif double face. Dessinez les contours des formes, et découpez la feutrine.

AGRANDIR DE 75 %

1

Disposez un morceau de mousseline sur le motif d'origine. Enlevez le papier de protection, et disposez les éléments de feutrine sur la mousseline. Recouvrez d'un second morceau de mousseline. Épinglez, et faufilez les deux épaisseurs ensemble.

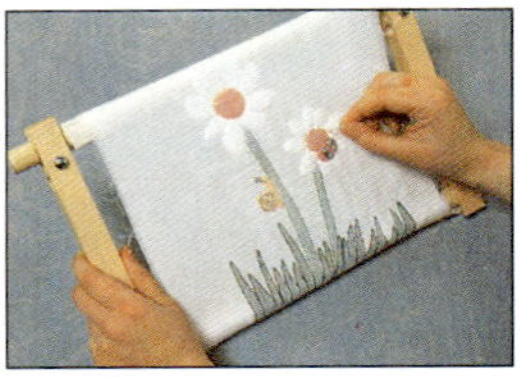

2

Tendez l'ouvrage sur un métier à broder. Avec un brin de coton à broder, faites un point de trait double tout autour des éléments du motif. Brodez ensuite les détails de l'escargot, de la coccinelle et du cœur de la fleur dans des couleurs contrastées.

FINITION

Enlevez l'ouvrage du métier et repassez-le avec soin sur l'envers. Choisissez un carton de fond dans un ton coordonné à ceux du motif et tendez l'ouvrage dessus. Collez-le au dos. Encadrez.

CAMÉE EN TABLEAU

Voilà une idée d'appliqué très amusante à réaliser. Copiez le profil d'un visage trouvé dans un livre ou encore sur un objet de porcelaine et, pour que la copie soit parfaite, travaillez dans les tons de bleu, qui ont fait la célébrité de la porcelaine anglaise. Vous pouvez aussi photographier une personne de profil. Montez le tableau fini dans un cadre, à la manière d'une miniature.

FOURNITURES

un marqueur

de la triplure blanche thermocollante et légère

des ciseaux de tailleur

un fer à repasser

un tissu de fond bleu

un tambour à tapisserie

une machine à coudre

du fil assorti

un petit cadre

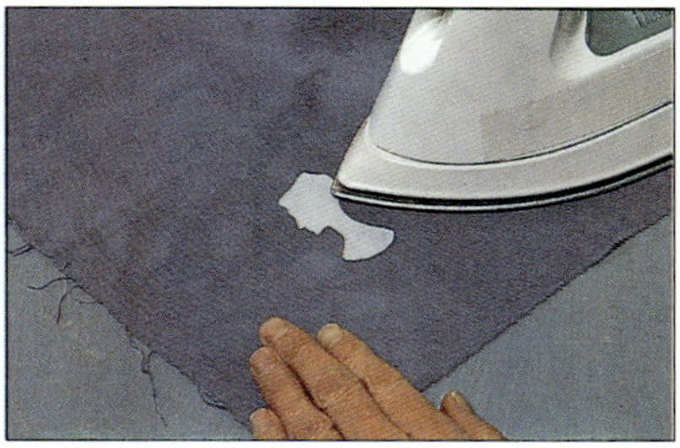

1

Reportez le dessin sur la triplure. Découpez, puis appliquez au fer sur le tissu de fond.

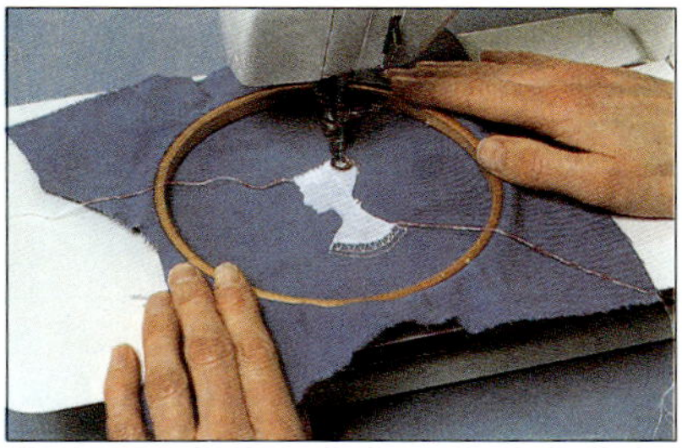

2

Tendez l'ouvrage sur un tambour à broder. Relevez le pied-de-biche de votre machine, et piquez les contours du dessin. Ajoutez des détails comme le col et les cheveux pour parfaire le motif.

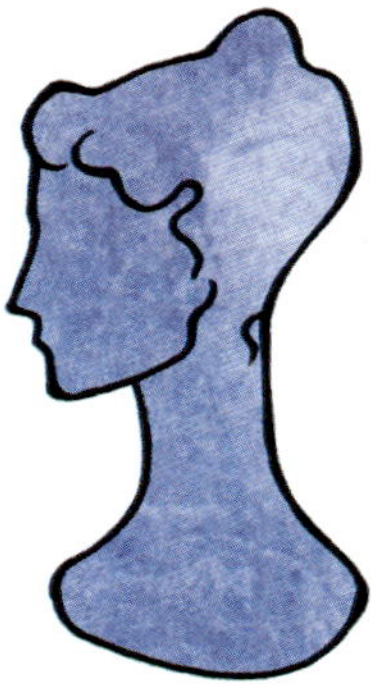

FINITION

Montez le camée fini dans un petit cadre.

CADRE POUR UN MIROIR

Ce cadre en patchwork est fait de morceaux de soie, de satin et d'organza dans les tons de bronze. Les surpiqûres et les broderies enrichissent ce très bel objet.

FOURNITURES

du papier et un crayon de couturière

des ciseaux de tailleur

un morceau de 20 x 40 cm (8 x 16 po) de satin bronze

un morceau de 1,15 m x 90 cm (45 x 36 po) de soie bronze

un morceau de 50 x 90 cm (20 x 36 po) d'organza bronze

du carton épais

des épingles

une machine à coudre

du fil assorti

un fer à repasser

une aiguille et du fil à faufiler

un morceau de 50 x 90 cm (20 x 36 po) de molleton

du papier de soie

une aiguille à tapisserie

un miroir rond de 30 cm (12 po) de diamètre

de la colle multi-usage

PRÉPARATION

Agrandissez les gabarits de la page 242 et découpez-les dans le papier. Découpez trois bandes de 40 cm (16 po) de long dans chacun des tissus bronze. Varier les largeurs, mais assurez-vous qu'une fois ces bandes assemblées, la largeur totale sera de 50 cm (20 po). Dans le carton, découpez un gabarit 3. Tracez-en les contours sur la soie bronze, puis découpez une doublure de façon que la largeur soit de 10 cm (4 po). Coupez un gabarit 2 dans le reste de la soie.

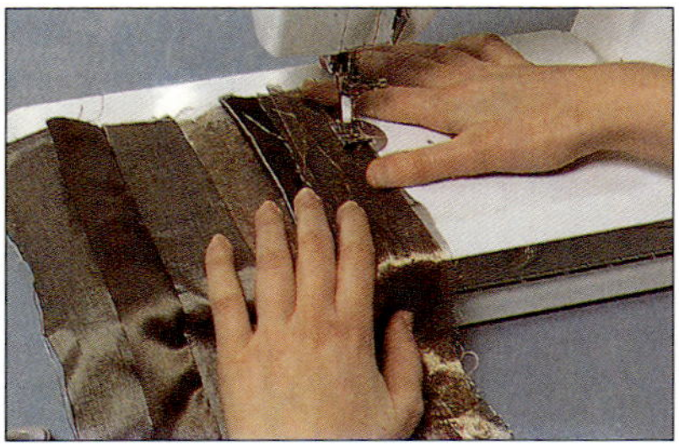

1

Assemblez les bandes de satin, de soie et d'organza en alternant les tissus, repassez les coutures, et dans le patchwork ainsi obtenu découpez deux gabarits 1 qui constitueront les côtés du cadre.

2

Coupez dans la soie un gabarit 2, et disposez-le endroit contre endroit sur l'organza pour constituer le centre du cadre. Épinglez, puis piquez en suivant le cercle intérieur. Nettoyez et crantez. Retournez sur l'endroit. Repassez.

3

Épinglez endroit contre endroit le morceau du centre aux morceaux du bord, et cousez. Crantez les courbes et nettoyez les bords vifs de l'organza.

4

Assemblez l'ouvrage et le molleton, et taillez celui-ci à la dimension. Agrandissez et reproduisez le motif de surpiquage sur le papier de soie, placez celui-ci sur l'ouvrage et piquez le motif à la machine. Brodez ensuite des petites étoiles à main levée avec du fil doré. Cousez ensuite la doublure en soie. Crantez et repassez.

FINITION

Centrez le miroir sur le carton de fond. Couvrez le fond avec le cadre en tissu. Repliez l'excédent de tissu au dos du cadre, et collez en place avec de la colle multi-usage.

Courtepointe héraldique

Cette couverture piquée, aux motifs d'inspiration héraldique, est réalisée dans des tons très doux de bleu glacier et de beige ancien rehaussés de fil d'or. Les tissus utilisés sont du satin de coton, du brocart, du satin et de la moire. Vous pouvez surpiquer les pièces individuellement, ce qui est bien pratique pour un travail de grandes dimensions.

Fournitures

du papier et un crayon

des ciseaux de tailleur

des chutes de satin de coton, brocart, satin et moire

un fer à repasser

des épingles

une machine à coudre

du fil assorti

du tissu de coton (calicot, percale)

du molleton

une aiguille et du fil à faufiler

du carton mince

un cutter

de la toile thermocollante

des chutes de tissu lamé et d'organza irisé

une aiguille à tapisserie

du gros fil or

des perles et des sequins

Préparation

Cette courtepointe est formée de panneaux carrés de 36 cm (14 po) de côté. La moitié de chaque carré est surpiquée d'un gros losange central, et l' autre, divisée en quatre avec quatre motifs en losange ou deux losanges et deux carrés. Faites une maquette de votre ouvrage, et prévoyez l'emplacement des couleurs. Agrandissez le dessin ci-dessous, et découpez un gabarit de losange dans les deux dimensions, ainsi qu'un gabarit de triangle dans les deux dimensions, et un carré. Découpez autant de pièces de tissu qu'il vous en faudra, et prévoyez un repli sur tous leurs côtés. Écrasez ces replis au fer. Épinglez les morceaux de tissu pour former des panneaux, et cousez-les à la machine au point zigzag. Découpez le même nombre de panneaux dans le tissu de coton (percale ou calicot) et dans le molleton. Prenez celui-ci en sandwich entre le patchwork et la doublure, et faufilez. Surpiquez les panneaux à la machine au point zigzag.

1

Agrandissez puis reportez les motifs d'animaux de la page 243 sur du carton, et découpez-les. Collez au fer la toile thermocollante sur l'envers de l'étoffe lamée et de l'organza irisé. Découpez un animal pour chacun des panneaux ornés d'un gros losange.

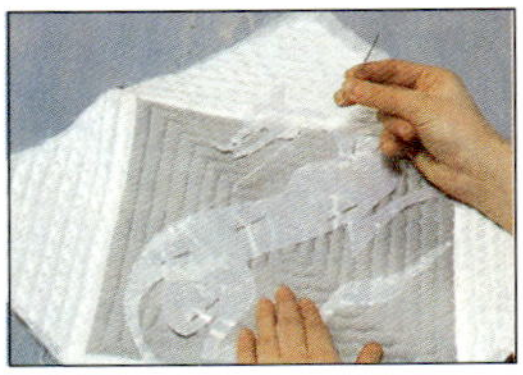

2

Enlevez le papier de protection, et collez les motifs sur les panneaux, puis décorez avec du fil or, des perles et des sequins.

3

Surpiquez à la main les détails des dessins en utilisant le fil or. Pour les autres panneaux, travaillant sur l'envers, matelassez à la machine avec du fil doré.

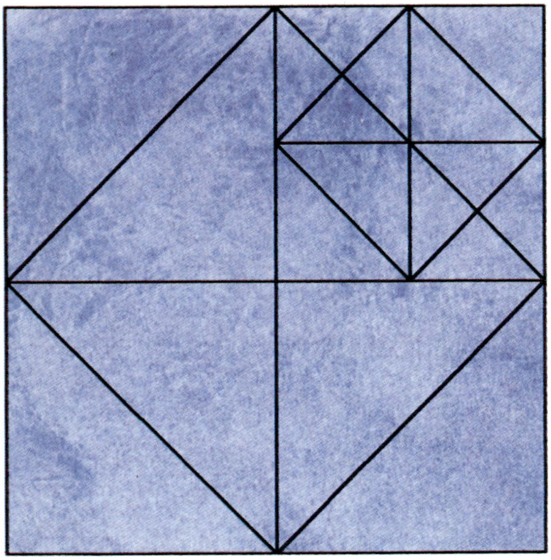

Maquette et gabarits à agrandir de 25 %

Finition

Pour assembler les panneaux, rabattez les bords vifs des patchworks et des doublures, et assemblez sur l'envers au point zigzag. Découpez des bandes d'environ 5 cm (2 po) de large dans le tissu de doublure, et de la longueur de l'ouvrage. Faites un rabat sur les bords longs, et repassez. Disposez ces bandes sur les piqûres d'assemblage, sur l'endroit du travail, et cousez au point zigzag à la machine. Faites une bordure, toujours en tissu de doublure, et cousez sur l'endroit de la même manière.

GILET SURPIQUÉ

Le motif que nous avons choisi ici est d'origine indienne. Il fut introduit en Europe au XVIIIe siècle, lorsque le continent indien était grand exportateur de cotonnades. Nous avons peint ces ornements sur le gilet, puis nous avons surpiqué à la main chacun des motifs.

FOURNITURES

un patron de gilet
des ciseaux de tailleur
du calicot
du tissu de doublure noir
un feutre de couturière
un stylo à peinture relief dorée
de la peinture pour soie dans les tons noir, vert, violet
du molleton
une aiguille et du fil à faufiler
une machine à coudre
des fils assortis

PRÉPARATION

Découpez les pièces du gilet d'abord dans le calicot puis dans le tissu de doublure. Agrandissez le motif de la page 244, et reportez-le sur vos devants en calicot avec le feutre de couturière.

1

Dessinez les motifs au stylo doré. Laissez sécher toute une nuit.

2

Colorez les motifs avec vos peintures pour soie. Travaillez une couleur à la fois et laissez sécher avant d'attaquer la suivante. Colorez le fond en dernier.

3

Prenez le molleton entre le calicot peint et le tissu de doublure, et faufilez pour maintenir ensemble. Surpiquez à la main tous les motifs pour en accuser le relief.

FINITION

Montez le gilet en suivant les instructions portées sur le patron.

POCHETTE MATELASSÉE

Choisissez un petit projet comme celui-ci pour vous lancer dans le matelassé. Vous coudrez la pochette ainsi réalisée sur une chemise ou une veste de pyjama par exemple.

FOURNITURES

deux carrés de 10 cm (4 po) de côté de tissu couleur pêche

deux carrés de 10 cm (4 po) de côté de tissu bleu

une machine à coudre

du fil assorti

de la triplure thermocollante

un marqueur

des épingles

du molleton

une aiguille et du fil à faufiler

des ciseaux de tailleur

des chutes de tissu

des perles et des sequins

du calicot

PRÉPARATION

Agrandissez le gabarit de la pochette. Assemblez à la machine les carrés de tissu pour obtenir un patchwork, en alternant les couleurs.

GABARIT ET MOTIF À AGRANDIR DE 75 %

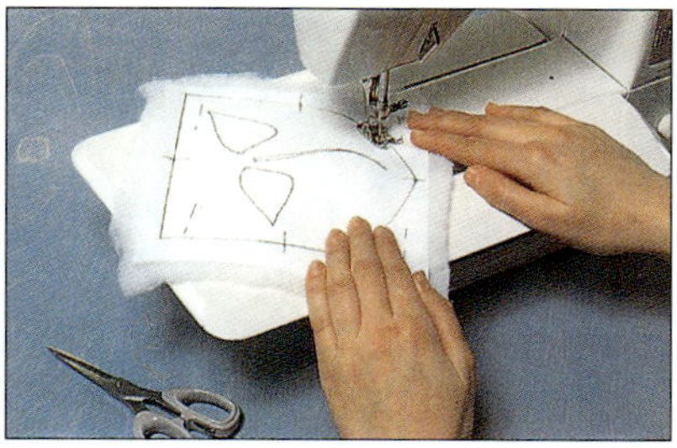

1

Agrandissez le motif et reportez-le sur la triplure. Épinglez la triplure sur le molleton et piquez sur l'ensemble les contours de la pochette. Faufilez l'ensemble au patchwork.

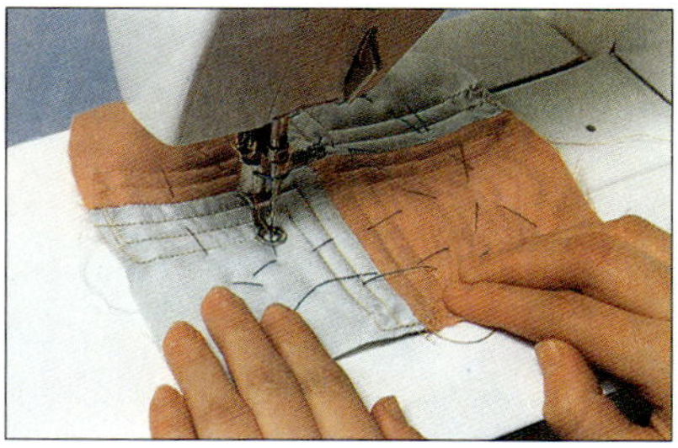

2

Piquez des lignes parallèles aux bords rectilignes de chacun des carrés de manière à former un chevron. Piquez les contours de la pochette et nettoyez.

3

Retournez l'ouvrage sur l'envers, c'est-à-dire sur la triplure, et faufilez les contours du motif. Découpez les éléments du motif dans vos chutes de tissu et appliquez-les à la main sur l'endroit de la pochette. Décorez en surpiquant à la main, et ornez de perles et de sequins.

FINITION

Découpez un morceau de calicot à la mesure de la pochette, et assemblez les deux pièces endroit contre endroit, en laissant une petite ouverture. Nettoyez les coutures, crantez-les s'il le faut, et retournez sur l'endroit. Fermez l'ouverture à points glissés et repassez. Placez la pochette ainsi obtenue sur un vêtement en la cousant au point de surjet.

COFFRET EN TRAPUNTO

Le *trapunto* est une technique très ancienne qui donne un matelassage superbe parce que très en relief. On pique le motif sur le tissu, puis on rembourre le motif par l'envers du travail. Ici, nous avons choisi une rose ancienne pour le couvercle de ce beau coffret.

FOURNITURES

des ciseaux de tailleur

un morceau de satin bleu de 40 x 90 cm (16 x 36 po)

un morceau de calicot de 30 x 90 cm (12 x 36 po)

une boîte hexagonale de 18 cm (7 po)

des épingles

une aiguille et du fil à faufiler

un feutre de couturière

de la feutrine autocollante

une machine à coudre

du fil doré

du molleton

de la colle pour tissu

50 cm (20 po) de galon

PRÉPARATION

Découpez dans le satin un carré de 40 cm (16 po). Coupez dans le calicot un morceau à la dimension du couvercle de la boîte, et centrez-le sur l'envers du satin. Faufilez pour maintenir. Agrandissez le gabarit ci-contre, et reportez-le sur le satin, avec le marqueur, en prenant soin de bien le centrer. Dessinez sur la feutrine le socle et les côtés de la boîte, ainsi que la base du couvercle. Découpez.

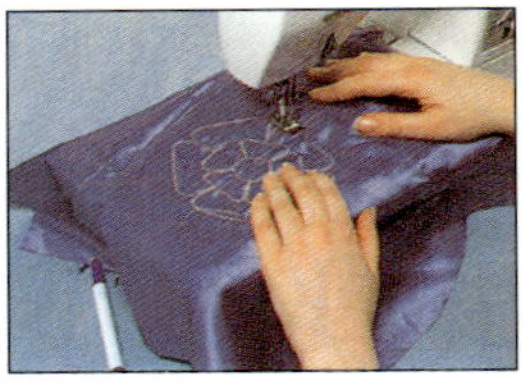

1

Piquez à la machine, au fil doré, les contours de la rose.

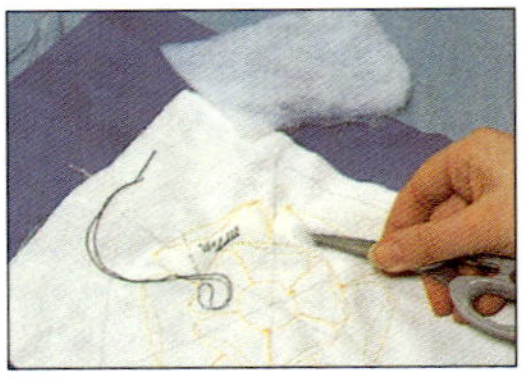

2

À l'aide des ciseaux, ménagez une ouverture dans le calicot, derrière un des pétales, et garnissez de molleton. Refermez par quelques points, et répétez pour chaque élément de la rose.

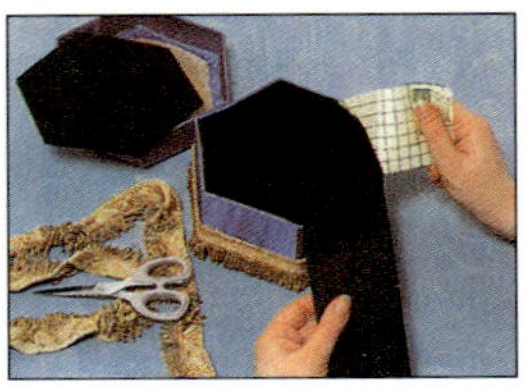

3

Disposez le motif au centre du couvercle, et collez. Tendez ensuite le satin sur le couvercle et ses bords, retournez à l'intérieur, et collez pour maintenir. Coupez l'excédent de satin. Recouvrez la boîte de satin. Doublez son intérieur ainsi que celui du couvercle avec de la feutrine autocollante. Collez le galon autour de la base de la boîte et autour du couvercle.

AGRANDIR DE 50 %

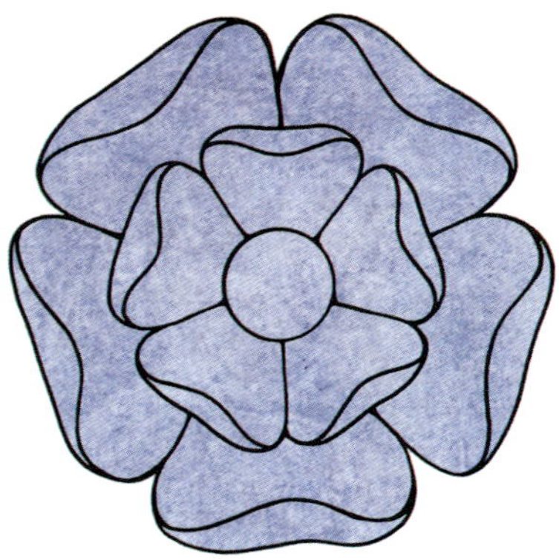

PLUMIER CAPITONNÉ

Ici, nous avons choisi un simple motif matelassé pour le couvercle de ce plumier. Le molleton est pris entre deux épaisseurs de tissu, et les trois sont maintenus en place par un dessin de losange et de fleur de lis surpiqué.

FOURNITURES

un feutre de couturière

un morceau de satin couleur or de 50 x 90 cm (20 x 36 po)

une petite boîte en carton rectangulaire

du molleton

des ciseaux de tailleur

une aiguille et du fil à faufiler

de la feutrine autocollante

une machine à coudre

du fil assorti

de la colle pour tissu

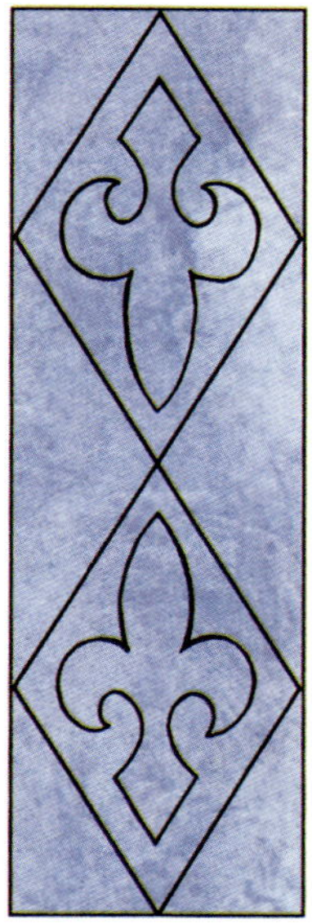

AGRANDIR DE 50 %

PRÉPARATION

Agrandissez le dessin et reportez-le au feutre sur le satin. Découpez dans celui-ci un morceau un peu plus grand que le couvercle de la boîte. Coupez le molleton à la taille du couvercle. Faufilez-le en le centrant sur le satin. Dans la feutrine, dessinez la base et le couvercle de la boîte. Découpez.

1

Surpiquez à la machine les lignes du motif.

2

Collez le molleton au couvercle. Tendez le satin et rabattez-le sur les bords puis à l'intérieur du couvercle. Rabattez proprement les angles, et collez. Recouvrez la boîte de satin.

3

Collez la feutrine à l'intérieur du couvercle et au fond de la boîte.

TOQUE MATELASSÉE

Cette toque est réalisée en lainage et en soie. Ses côtés sont matelassés de losanges selon la technique du *trapunto*, et les motifs sont rehaussés au fil lamé de couleur bronze.

FOURNITURES

du carton mince

un crayon

un cutter

du papier de couturière

des ciseaux de tailleur

un morceau de calicot de 50 x 90 cm (20 x 36 po)

un morceau de lainage rose de 50 x 90 cm (20 x 36 po)

un morceau de soie rose de 50 x 90 cm (20 x 36 po)

une machine à coudre

du fil assorti

un fer à repasser

des épingles

du molleton

une aiguille à tapisserie

du fil lamé bronze

un morceau de soie de doublure de 1 m x 90 cm (1 yd x 36 po)

une aiguille et du fil à faufiler

50 cm (20 po) de gros-grain de 2,5 cm (1 po) de large

PRÉPARATION

Agrandissez puis reportez les motifs sur le carton. Découpez-les. Agrandissez les pièces du patron des pages 244 et 245, reportez-les sur le papier, et découpez le morceau 1 dans le calicot et dans le lainage. Découpez le morceau 2 dans le calicot et dans la soie. Découpez le morceau 3 dans le lainage et dans le calicot. Cousez les morceaux 1 et 2 pour confectionner les côtés de la toque. Cousez d'abord les morceaux en calicot, puis ceux en lainage et en soie, en prenant 1,5 cm (1/2 po) en couture. Crantez et écrasez les coutures au fer.

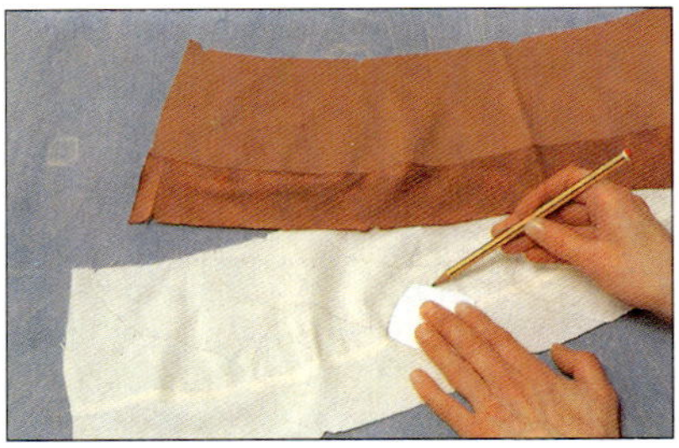

1

Reportez les motifs sur le calicot formant le côté, en les alternant, et en les espaçant régulièrement.

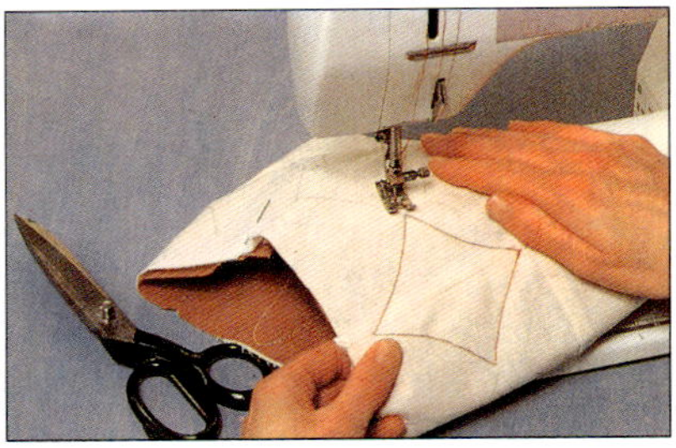

2

Cousez les extrémités de la bande de soie et de lainage formant le côté de la toque. Repassez. Travaillant envers contre envers, épinglez le calicot sur les deux bandes assemblées, puis surpiquez les motifs, en prenant toutes les épaisseurs

3

Travaillant envers contre envers, épinglez ensemble les deux morceaux 3. Assemblez et cousez au côté de la toque. Retournez sur l'endroit, et surpiquez à la main tout près de la couture.

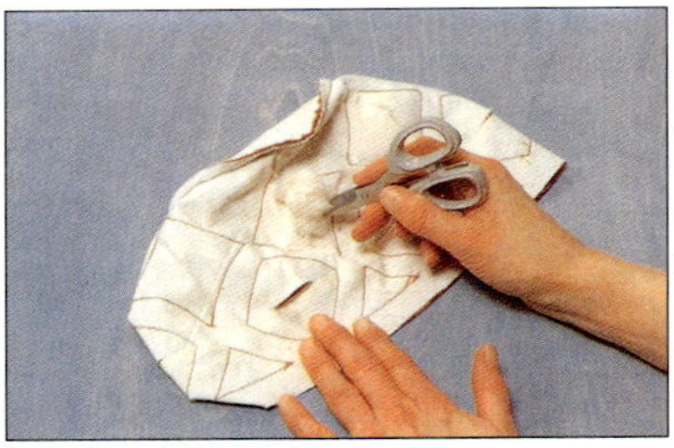

4

Tournez de nouveau l'ouvrage sur l'envers et ménagez une ouverture aux ciseaux dans chacun des motifs. Garnissez-les de molleton, puis refermez par quelques points. Brodez les losanges de petites étoiles en fil lamé bronze. Faites la doublure de la toque en suivant les pièces du patron, et cousez la doublure à la toque à points glissés.

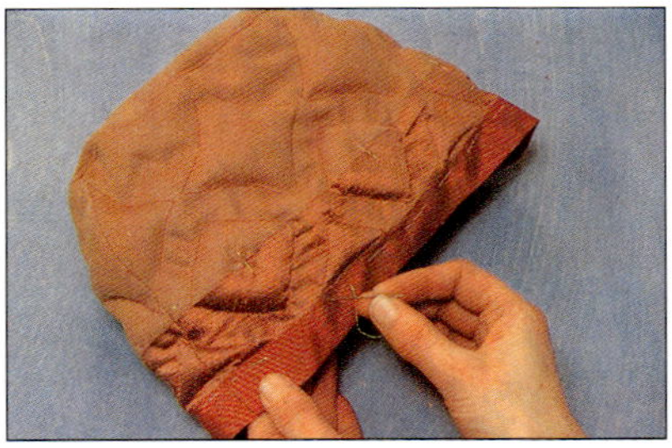

5

Faufilez le gros-grain au bord inférieur de la toque. Cousez-le à points glissés, et repassez.

MOTIFS DE LOSANGES À AGRANDIR DE 50 %

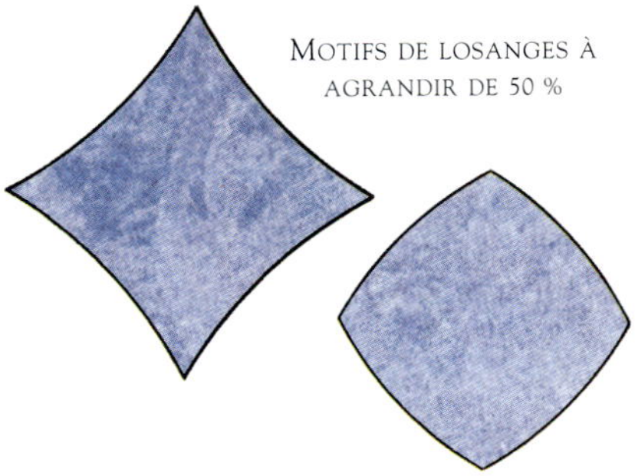

COUVERTURE PIQUÉE POUR UN BERCEAU

Ce type de couverture piquée, appelée quilt, était très en vogue au XIXe siècle. Choisissez des chutes de tissus un peu fanés pour donner à votre ouvrage un aspect ancien ou vieilli, et au besoin utilisez les tissus sur l'envers, toujours plus doux que l'endroit.

FOURNITURES

du carton fin

un crayon

un cutter

des chutes de coton imprimé et de calicot

des ciseaux de tailleur

une aiguille et du fil à faufiler

un fer à repasser

des fils assortis

un morceau de molleton de 75 x 65 cm (30 x 25 po)

un morceau de calicot de 75 x 65 cm (30 x 25 po)

des épingles

une aiguille à tapisserie

du fil à broder écru

des fils de trois couleurs contrastées

PRÉPARATION

Faites deux gabarits carrés : l'un de 8 cm (3 po) de côté, l'autre de 4 cm (1 1/2 po) de côté. Découpez dans le carton 31 grands carrés et 128 petits. Découpez ensuite les petits carrés dans vos chutes de tissus et les grands dans le calicot, prévoyant toujours 1 cm (1/2 po) pour les coutures. Faufilez vos morceaux de tissus sur les gabarits. Pour les bords, découpez deux bandes de tissus de 80 x 5 cm (32 x 2 po) dans trois couleurs différentes, et deux bandes de 65 x 5 cm (26 x 2 po) dans les mêmes couleurs. Faites un rabat sur les côtés longs de chaque bandes.

1

Assemblez à la main les petits carrés par blocs de quatre. Assemblez, en les alternant, ces blocs aux grands carrés. Vous devez obtenir un patchwork constitué de sept grands carrés dans le sens de la largeur et de neuf grands dans le sens de la longueur. Enlevez les fils à faufiler et les cartons. Repassez les coutures d'assemblage en les ouvrant.

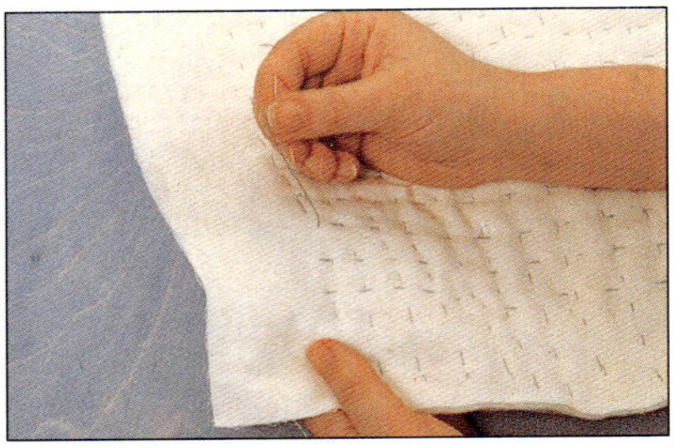

2

Étalez le patchwork, envers sur le dessus, et placez le molleton, puis le calicot. Épinglez les trois épaisseurs ensemble en commençant par le milieu pour gagner la périphérie. Faufilez des lignes au point devant, en enlevant les épingles au fur et à mesure.

3

Pour capitonner la couverture, prenez le fil à broder et faites un point aux angles de chaque pavé et au milieu de ceux composés de 4 petits carrés. Faites des nœuds, et laissez 4 cm (1 1/2 po) de fil libre que vous effilocherez avec la pointe de l'aiguille.

4

Placez les bandes de bordure en travaillant sur l'endroit de la couverture, et en les cousant à points devant à la manière du motif de patchwork Cabane en rondins. Pliez bien les angles en onglet. Nettoyez les bords vifs et rabattez les bandes sur l'envers. Travaillez les angles comme pour le motif Cabane en rondins.

CADRE EN PATCHWORK ZÉBRÉ

On obtient cet effet de zébrures en assemblant des longueurs de tissu noir et de tissu blanc dont on varie les largeurs. Il est amusant de jouer sur les angles pour créer des effets de chevrons.

FOURNITURES

du satin blanc et du satin noir
des ciseaux de tailleur
une machine à coudre
du fil assorti
deux carrés de carton mince
un cutter
du ruban adhésif double face
du ruban-cache adhésif
de la feutrine adhésive
une aiguille

1

Découpez dans les étoffes de satin des bandes assez étroites et de largeurs différentes. En travaillant endroit contre endroit, assemblez ces bandes à la machine, en alternant le noir et le blanc.

2

Découpez une fenêtre dans un des carrés de carton. Découpez votre patchwork en quatre morceaux pour recouvrir votre cadre en prévoyant un rabat. Rentrez les angles en onglet.

FINITION

Collez le patchwork au cadre avec de l'adhésif double face. Rabattez les bords vifs sur l'intérieur, et fixez avec du ruban-cache adhésif. Recouvrez le carton constituant le dos du cadre avec la feutrine adhésive que vous aurez coupée aux dimensions. Assemblez les deux parties du cadre à points glissés sur trois côtés.

COUSSIN VITRAIL

Cette housse de coussin a été réalisée selon la méthode de l'appliqué découpé. Il est nécessaire que le motif soit simple et bien dessiné et qu'aucun de ses éléments ne soit trop petit.

FOURNITURES

du carton mince

un marqueur

un carré de soie rouge de 48 cm (19 po) de côté

des épingles

des ciseaux de tailleur

des chutes de soie jaune et verte

un fer à repasser

de la triplure thermocollante

une machine à coudre

des fils assortis

du papier-calque

un crayon

deux carrés de soie noire de 48 cm (19 po) de côté

un cutter

une garniture de coussin de 45 cm (18 po) de côté

une aiguille et du fil assorti

PRÉPARATION

Agrandissez le dessin ci-contre, et reproduisez-le sur le carton. Disposez le gabarit en carton sur la soie rouge, et reportez le contour de l'étoile, suivant les lignes en pointillé, et en faisant vos marques avec la pointe d'une épingle. Évidez suivant les lignes de pointillé, en gardant intact le tour de soie rouge. Faites un gabarit pour chacun des losanges et pour le morceau du centre, en suivant toujours les lignes en pointillé. Disposez ces gabarits sur les étoffes de soie verte et jaune. Coupez quatre losanges jaunes et quatre verts, ainsi qu'un morceau central dans la soie rouge. Collez un morceau de triplure sur cette dernière.

1

Disposez les losanges jaunes et verts ainsi que le centre rouge sur la triplure, comme vous le voyez ci-dessus. Épinglez, puis repassez pour coller. Assemblez à la machine.

2

Suivant maintenant les lignes pleines, dessinez et crayonnez le cadre sur du papier-calque. Retournez, et décalquez le cadre sur le second morceau de triplure. Collez celle-ci à l'envers d'un des carrés de soie noire. Découpez les losanges avec un cutter, en prévoyant un petit repli sur chacun des côtés. Épinglez les replis et écrasez au fer.

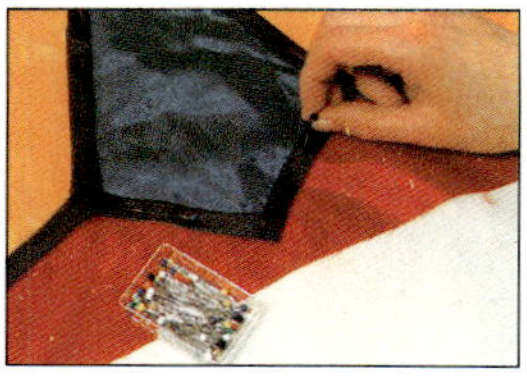

3

Épinglez les bords noirs sur l'étoile en appliqué, et piquez à la machine en suivant les bords.

FINITION

Travaillant endroit contre endroit, placez l'appliqué sur le second carré de soie noire, et piquez à 1 cm (1/2 po) des bords vifs. Ménagez une ouverture. Crantez les angles, repassez et retournez l'ouvrage sur l'endroit. Insérez la garniture de coussin et refermez l'ouverture à points glissés.

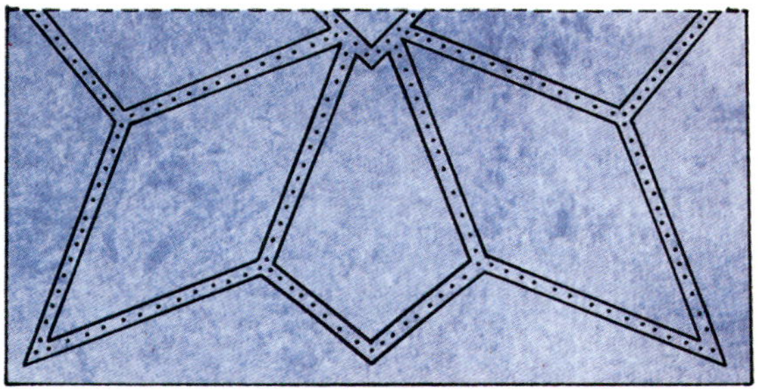

DEMI-MOTIF À AGRANDIR DE 75 %

SAC-POCHON REBRODÉ

Cet adorable petit pochon de soie est surpiqué à la main d'un motif de nœud et d'une guirlande de feuilles de vigne piquée de cœurs. C'est un travail minutieux et très raffiné.

FOURNITURES

des ciseaux de tailleur

un morceau de soie de doublure de 40 x 90 cm (16 x 36 po)

un morceau de calicot de 40 x 90 cm (16 x 36 po)

du papier-calque et un crayon

un morceau de molleton de 8 x 30 cm (3 x 12 po)

une aiguille et du fil à faufiler

une aiguille à tapisserie et du coton perlé blanc

une machine à coudre

du fil assorti

50 cm (20 po) de ruban de soie crème

1

Surpiquez à la main les contours des cœurs, des feuilles et du nœud.

2

Couvrez tout le tour du motif de rangs de points devant. Il faut que tout le fond soit piqué.

PRÉPARATION

Coupez deux rectangles de 23 x 30 cm (9 x 12 po) dans la soie de doublure, et deux autres dans le calicot. Agrandissez le dessin ci-dessous, et reportez-le sur l'un des rectangles de soie. Prenez le molleton entre les deux rectangles de calicot, et placez-le à l'endroit où vous voulez surpiquer le motif. Disposez la soie dessinée dessus et faufilez toutes les épaisseurs ensemble.

FINITION

Coupez dans la soie de doublure et dans le calicot des morceaux ronds de 10 cm (4 po) de diamètre pour constituer la base du sac. Confectionnez un sac avec une fermeture à glissière comme indiqué page 25. Pour la glissière, piquez deux lignes parallèles à 1 cm (1/2 po) d'écart, la piqûre supérieure se trouvant à 1 cm (1/2 po) du bord supérieur du sac. Enfilez le ruban dans la glissière et nouez-le.

Petites serviettes en broderie perse

Il s'agit d'une technique d'appliqué qui fut très populaire autrefois, et que l'on disait ressembler à de la broderie perse. Pour ces charmantes serviettes, on a associé une rose avec une fourche de jardinier stylisée.

Fournitures

du papier-calque et un crayon

des chutes de chintz gris uni, et à motifs floraux rose et vert

des ciseaux de tailleur

4 petites serviettes de lin

des épingles

une aiguille et du fil à faufiler

une machine à coudre (facultatif)

des fils assortis

un fer à repasser

Préparation

Reportez le gabarit de la fourche figurant à la page 245 sur le chintz gris. Prévoyez une petite marge pour la couture et découpez. Découpez une fleur, de préférence une rose, avec sa tige, dans le chintz fleuri, en prévoyant une petite marge tout autour.

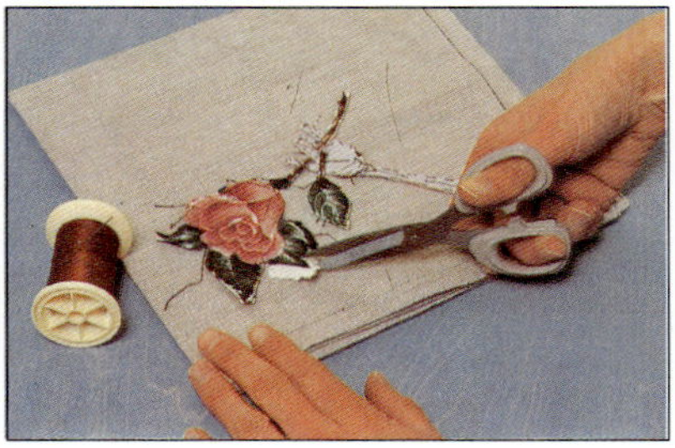

1

Disposez la fleur sur la serviette. Entrecroisez sa tige avec les dents de la fourche. Épinglez en place et faufilez chaque motif en son centre. Repliez sur l'intérieur les bords vifs des motifs, faufilez et crantez les courbes pour que le travail soit bien plat et net.

2

Cousez à la main ou à la machine, en suivant les bords de très près.

Finition

Décorez vos quatre serviettes de la même manière. Enlevez les faufils, puis repassez soigneusement. Vous pouvez encore broder au point de tige des épines le long de la tige, si vous le désirez.

NAPPE AVEC APPLIQUÉ FLORAL

Cette technique qui consiste à découper un motif dans un tissu imprimé est née à la fois du besoin et du désir de conserver certains motifs d'imprimés qui autrement auraient disparu à jamais avec l'usure des tissus. Ici on a choisi un gros motif floral découpé dans des chintz imprimés, et on l'a cousu sur une nappe de lin uni.

FOURNITURES

des ciseaux de tailleur

du lin blanc uni

des épingles

une aiguille et du fil à faufiler

une machine à coudre

des fils assortis

des chutes de chintz imprimé dans les tons de rose et de vert

un fer à repasser

une aiguille et du fil assorti

PRÉPARATION

Coupez l'étoffe de lin à la forme et aux dimensions nécessaires. Rabattez un petit ourlet tout autour, et cousez-le.

1

Dans un morceau de chintz, découpez un vase. Rabattez un petit repli tout autour, repassez. Épinglez puis faufilez dans l'un des angles de la nappe.

2

Découpez la bordure du col du vase dans un chintz différent. Rabattez un ourlet, épinglez et faufilez sur le vase.

3

Découpez dans un chintz à plus gros motifs plusieurs fleurs et des feuilles. Disposez comme un bouquet dans le vase, épinglez et faufilez en place.

4

À mesure que vous cousez les motifs, repliez un petit ourlet à l'intérieur, et crantez les courbes. Quand deux formes se chevauchent, assurez-vous de bien coudre la première avant que la seconde ne la recouvre.

ROBE DE SOIE

Ce projet vous permettra d'utiliser des chutes de soie imprimée qui autrement seraient perdues. Les morceaux de tissu sont assemblés par des coutures anglaises pour former des panneaux. L'idéal est de constituer ainsi un bon morceau de patchwork dans lequel on confectionnera la robe. Une fois faite, teignez celle-ci d'une belle couleur pour uniformiser les tissus.

FOURNITURES

du papier et un crayon de couturière
des ciseaux de tailleur
des chutes de tissu de soie fine ou de soie de cravate
des épingles
une machine à coudre
des fils assortis
un fer à repasser
un patron de robe
de la teinture à l'eau froide pour tissu

PRÉPARATION

Les panneaux sont des carrés de 26 cm (10 po) de côté, et ils peuvent se faire selon les schémas présentés ci-dessous. Agrandissez ceux-ci et dessinez un gabarit de chaque élément. Agrandissez vos gabarits pour que, une fois les morceaux assemblés, vous obteniez la taille stipulée. Découpez vos morceaux dans les chutes de soie, en prévoyant 1 cm (1/2 po) de marge pour la couture.

PANNEAUX

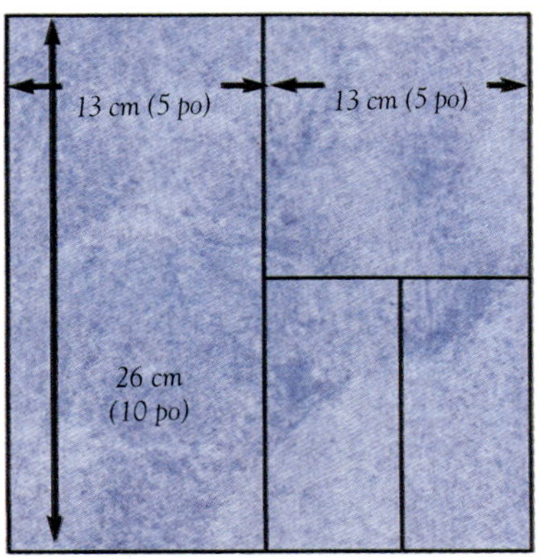

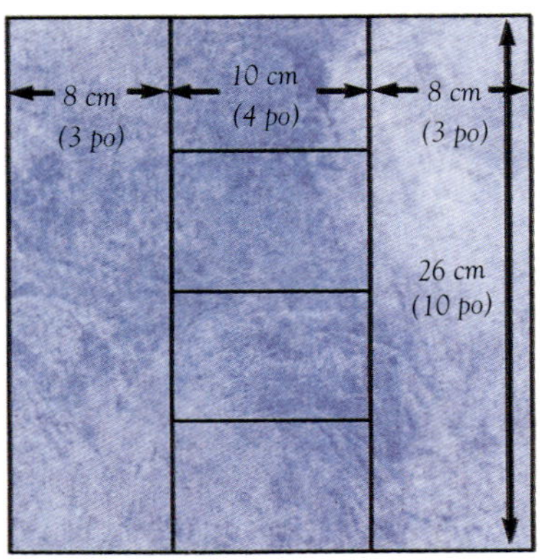

1

Suivant la méthode en drapeau de la page 20, assemblez vos morceaux de tissu par deux. Écrasez les coutures sur un côté. Pour faire des coutures anglaises, recoupez une des marges tout près de la couture. Faites un petit ourlet sur l'autre marge et recouvrez la ligne de couture avec. Repassez. Épinglez et cousez ce nouveau pli sur tout son long.

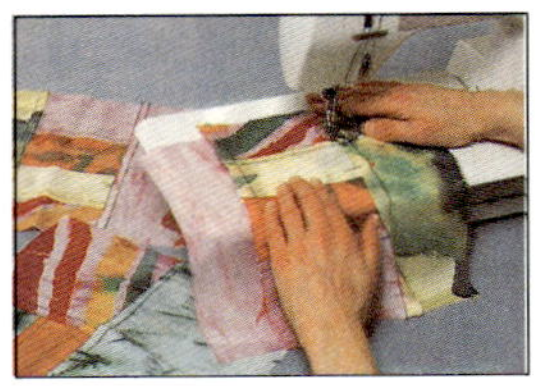

2

Assemblez vos paires de morceaux de tissu pour former des panneaux que vous assemblerez pour obtenir un grand lé de tissu.

FINITION

Coupez les morceaux de la robe en fonction des éléments du patron, puis montez selon les instructions. Préparez une teinture à froid, et teignez votre robe une fois finie.

JUPE D'ENFANT

Pour cette petite jupe très amusante, on a assemblé des bandes et des éléments d'étoffes de soie différentes. L'appliqué cousu au bas de la jupe lui donne un style joliment désuet.

FOURNITURES

du Rhodoïd mince et un marqueur

un cutter

des ciseaux de tailleur

un morceau de soie imprimée à fleurs de 1,20 x 1,15 m (47 x 45 po)

des chutes de soie différentes

un fer à repasser

des épingles

une machine à coudre

du fil assorti

une aiguille et du fil à faufiler

six boutons

PRÉPARATION

Agrandissez les gabarits et découpez-les dans le Rhodoïd. Coupez le tissu à fleurs en deux dans le sens de la longueur. Coupez dans une autre soie deux bandes de 1,20 m x 7 cm (47 x 2 1/2 po). Faites un repli de 1 cm (1/2 po) sur l'un des bords longs des bandes. Coupez quatre bandes dans la même étoffe de soie, chacune de 55 x 5 cm (22 x 2 po).

FINITION

Divisez la longueur de la taille en deux, et préparez deux bandes pour la taille. Vérifiez la longueur de la jupe, et ajustez si nécessaire. Froncez la jupe sur les bandes de la taille, et cousez à points de surjet. Faites des boutonnières et cousez les boutons.

1

À l'aide de vos gabarits, découpez les morceaux de soie. Écrasez au fer les marges des coutures.

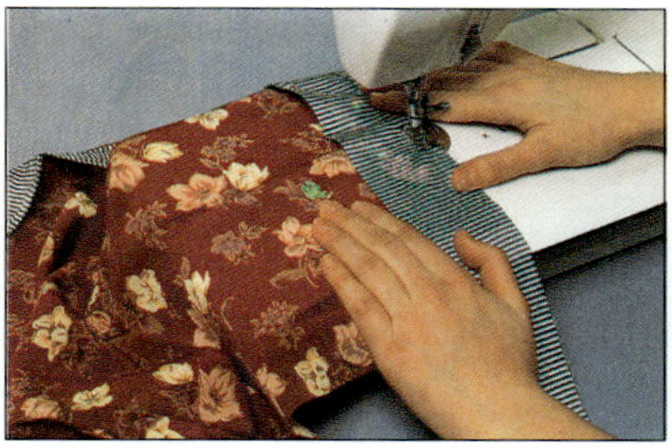

2

Piquez à la machine l'une des longues bandes à l'envers de l'un des morceaux de soie à fleurs. Rabattez sur l'endroit, et cousez à points de surjet. Faites de même avec le second morceau de soie à fleurs. Assemblez les bandes latérales de la même manière.

3

Disposez les formes découpées selon les gabarits au bas de la jupe, et faufilez en place. Cousez-les à la machine.

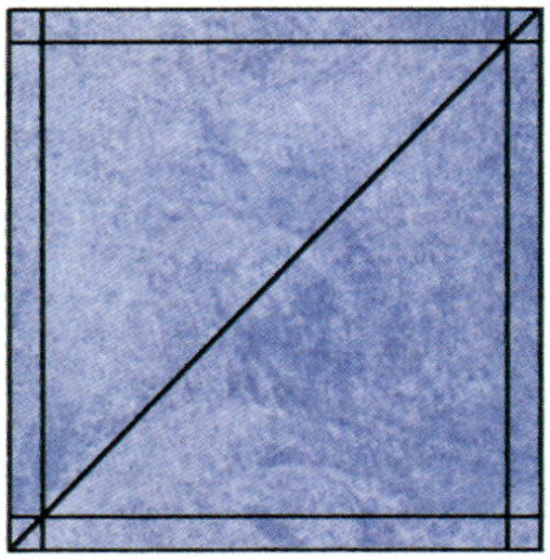

AGRANDIR DE 50 %

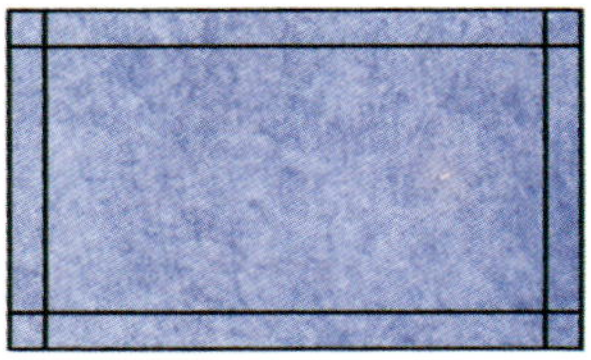

SAC DE SATIN MATELASSÉ

Ce sac à main très classique est en satin matelassé. Ses poignées sont confectionnées dans le même satin, et sa base est matelassée aussi pour qu'il soit solide. Choisissez un bouton original pour la fermeture.

FOURNITURES

un morceau de 40 x 60 cm (16 x 24 po) de triplure épaisse

un feutre de couturière

des ciseaux de tailleur

un morceau de molleton de 40 x 60 cm (16 x 24 po)

un morceau de satin de 40 x 60 cm (16 x 24 po)

un morceau de tissu de doublure de 46 x 30 cm (18 x 12 po)

des épingles

une machine à coudre

des fils assortis

une aiguille et du fil à faufiler

un fer à repasser

un bouton de métal

PRÉPARATION

Reportez les pièces du patron de la page 245 sur la triplure. Coupez le molleton aux dimensions de la triplure, puis faites de même avec le satin et le tissu de doublure en prévoyant une marge pour la couture pour ces deux derniers matériaux. Prenez le molleton entre la triplure et le satin, épinglez et cousez le long des bords. Piquez les carrés à la machine. Coupez dans le satin et dans la doublure deux morceaux constituant les côtés du sac ; et dans le satin, deux poignées. Prévoyez partout des marges pour les coutures. Coupez dans la triplure un fond de 16 x 7 cm (6 1/2 x 2 3/4 po).

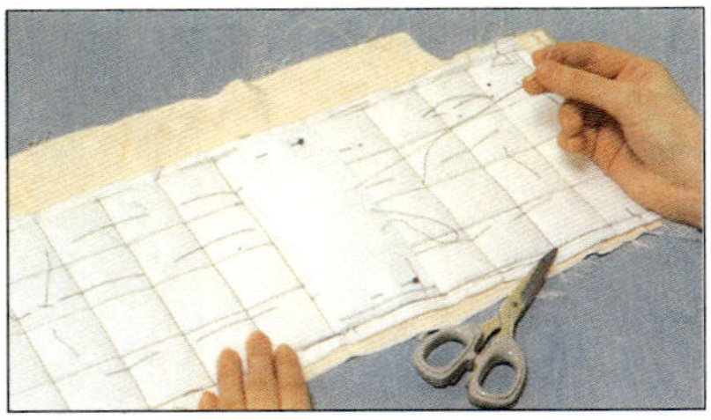

1

Placez et faufilez le fond en triplure au sac. Surfilez les bords vifs.

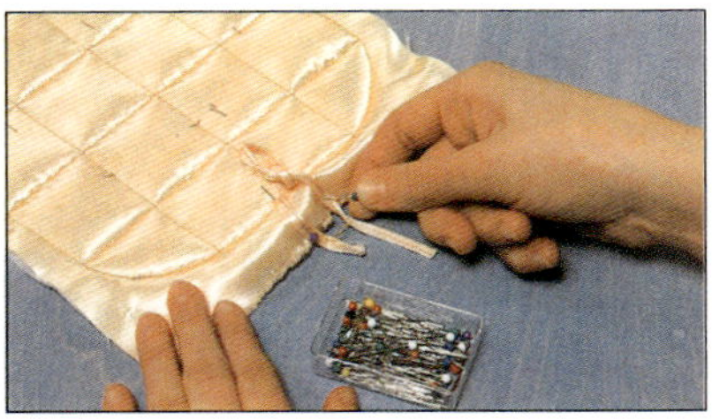

2

Faites un étroit roulotté de soie de 5 x 20 cm (2 x 8 po). Épinglez sur l'endroit du rabat, la boucle pointant vers le bas. Il faut que la taille de la bride soit adaptée à celle du bouton. Endroit contre endroit, épinglez la doublure et piquez au ras du bord, en ménageant une ouverture. Retournez et refermez à points glissés.

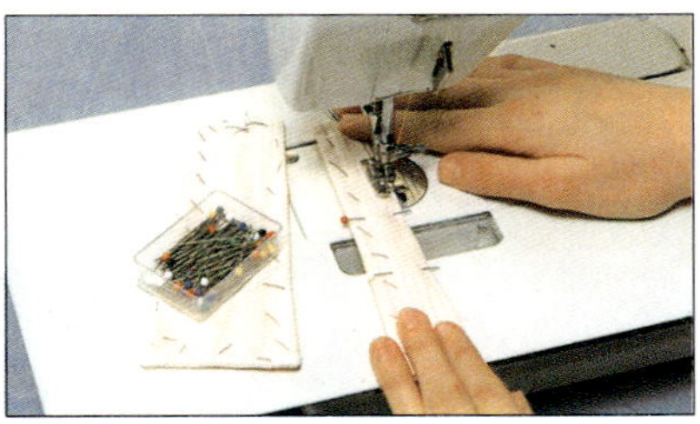

3

Placez les morceaux des côtés (satin et doublure) l'un sur l'autre, deux par deux. Piquez ensemble sur trois côtés, puis retournez par le côté long laissé libre. Pliez en deux dans la longueur et repassez. Piquez le long de la pliure, et jusqu'à 4 cm (1 1/2 po) du bas.

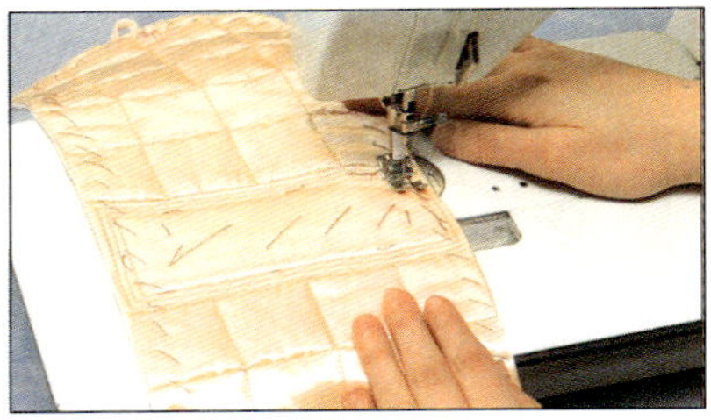

4

Surpiquez autour de la base du sac, du rabat et du devant.

5

Pliez les poignées dans le sens de la longueur, et écrasez au fer un repli de 1 cm (1/2 po) le long des deux bords longs. Cousez à points de surjet jusqu'à 2,5 cm (1 po) de chaque extrémité. Ouvrez les extrémités, et piquez sur le sac.

FINITION

Cousez à points glissés les côtés au devant et au dos du sac. Placez le bouton au milieu du devant. Il doit correspondre à la bride du rabat.

GARNITURES À L'ANCIENNE POUR UN CHAPEAU

Transformez un simple chapeau de velours en le garnissant de ces bijoux à l'ancienne faits de broderies à la machine et de perles. Bien sûr, le travail vous prendra un peu de temps, mais le résultat en vaut la peine.

FOURNITURES

un marqueur

des chutes de canevas soluble dans l'eau

un tambour à broder

des fils lamés gros et fins

une machine à coudre

des chutes de tissu lamé

du molleton

des épingles

de la triplure

des ciseaux de tailleur

une aiguille et du fil

des perles de verre et de nacre

PRÉPARATION

Reportez les schémas ci-dessous sur les chutes de canevas soluble dans l'eau. Utilisez le marqueur. Réglez votre machine à coudre sur le mode broderie, en suivant les instructions du manuel d'utilisation.

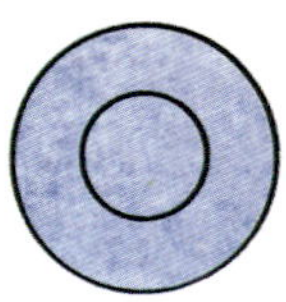

1

Tendez le tissu dessiné sur le tambour. Avec le gros fil lamé dans la bobine et le fin dans la canette, surpiquez les contours des motifs. Remplissez les formes avec des points serrés, en laissant libre le centre de chaque élément. Faites un gros motif et plusieurs petits.

2

Faites fondre le tissu de support dans l'eau, et laissez sécher les broderies. Posez-les ensuite sur des morceaux de tissu lamé que vous aurez doublés de molleton, et faites sortir légèrement les tissus lamés par le centre des formes. Épinglez ensuite sur un morceau de triplure pour maintenir.

3

Piquez le molleton sur tout le pourtour de la forme, et coupez l'excédent de tissu lamé. Cousez à la main des perles de nacre et de verre pour enrichir vos motifs.

4

Cousez à points glissés ces décorations sur votre chapeau de velours.

1 2 3 4 5 6 7 8 9 10

CHAPITRE II

LE STYLE RUSTIQUE

Créez une atmosphère campagnarde délicieusement désuète en choisissant des étoffes simples et douces, aux tons inspirés par la nature. Autrefois, les patchworks étaient réalisés par des gens de la campagne, et beaucoup racontent la ronde des saisons, le retour des oiseaux et des fleurs, bref, les joies simples de la vie quotidienne. Les ouvrages présentés dans ce chapitre créeront chez vous un climat de confort paisible et d'hospitalité. Choisissez des cotons fleuris, des vichys aux tons doux, mélangez les carreaux et les rayures, et vous verrez comme renaîtront sous vos yeux les charmants jardins d'autrefois.

INTRODUCTION

À droite : *ces beaux patchworks piqués aux tons très doux sont de superbes illustrations du style rustique. Celui de gauche a un motif de matelassage français, et celui de droite, anglais.*

Ci-dessous : *ces couvertures à deux couleurs sont à la fois simples et spectaculaires. Le motif de l'Ananas et celui du Panier de cerises sont tous les deux anciens et traditionnels.*

Le style rustique fait revivre l'esprit du passé et l'atmosphère qui baignait ces vies simples rythmées par la ronde des saisons. En cela, les quilts anciens sont très évocateurs : ils expriment le charme d'une vie plus lente, quand les gens partageaient la sérénité d'une communauté que rien ne venait troubler, sinon les joies et les chagrins de chacun. En regardant certains patchworks d'autrefois, on se prend à regretter les longues soirées d'hiver au coin du feu. Hélas ! ces ouvrages anciens sont devenus rares, et il en subsiste de moins en moins. Raison de plus pour vous mettre au travail !

Les motifs simples ainsi que les styles sans sophistication qui ont inspiré les projets de ce chapitre vous permettront de recréer chez vous une atmosphère rurale paisible et pleine de charme. Nous avons prévu ces ouvrages pour qu'ils conviennent tant aux débutants qu'aux plus chevronnés. Certains exigent peu ou pas de couture ; d'autres, davantage. Les motifs et dessins proposés sont inspirés par la nature et la tradition, parfois les symboles religieux. Ces images ont une puissance évocatrice d'autant plus forte qu'elles s'inscrivent dans le folklore. Ainsi, certains animaux, oiseaux ou plantes auxquels on prêtait des vertus de talisman autrefois, étaient censés protéger les maisons, les individus, les animaux domestiques, et apporter la prospérité. Nous avons privilégié aussi les motifs symboliques, en particulier le cœur, qui, depuis toujours et de par le monde, représente l'amour, l'affection, la tendresse.

Les plus beaux patchworks sont constitués de blocs c'est-à-dire d'un assemblage de pièces formant un dessin. Les blocs peuvent s'assembler pour créer un dessin d'ensemble, et l'on peut les enrichir d'une bordure et de bandes intercalaires destinées à mettre en valeur l'ensemble du motif. Les patchworks en blocs ont traversé l'Atlantique avec les premiers immigrants du continent américain, où ils devinrent extrêmement populaires. On vit apparaître des motifs et des agencements directement inspirés du folklore américain, mais il existe des exceptions dont le motif Cabane en rondins, qui tire certainement son nom d'une méthode américaine de construction de maison, et qui, pourtant est originaire d'Angleterre. Autour d'un carré central, on dispose de petites bandes de tissu, un peu comme on superposait des planches dans les cabanes en rondins. Dans ce motif célèbre, on alterne, dans le sens de la diagonale, des tissus de tons clairs et des tissus sombres afin de créer un effet de relief.

En Amérique, la confection des patchworks et des quilts devint prétexte à une vie sociale très intense. Les émigrants de la côte Est, qui vivaient dans des fermes isolées, profitaient de ces travaux pour se réunir, manger ensemble et bavarder tout en se consacrant à ces ouvrages collectifs. Souvent, le travail commun consistait à assembler les blocs que chacun avait confectionnés individuellement. De même, le matelassé était une activité collective. On réalisait, par exemple, une couverture piquée, en patchwork ou non, à l'occasion d'un mariage ou d'une naissance, ou encore pour commémorer un grand événement politique, comme une victoire militaire. Ces événements étaient souvent représentés symboliquement dans le dessin du quilt, et les ouvrages étaient signés et datés.

Les patchworks de la communauté amish, dont les membres ont renoncé à la civilisation moderne, sont très caractéristiques par leurs motifs simples constitués de grands morceaux de couleur combinés de façon très inhabituelle.

Le choix des tissus est déterminant pour recréer l'atmosphère campagnarde de jadis. Les tissus de coton sont généralement les mieux indiqués, parce qu'ils sont très pratiques, solides, faciles à travailler, qu'ils se lavent facilement et existent dans des imprimés variant à l'infini. Le satin de coton, au brillant très doux, a toujours été fort apprécié pour les patchworks et les couvertures matelassées. Pour un effet à la fois rustique et raffiné, n'hésitez pas à mélanger des vichys avec des cotons rayés ; des écossais avec des imprimés fleuris aux tons subtils. Choisissez vos couleurs unies avec soin, inspirez-vous de certains tableaux anciens, ou encore des tonalités de la nature. Le rouge andrinople était autrefois une couleur très souvent utilisée en patchwork. D'un ton profond et riche, il se marie merveilleusement avec le blanc. En outre, ce sont ces deux couleurs que, par tradition, on utilise pour le motif du Panier de cerises.

Enfin, ne soyez pas timoré, il n'est pas toujours indispensable que les couleurs soient parfaitement assorties : le style rustique se fait aussi par le mariage de tissus disparates et souvent fanés, ces tons très doux évoquent le passage du temps ! Si vous trouvez vos tissus trop neufs ou trop vifs, teignez-les au thé.

Les projets que vous trouverez dans les pages suivantes vous donneront d'immenses satisfactions, et vous conserverez vos travaux comme l'on conservait autrefois ces ouvrages de longue haleine qui étaient des trésors de famille. Vous pourrez aussi les offrir, et vous ferez, sans aucun doute, le bonheur de ceux ou de celles qui les recevront.

Ci-dessus : *les tissus actuels, même les plus simples, peuvent contribuer à créer le style et le charme de la campagne. Ici, on a utilisé des pans de chemise et de pyjama pour ce patchwork rustique.*

À droite : *ces deux patchworks piqués américains sont réalisés dans des harmonies très douces. Celui de gauche, qui date des années quarante, est fait avec des appliqués, et l'autre est un ouvrage du* XIXe *siècle.*

JETÉ NAÏF

Ce jeté de coton, adorable et naïf, est constitué de pièces d'étoffe écossaise qui alternent avec d'autres, unies, sur lesquelles on a disposé des appliqués stylisés pleins de charme. L'ensemble est à la fois simple et audacieux.

FOURNITURES

un morceau de percale de 60 x 90 cm (24 x 36 po)

un morceau de tissu écossais de 60 x 90 cm (24 x 36 po)

des ciseaux de tailleur

du papier-calque et un crayon

un morceau de 20 x 90 cm (8 x 36 po) de triplure thermocollante

de la toile d'assemblage

un fer à repasser

des chutes de tissus assortis

un crayon de couturière

une aiguille et des fils à broder

des petites perles de verre

une machine à coudre

des fils assortis

un morceau de coutil de 1 x 1,15 m (40 x 45 po)

des épingles de couturière ou de sûreté

une aiguille et du fil à faufiler

des boutons de chemise

PRÉPARATION

Découpez 13 rectangles de 17 x 19 cm (6 1/2 po x 7 1/2) dans la percale et 12 dans le tissu écossais. Agrandissez les motifs de la page 246 et reportez-les sur la toile d'assemblage. Il vous faut quatre cœurs, trois oiseaux, deux mains, une poire, une fraise, une grappe de raisin et une fleur.

1

Découpez grossièrement les motifs dans la toile d'assemblage, et collez-les au fer sur vos chutes de tissu. Découpez de façon plus précise, enlevez le papier de protection, et appliquez sur les rectangles de percale.

2

Dessinez les détails des motifs au crayon de couturière, et rebrodez les contours des motifs et les détails. Variez vos points de broderie ainsi que les couleurs de fil. Ajoutez des perles, en particulier pour les yeux des oiseaux.

3

Assemblez les rectangles en alternant les écossais et ceux ornés d'un appliqué. Il vous faut cinq bandes de cinq rectangles chacune. Assemblez ensuite les bandes.

4

Centrez le patchwork ainsi réalisé sur le tissu de coutil. Épinglez, puis faufilez en prenant les épaisseurs ensemble. Passez un faufil le long des quatre côtés. Cousez un bouton à chaque angle des carrés.

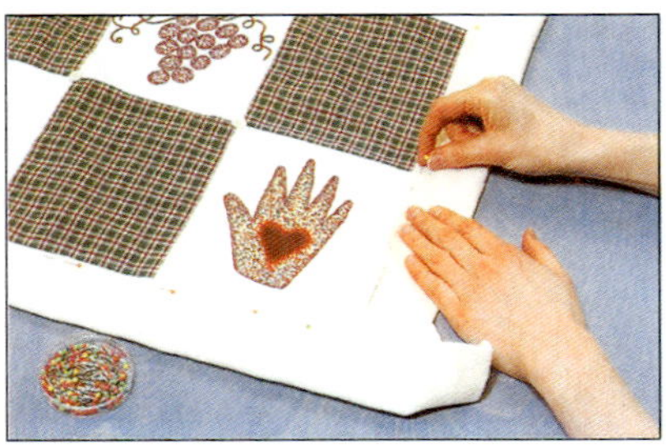

5

Rabattez un ourlet de 1 cm (1/2 po) sur les quatre côtés du coutil. Faufilez. Pliez le bord qui dépasse en deux et rabattez sur l'endroit. Cousez à points glissés. Rabattez les angles en onglet, et finissez avec un bouton à chaque angle.

SAC EN PATCHWORK AMISH

Les membres de la communauté amish avaient déjà leurs motifs de matelassé lorsqu'ils émigrèrent en Amérique. Leur style se caractérise par des formes géométriques simples surpiquées avec des réseaux de lignes très denses. Le sac que nous vous proposons ici est typique de ce genre de travail.

FOURNITURES

des ciseaux de tailleur

un morceau de tissu bleu foncé de 50 x 90 cm (20 x 36 po)

un morceau de tissu bleu clair de 50 x 90 cm (20 x 36 po)

un morceau de tissu vert foncé de 50 x 90 cm (20 x 36 po)

un morceau de molleton de 50 x 90 cm (20 x 36 po)

des épingles

une machine à coudre

du fil assorti

une aiguille et du fil à faufiler

du fil rouge et vert

2 m (2 yd) de biais adhésif

des boutons-pression

PRÉPARATION

Dans le tissu bleu foncé, coupez un carré de 18 cm (7 po) de côté et quatre bandes de 24 x 6 cm (9 1/2 x 2 1/2 po). Dans le tissu bleu clair, coupez deux carrés de 13 cm (5 po) de côté, que vous couperez en deux, suivant la diagonale. Toujours dans le bleu clair, coupez quatre carrés de 6 cm (2 1/2 po) de côté. Découpez la bordure dans le tissu vert foncé : deux bandes de 16 x 32 cm (6 1/4 x 13 po) et deux bandes de 16 x 60 cm (6 1/4 x 24 po).

1

Épinglez puis assemblez les triangles au grand carré central. Vos coutures doivent prendre 1 cm (1/2 po).

2

Épinglez les quatre bandes et les petits carrés sur le pourtour de l'ouvrage.

3

Assemblez à la machine les bandes vert foncé.

4

Coupez le molleton et le tissu de fond à la dimension. Prenez le molleton entre le patchwork et le tissu de fond, épinglez, puis faufilez ensemble. Surpiquez les trois épaisseurs ensemble selon un tracé de méandres, comme vous le voyez ci-contre. Utilisez pour cela les fils verts et rouges.

FINITION

Bordez le travail avec les bandes de biais. Repliez trois des angles vers le centre à la manière d'une enveloppe. Épinglez puis cousez sur le biais à points glissés. Cousez une partie du bouton-pression à l'envers de la pointe du dernier angle, et l'autre au milieu de l'ouvrage pour pouvoir fermer le rabat.

CADRE EN PATCHWORK

On a assemblé des carrés de patchwork en bandes pour recouvrir ce joli cadre. Parce que l'on a choisi des tissus à carreaux, l'effet est naïf et charmant.

FOURNITURES

deux morceaux de carton épais

un cutter

un marqueur pour tissu

des chutes de molleton

des ciseaux de tailleur

du ruban adhésif double face

un morceau de percale de 20 x 90 cm (8 x 36 po)

de la colle pour tissu

des chutes de vichy

des épingles

une machine à coudre

des fils assortis

un fer à repasser

une aiguille et du fil

PRÉPARATION

Dans l'un des morceaux de carton, découpez une fenêtre de 5 cm (2 po) de large. Le second carton vous servira de fond. Dessinez les contours du cadre sur le molleton, découpez, et collez en place avec du ruban adhésif double face. Dessinez les contours du carton de fond sur la percale, et découpez en prévoyant une marge pour le rebord. Tendez sur le carton, repliez la marge, et collez au dos du carton. Découpez les doublures dans la percale pour le cadre en tissu. Découpez les chutes de vichy en carrés de 3,5 cm (1 1/2 po) de côté.

1

Épinglez les carrés deux par deux, en alternant les tissus et en prévoyant 5 mm (1/4 po) pour les coutures. Cousez ensemble. Assemblez quatre bandes de 10 morceaux de tissu, et quatre bandes de 3 morceaux. Assemblez les bandes deux par deux. Assemblez ensuite les bandes courtes aux longues de manière à constituer un cadre.

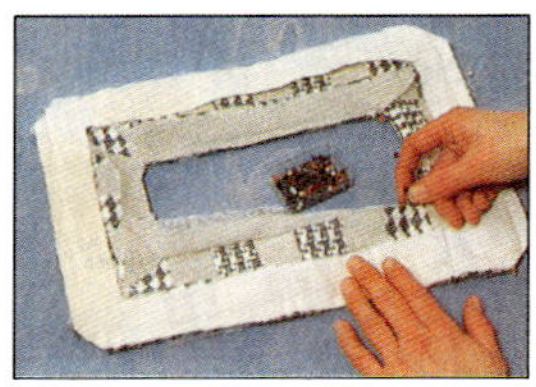

2

En travaillant endroit contre endroit, assemblez le tissu de doublure au cadre en patchwork. Crantez les angles et repassez.

FINITION

Disposez le cadre en tissu sur l'armature en carton, repliez les doublures au dos du carton et collez en place avec du ruban adhésif double face. Assemblez le devant et le dos du cadre, et cousez ensemble à points glissés sur trois côtés.

ÉCHARPE AVEC APPLIQUÉ

Sur cette écharpe en pure laine, on a appliqué un motif fait dans des tissus inattendus : suédine, laine et velours à côtes. Les tons chauds de brun et de marron donnent beaucoup de caractère au motif.

FOURNITURES

du papier-calque et un crayon

du carton mince

un cutter

un crayon de couturière

des chutes de suédine, de velours à côtes et de lainage

des ciseaux de tailleur

un cutter rond

une aiguille et du fil à faufiler

un morceau de tissu de laine de 30 cm x 1,50 m (12 x 60 po)

une machine à coudre

du fil assorti

une aiguille et des fils à broder assortis

1

Reportez les gabarits sur les chutes de tissu avec un crayon de couturière. Découpez les formes soit aux ciseaux, soit avec un cutter rond, ou encore un cutter normal. Faufilez les motifs à une extrémité de l'écharpe. Cousez à la machine au point zigzag.

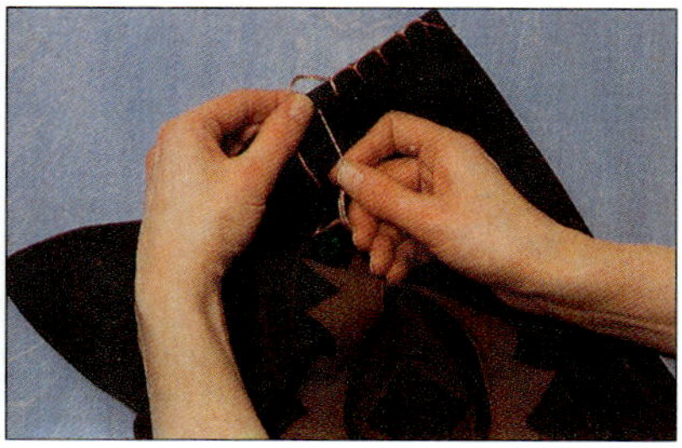

2

Rabattez un ourlet sur les deux côtés longs de l'écharpe, et cousez. Faites un gros point de grébiche pour border les deux autres côtés. Utilisez pour cela un fil à broder contrasté. Brodez également quelques détails sur les motifs.

PRÉPARATION

Agrandissez les quatre éléments du motif ci-dessous, et découpez-les dans le carton.

MOTIF À AGRANDIR DE 75 %

BORDURE D'ÉTAGÈRE AUX TOURNESOLS

Autrefois, on affectionnait les bordures d'étagère dans les cuisines rustiques. Celle-ci, dentelée, est décorée de tournesols en appliqué.

FOURNITURES

du carton mince

un crayon

un cutter

un morceau de percale de 16 x 90 cm (6 1/2 x 36 po)

un crayon de couturière

de la toile d'assemblage thermocollante

des ciseaux de tailleur

un fer à repasser

des chutes de vichys vert, bleu, jaune et orange

une aiguille et du fil

de l'amidon en bombe

des ciseaux à cranter.

PRÉPARATION

Agrandissez et reportez le gabarit ci-dessous sur le carton. Découpez-le avec un cutter. Agrandissez le motif et dissociez ses éléments.

1

Disposez le gabarit à l'une des extrémités de la bande de percale. Dessinez ses contours et recommencez tout le long de la bande.

2

Sur la toile adhésive, dessinez cinq fleurs, cinq cœurs et dix feuilles. Collez sur les chutes de tissu et découpez suivant les contours.

3

Ôtez le papier de protection de la toile et disposez deux feuilles en haut, près de la première pointe de la bande de percale. Placez dessus le tournesol, qui doit mordre sur les feuilles, puis le cœur. Répétez autant de fois que vous avez de pointes.

4

Faites un repli de 1 cm (1/2 po) le long du bord vif supérieur. Cousez au point d'ourlet. Amidonnez ensuite avec la bombe, puis coupez avec les ciseaux à cranter le long des lignes du gabarit en pointe.

AGRANDIR DE 50 %

Polochon

Cette housse de coussin rond est décorée en patchwork. Sur un lit de repos ou sur un canapé, ce coussin sera aussi ravissant que confortable.

Fournitures

du papier et un crayon de couturière

des ciseaux de tailleur

de la toile d'assemblage thermocollante

un fer à repasser

un morceau de toile de coton de 50 x 90 cm (20 x 36 po)

des chutes de tissus assortis

une machine à coudre

des fils assortis

2 boutons

une garniture de traversin de 45 cm (18 po) de longueur et de 18 cm (7 po) de diamètre

Gabarit du patchwork
à agrandir de 50 %

Extrémité de la housse
à agrandir de 75 %

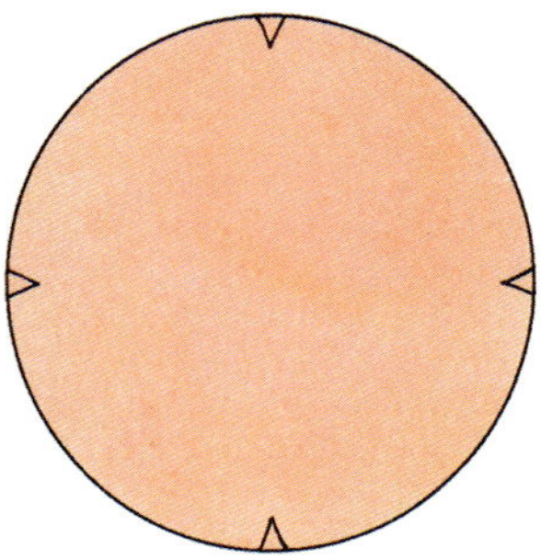

Préparation

Agrandissez le patron de l'extrémité de la housse et reportez-le sur du papier. Découpez dans votre tissu un rectangle de 47 x 70 cm (18 1/2 x 27 1/2 po) et deux pièces rondes pour les extrémités. Dessinez dans la toile d'assemblage huit gabarits de patchwork. Collez-y des chutes de tissus différents et découpez-les. Rabattez un ourlet sur les deux largeurs du rectangle et piquez à la machine. Faites deux boutonnières le long de l'un de ces bords ourlés, et collez les rectangles de patchwork sur l'un des bords longs. Coupez maintenant dans vos chutes de tissu des rectangles de 7 x 4,5 cm (3 x 2 po) et assemblez-les en courtes bandes.

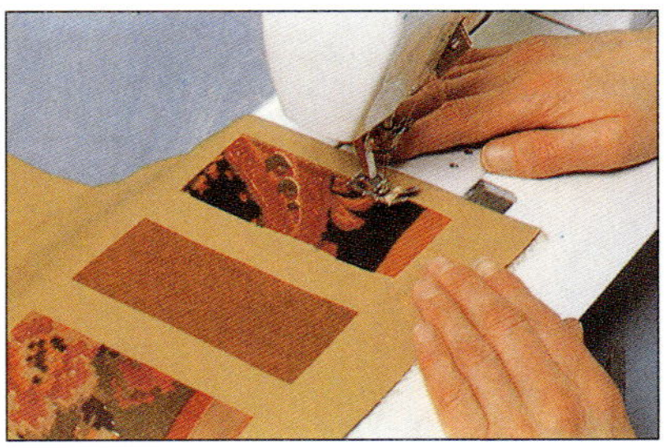

1

À la machine, bordez les rectangles de patchwork au point zigzag.

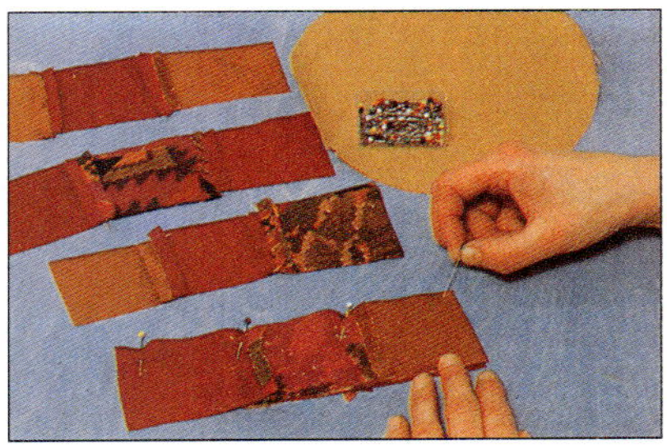

2

Assemblez vos bandes de patchwork puis placez-les sur l'une des pièces constituant les extrémités de la housse. Assemblez en cousant sur le pourtour. Nettoyez les bords vifs.

Finition

Roulez le rectangle pour former un tube. Assemblez les pièces des extrémités, piquez, puis crantez les coutures et repassez. Retournez le travail sur l'endroit, et cousez les boutons avant d'insérer la garniture.

HOUSSE DE COUSSIN EN APPLIQUÉ NAÏF

Pour ce coussin de coutil d'une charmante fraîcheur, on a choisi des fleurs toutes simples, découpées dans des cotonnades assorties et disposées en couronne.

FOURNITURES

du papier-calque et un crayon

de la toile d'assemblage thermocollante

un fer à repasser

un assortiment de chutes de tissu

des ciseaux de tailleur

un morceau de coutil rayé de 45 x 95 cm (18 x 38 po)

une assiette

un crayon de couturière

des fils à broder assortis

une aiguille à broder

une machine à coudre

des fils assortis

une garniture de coussin carré de 45 cm (18 po) de côté

1

Disposez les fleurs sur le pourtour du coutil en décrivant un cercle à peu près régulier, et dessinez-en le pourtour au crayon de couturière. Enlevez le papier de protection.

2

Glissez les feuilles sous les fleurs en mélangeant les couleurs. Puis collez avec le fer. Collez enfin le cœur des fleurs au centre de celles-ci, et disposez-en d'autres pour remplir les vides.

3

Rebrodez les bords des motifs en prenant trois fils de coton à broder. Choisissez un point de grébiche, ou de feston, ou même un point de tige.

PRÉPARATION

Agrandissez les gabarits ci-dessous et ci-contre, et dessinez sur la toile d'assemblage 18 cœurs de fleurs, 8 corolles et 24 feuilles. Découpez grossièrement et collez au fer sur les chutes de tissu, puis découpez en suivant bien le dessin. Pliez le morceau de coutil en quatre pour en déterminer le centre, et placez au milieu une assiette dont vous dessinerez la circonférence sur le tissu avec un crayon de couturière.

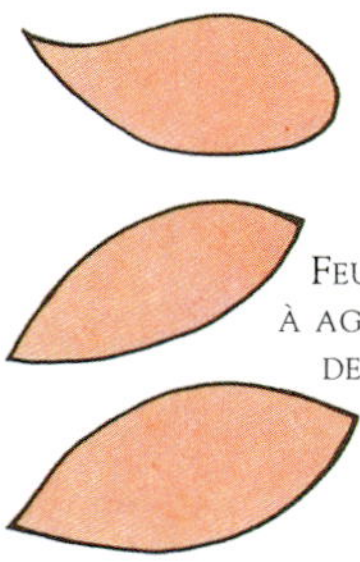

FEUILLES À AGRANDIR DE 50 %

FINITION

Rabattez un ourlet de 1 cm (1/2 po) sur les côtés courts du coutil, et piquez à la machine. Mesurez 25 cm (10 po) à partir de l'un des bords, et repliez le tissu sur l'appliqué. Faites de même avec le bord opposé. Cousez les deux bords, crantez les angles et retournez le travail sur l'endroit. Insérez la garniture de coussin.

COROLLE ET CŒUR DE FLEUR À AGRANDIR DE 50 %

POUPÉE DE TISSU

Confectionnez une poupée avec des chutes de calicot, puis habillez-la d'une jolie robe en patchwork. Vous pouvez aussi faire le corps de la poupée en patchwork.

FOURNITURES

du papier-calque et un crayon

des ciseaux de tailleur

un morceau de calicot de 25 x 50 cm (10 x 20 po)

des épingles

une machine à coudre

des fils assortis

du matériau de rembourrage pour jouet en polyester

une aiguille

une aiguille à tapisserie et des fils à broder noir, blanc, bleu et rouge

un crayon pour tissu rose

du coton perlé épais jaune

un carré de carton mince de 18 cm (7 po) de côté

du ruban étroit

des chutes de tissus assortis

des chutes de broderie anglaise

PRÉPARATION

Agrandissez le patron de la page 247, reportez-le sur du papier-calque et découpez deux morceaux identiques dans le calicot, en prévoyant 1 cm (1/2 po) pour les coutures.

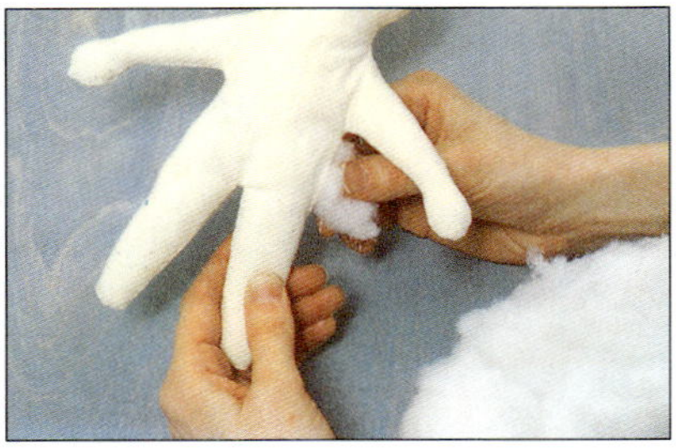

1

En travaillant endroit contre endroit, épinglez puis assemblez les deux morceaux de calicot, à 1 cm (1/2 po) du bord. Laissez une ouverture de 4 cm (1 1/2 po) sous l'un des bras. Crantez les courbes, nettoyez les bords vifs et retournez sur l'endroit. Remplissez le corps de la poupée avec le matériau de rembourrage. Refermez l'ouverture.

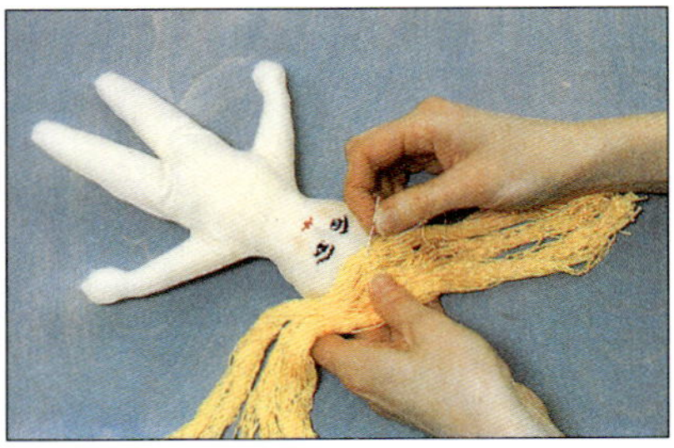

2

Brodez les traits du visage, et colorez les joues au crayon rose. Pour les cheveux, enroulez le coton sur le carton. Cousez l'un des côtés au point arrière pour faire la rayure, enlevez le carton, et coupez l'autre côté. Cousez les cheveux sur la tête, puis faites une tresse de chaque côté, que vous nouerez avec les rubans.

3

Pour la robe, découpez dans les tissus assortis 78 carrés de 3 cm (1 1/4 po) de côté. Assemblez-les en bandes de six, et assemblez 13 bandes de six carrés. Pour les manches, découpez encore 32 carrés, et faites des blocs carrés de 16 pièces. Repassez. Assemblez en tube chaque bloc, et ourlez les bords. Assemblez également le corps de la robe. Découpez les emmanchures de part et d'autre de celle-ci, et découpez les manches pour qu'elles s'insèrent dans les emmanchures. Assemblez.

4

Enfilez la robe sur la poupée. Passez un fil de fronces autour de l'encolure pour ajuster, et garnissez de broderie anglaise. Pour le petit jupon, faites dans la broderie anglaise un tube de 11 x 22 cm (4 1/2 x 8 1/2 po). Passez un fil de fronces à l'une des extrémités, et cousez à la taille de la poupée.

LIVRE EN ÉTOFFE

Les livres en tissu ont toujours eu beaucoup de succès car ils constituent des jouets sans risque pour les jeunes enfants. Celui-ci comporte dix pages, toutes remplies de charmants appliqués.

FOURNITURES

du papier-calque et un crayon

un fer à repasser

de la toile d'assemblage thermocollante

des chutes de tissus assortis

des ciseaux de tailleur

un morceau de calicot ou percale de 60 x 90 cm (24 x 36 po)

un morceau de cotonnade imprimée à fleurs de 20 x 90 cm (8 x 36 po)

une machine à coudre

des fils assortis

des épingles

PRÉPARATION

Choisissez un assortiment de motifs simples, y compris des lettres et des chiffres. Dessinez ces motifs sur la toile d'assemblage. Collez celle-ci à l'envers de vos chutes de tissu, et découpez vos motifs. Découpez dans le calicot ou la percale dix carrés de 20 cm (8 po) de côté, et un rectangle de 14 x 17 cm (5 1/2 x 6 1/2 po). Dans le tissu fleuri, découpez deux carrés de 20 cm (8 po) de côté.

1

Enlevez le papier de protection, et collez les motifs découpés sur les carrés de percale.

2

À la machine, piquez au point zigzag serré le pourtour des motifs. Découpez le motif de la couverture du livre et appliquez-le sur le petit rectangle de percale. Centrez bien et cousez sur l'un des carrés de tissu fleuri.

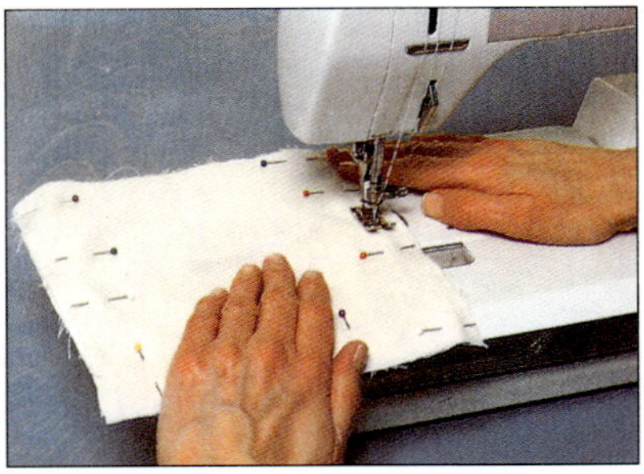

3

Epinglez et assemblez les carrés, endroit contre endroit, pour constituer les pages. Cousez la première et la dixième page avec les carrés de tissu fleuri. Retournez sur l'endroit et assemblez.

4

Dans le tissu fleuri, découpez un large biais pour faire le dos du livre, comme vous le voyez ci-dessus.

5
6

TEE-SHIRT AVEC APPLIQUÉ

Le motif du pot de fleurs est très facile à réaliser. Choisissez, pour décorer ce tee-shirt, des chutes de tissus de couleurs éclatantes.

FOURNITURES

du papier-calque et un crayon

de la toile d'assemblage thermocollante

un fer à repasser

des ciseaux de tailleur

une aiguille et du fil à faufiler

des épingles

un tee-shirt blanc

des fils assortis.

1

Découpez les gabarits ci-contre dans la toile d'assemblage et collez sur les chutes de tissu. Découpez en prévoyant autour une marge pour les coutures. Rabattez les marges sur la toile, en crantant les arrondis pour que les formes soient nettes.

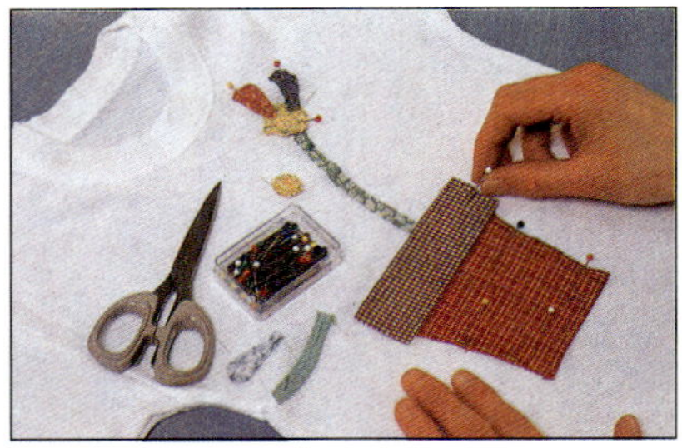

2

Disposez les éléments du pot de fleurs sur le tee-shirt, épinglez et cousez à points glissés.

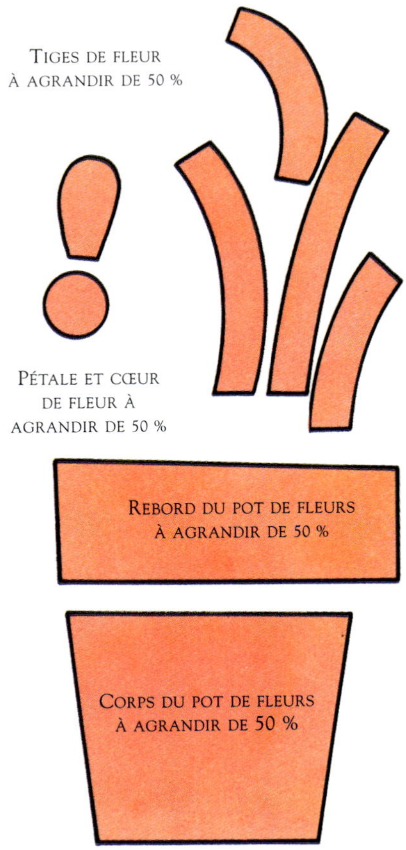

SAC À CHAUSSURES AUX FEUILLES D'AUTOMNE

Ces feuilles d'automne réalisées dans des tons chauds ont été appliquées au point de bourdon (ou de satin) sur un sac tout simple qui se ferme par une coulisse. Il est d'ailleurs si charmant que vous pourriez le suspendre à une poignée de porte comme élément décoratif.

FOURNITURES

du papier-calque et un crayon

un morceau de toile d'assemblage thermocollante de 20 x 50 cm (8 x 20 po)

des ciseaux de tailleur

un fer à repasser

des chutes de tissus assortis

un morceau de tissu nid-d'abeilles de 50 x 56 cm (20 x 22 po)

une machine à coudre

des fils écru et rouge

1 m (1 yd) de ruban étroit

une épingle de sûreté

PRÉPARATION

Agrandissez les motifs ci-dessous et reportez-les sur la toile d'assemblage. Découpez grossièrement et collez sur les chutes de tissu.

1

Découpez soigneusement les contours des motifs de tissu. Enlevez le papier de protection, et disposez sur le tissu nid-d'abeilles. Collez au fer.

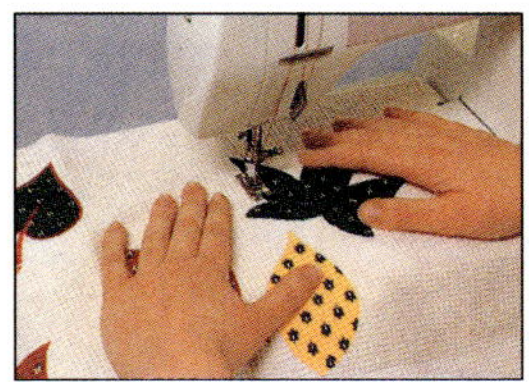

2

À la machine, sur le mode zigzag, reprenez les contours des motifs au point de satin, en travaillant avec le fil rouge. Piquez aussi les lignes des tiges.

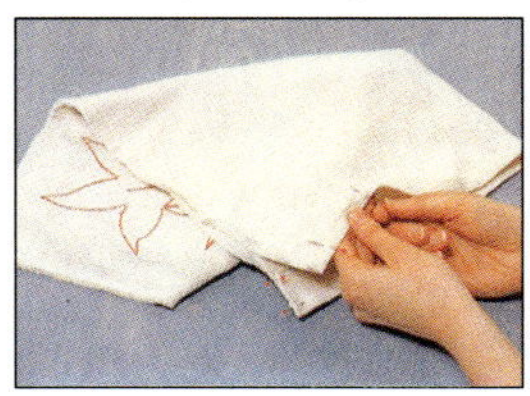

3

Travaillant endroit contre endroit, confectionnez le sac comme expliqué page 25. Arrêtez la couture latérale à 7 cm (2 3/4 po) de l'extrémité supérieure. Repliez le bord supérieur sur 3 cm (1 1/4 po) et piquez le repli.

GABARITS DES FEUILLES À AGRANDIR DE 50 %

FINITION

Enfilez le ruban dans la glissière avec l'épingle de sûreté. Nouez les deux extrémités du ruban, et taillez les bords vifs en pointe.

Porte-clés en patchwork

Vous n'égarerez plus vos clés grâce à ce charmant porte-clés orné d'une petite maison stylisée en appliqué.

Fournitures

du papier-calque et du papier
un crayon
des ciseaux de tailleur
des chutes de vichys bleu et rouge
des chutes de tissu rouge
une aiguille et du fil à faufiler
un fer à repasser
un morceau de tissu de coton écru de 10 x 32 cm (4 x 13 po)
un morceau de molleton de 10 x 15 cm (4 x 6 po)
des fils à coudre rouge, écru et bleu
un anneau de porte-clés

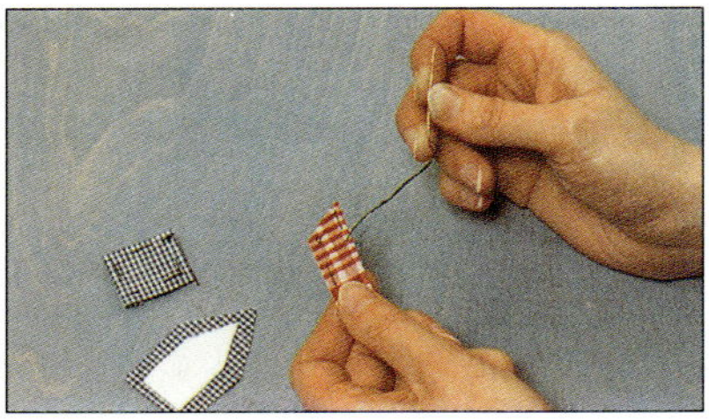

1

Reportez les éléments du motif sur le papier et découpez deux fenêtres, deux murs, deux cheminées, un toit et une porte. Découpez ces formes dans les chutes de tissu en prévoyant 5 mm (1/4 po) pour les coutures. Faufilez aux papiers de support et repassez.

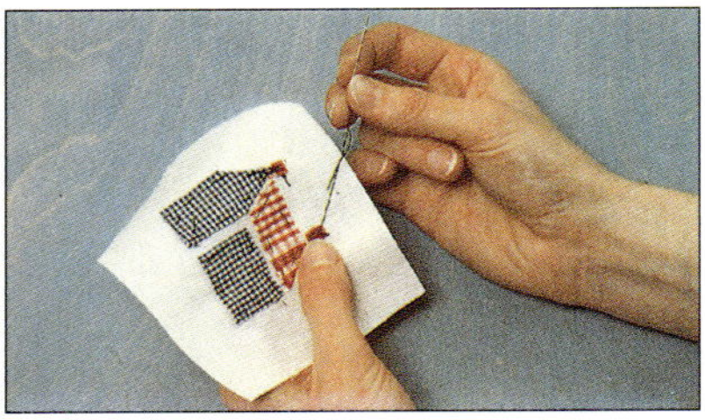

2

Coupez deux morceaux constituant le porte-clés dans le tissu écru, et un dans le molleton. Faufilez les éléments de la maison sur l'un des morceaux de tissu écru, en enlevant les papiers de support au fur et à mesure. Cousez ensuite à points glissés ou à la machine.

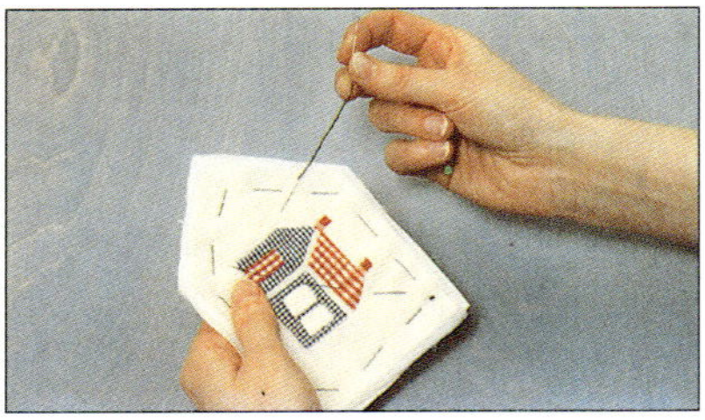

3

Prenez le molleton entre l'appliqué et le coton écru simple, et faufilez les trois épaisseurs ensemble pour les maintenir.

4

Découpez trois bandes de biais en vichy. Faites des replis de couture de 5 mm (1/4 po), et piquez la bordure en laissant libres 2,5 cm (1 po) à chaque extrémité de la pointe supérieure. Glissez ces lanières à l'intérieur de l'anneau du porte-clés et assemblez à points glissés.

Gabarit du porte-clés et motif

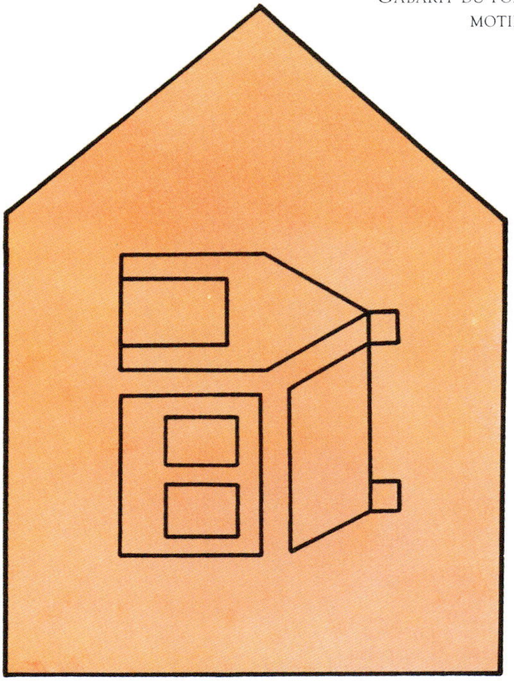

SACHET DE LAVANDE EN FORME DE CŒUR

Des sachets remplis de fleurs de lavande séchées parfumeront généreusement vos placards et vos tiroirs. Les senteurs de lavande évoquent les longues et chaudes journées d'été.

FOURNITURES

du papier et un crayon de couturière
des chutes de tissu de coton
des ciseaux de tailleur
des épingles
une aiguille et du fil assorti
un fer à repasser
des fleurs de lavande séchées
50 petites perles de verre de couleur
50 épingles à tête de couleur
des chutes de ruban

PRÉPARATION

Agrandissez les gabarits ci-dessous, reproduisez-les sur le papier de couturière, puis découpez-les. Ils vous serviront à découper les formes dans les tissus.

AGRANDIR DE 50 %

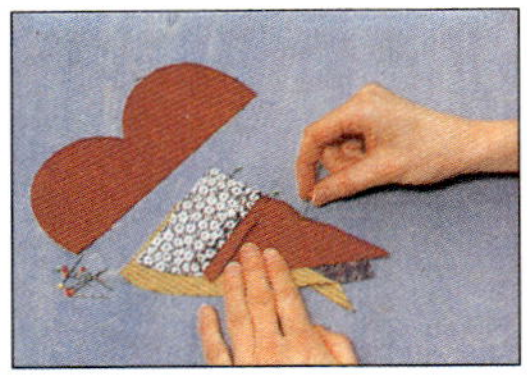

1

Travaillant endroit contre endroit, épinglez puis assemblez les morceaux de manière à constituer un cœur. Prévoyez de toutes petites marges de couture. Découpez un autre cœur de la même dimension dans le tissu uni.

2

Toujours endroit contre endroit, épinglez puis cousez ensemble les deux cœurs, en laissant une ouverture de 5 cm (2 po) sur l'un des côtés. Crantez les courbes, repassez et tournez sur l'endroit. Remplissez de fleurs de lavande et fermez l'ouverture à points glissés.

3

Enfilez les perles sur les épingles et disposez ces dernières à intervalles réguliers sur le pourtour du cœur. Cousez une attache en ruban au creux du cœur.

TAIE D'OREILLER APPLIQUÉE DE CŒURS

Décorez cette taie d'oreiller toute simple en y appliquant des cœurs multicolores. Pour mettre en valeur vos motifs, rebrodez leurs contours plusieurs fois avec des fils de couleurs différentes.

FOURNITURES

- *du papier et un crayon*
- *un carré de toile d'assemblage thermocollante de 25 cm (10 po) de côté*
- *des ciseaux de tailleur*
- *un fer à repasser*
- *des chutes de tissu de coton de couleurs vives*
- *une aiguille et du fil à faufiler*
- *une taie d'oreiller*
- *des épingles*
- *du fil assorti*
- *des fils à broder de couleurs différentes*
- *une aiguille à broder*

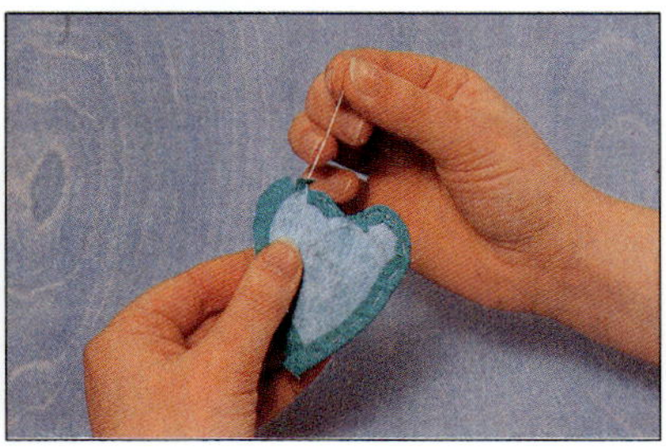

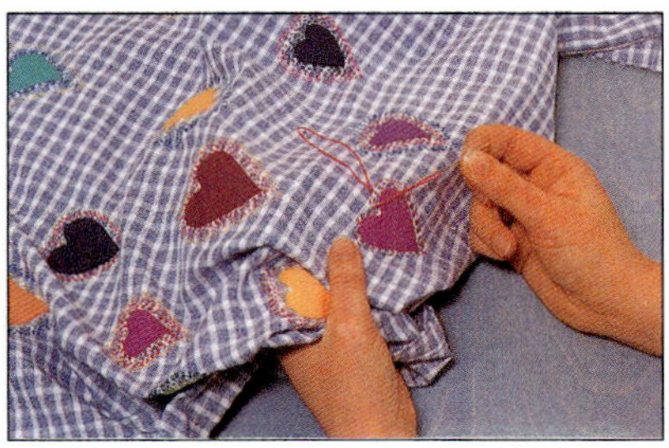

1

Suivant les trois gabarits ci-dessus, dessinez sur la toile d'assemblage 17 cœurs de tailles différentes. Découpez. Collez sur les chutes de tissu, et découpez en prévoyant 5 mm (1/4 po) de marge tout autour.

2

Rabattez les marges, repliez et faufilez.

3

Disposez les cœurs sur la taie, épinglez-les et faufilez-les avant de les coudre à points glissés. Puis, avec les différents fils à broder que vous utiliserez à un seul brin, brodez des lignes de petits points pour entourer les cœurs d'un halo. L'ouvrage fini, repassez bien.

SAC À DOS D'ENFANT EN PATCHWORK

Les petits enfants adorent porter leurs petites affaires dans un sac à dos, ce qui leur permet d'avoir les mains libres. Choisissez pour celui-ci un assortiment de vichys et de cretonnes aux couleurs gaies

FOURNITURES

du papier et un crayon de couturière

des ciseaux de tailleur

un morceau de molleton de 1 m x 60 cm (1 yd x 24 po)

un morceau de vichy de 1 m x 90 cm (1 yd x 36 po)

des chutes de vichys et de tissus de coton fleuris

une machine à coudre

du fil assorti

une aiguille et du fil à faufiler

des épingles

1 m (1 yd) de cordonnet

un bouton de duffel-coat en bois

PRÉPARATION

Agrandissez et reproduisez sur le papier les deux éléments ci-dessous : ils constituent le fond et le rabat du sac. Faites un gabarit en papier pour les bretelles de 50 x 4 cm (20 x 1 1/2 po). Découpez dans le matériau de molleton et dans le vichy un rectangle de 36 x 85 cm (14 x 34 po), ainsi qu'un fond et un rabat, et deux bretelles. Découpez dans le vichy une bande de 1 m x 10 cm (1 yd x 4 po) pour constituer une glissière pour le cordonnet. Découpez dans le vichy un biais de 1,50 m x 4 cm (1 1/2 yd x 1 1/2 po). Coupez vos chutes de tissus en bandes de 6 x 36 cm (2 1/2 x 14 po). Assemblez les bandes de tissu assortis en prenant chaque fois 5 mm (1/4 po) en couture. Une fois votre patchwork réalisé, découpez-y un rectangle, un fond, un rabat et deux bretelles. Étalez le rectangle coupé dans le patchwork sur ses homologues en molleton et en tissu simple, et faufilez les trois épaisseurs ensemble. Puis, surpiquez le long des coutures d'assemblage des bandes. Assemblez les deux bords étroits du rectangle pour former un tube. Disposez le molleton au centre des bretelles, rabattez le patchwork, faites un repli et piquez au milieu. Prenez les morceaux de molleton pour le fond et le rabat entre leurs homologues en patchwork et en tissu simple, assemblez, puis surpiquez en diagonale.

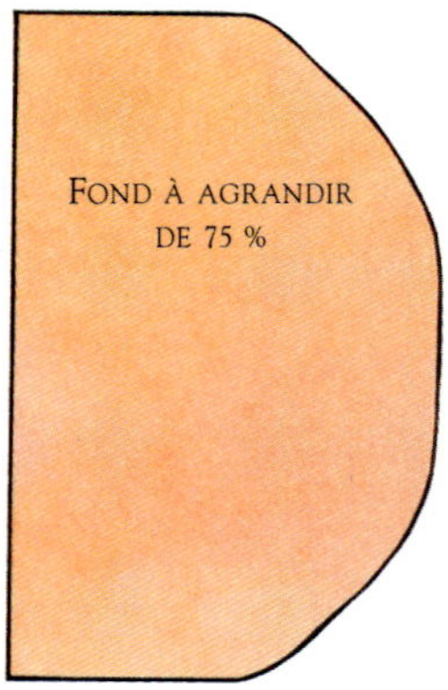

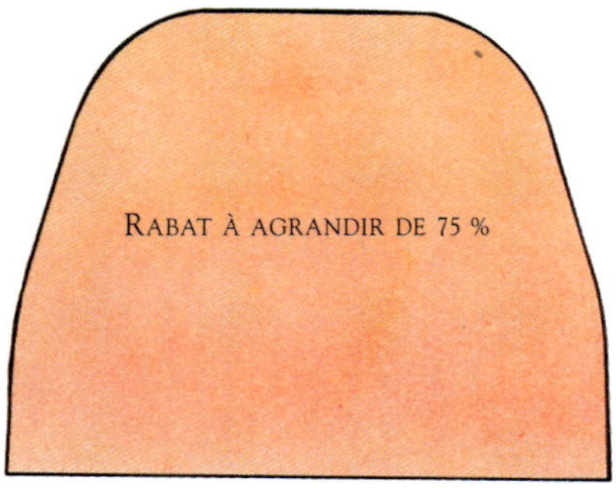

FINITION

Insérez le cordonnet dans la glissière, et nouez-en les extrémités. Nouez également à 5 cm (2 po) de cette extrémité un petit roulotté de tissu pour constituer une bride. Cousez en place le bouton de bois.

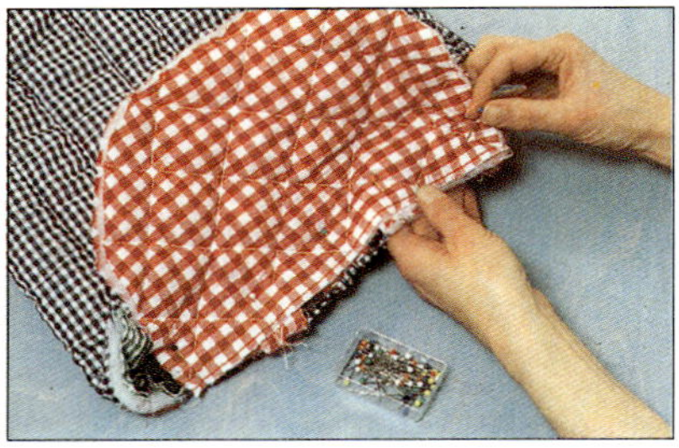

1

Endroit contre endroit, épinglez le fond au tube. Prenez en couture les bretelles à chaque extrémité. Faufilez solidement, puis piquez. Recouvrez les bords vifs avec le biais de vichy.

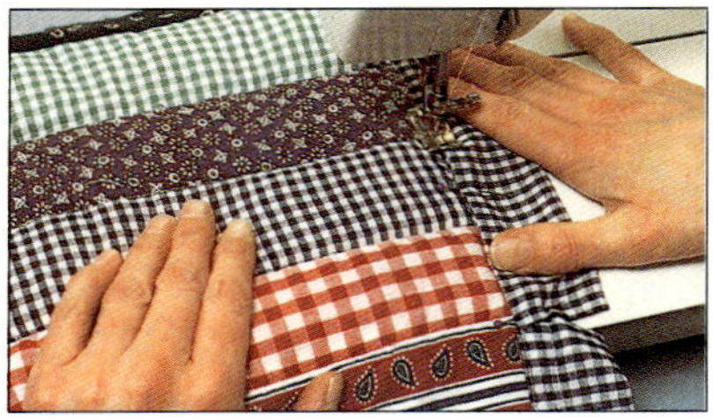

2

Piquez la bande prévue pour la glissière en haut du sac de façon que les deux extrémités se rejoignent sur le devant. Rabattez sur l'avant, faites un rentré et piquez sous la première couture.

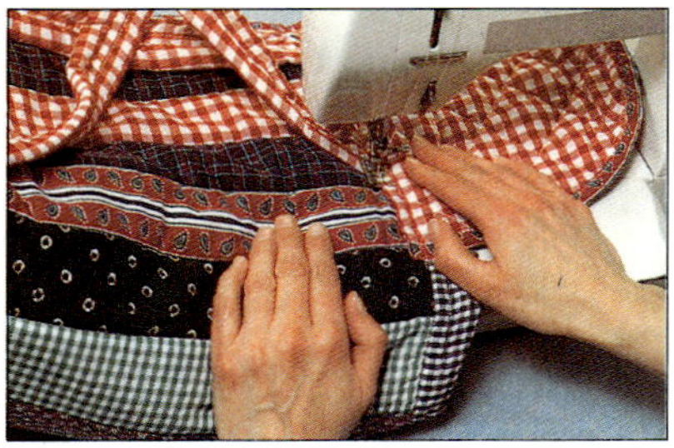

3

Recouvrez les bords vifs du rabat avec une bande de biais. Endroit contre endroit, épinglez le rabat au dos du sac, un peu au-dessous de la glissière. Faites une double piqûre parallèle et espacée de 1 cm (1/2 po).

SAC À JOUETS

Les sacs tout simples comme celui-ci sont très pratiques pour ranger les petits jouets, que les enfants collectionnent généralement à profusion. Celui-ci est orné de deux poupées en appliqué.

FOURNITURES

du papier-calque et un crayon

de la toile d'assemblage thermocollante

un fer à repasser

des chutes de tissus rouge, vert et écru

des ciseaux de tailleur

un morceau de tissu de coton rayé de 70 cm x 1,15 m (27 1/2 x 45 po)

un morceau de tissu à carreaux de 20 x 90 cm (8 x 36 po)

une machine à coudre

du fil assorti

un peu de laine marron

des chutes de dentelle

des fils à broder rouge et bleu

une aiguille à broder

des épingles

3 m (3 yd) de cordon

PRÉPARATION

Dans la toile d'assemblage thermocollante, dessinez autant de gabarits que nécessaire pour faire deux poupées. Collez la toile aux chutes de tissu, et découpez. Dans le tissu rayé, découpez un rectangle de 70 cm x 1 m (27 1/2 x 40 po), et dans le tissu à carreaux deux rectangles de 20 x 25 cm (8 x 10 po) qui constitueront les poches.

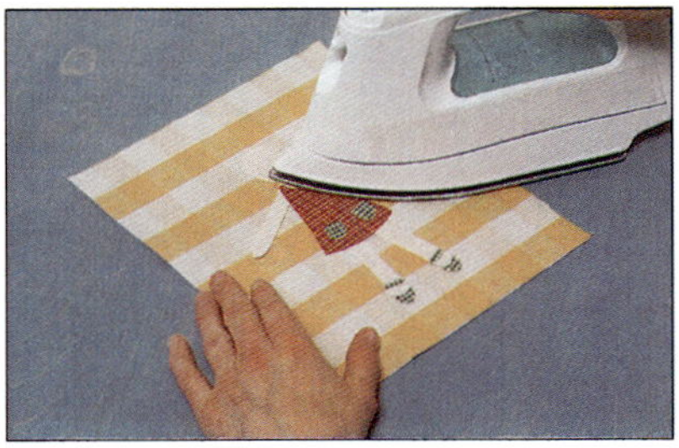

1

Assemblez les différents éléments des poupées en tissu sur les poches, collez au fer et renforcez les contours au point zigzag. Faites les cheveux avec la laine marron, et soulignez les robes avec de la dentelle. Faites deux points de poste en coton bleu pour les yeux, et une bouche rouge au point de tige.

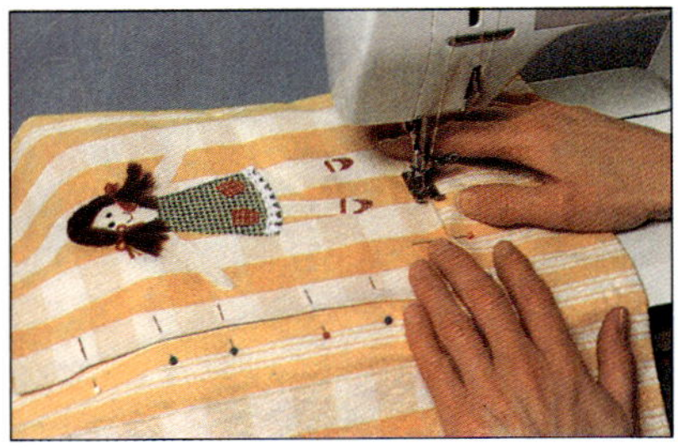

2

Rabattez un ourlet le long du bord long du tissu rayé, pliez-le en deux, et repassez. Ourlez le haut des poches, et rabattez un repli sur les trois autres côtés. Épinglez les poches sur le devant du sac, et piquez.

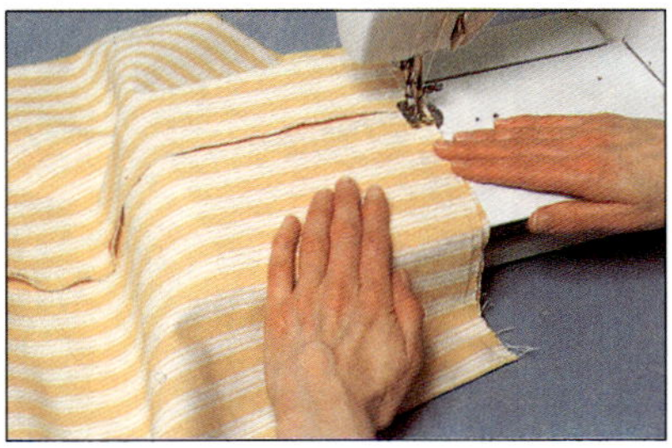

3

Épinglez puis piquez les deux côtés du sac. Faites un repli de 15 cm (6 po) le long du bord supérieur, et repassez.

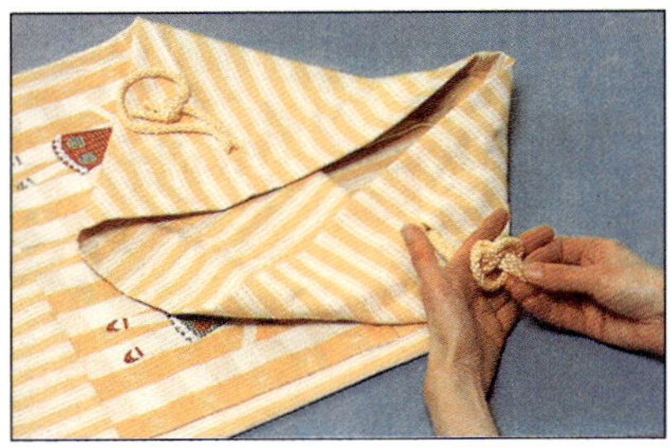

4

Faites deux boutonnières de part et d'autre de la couture, à 10 cm (4 po) du bord. Faites deux piqûres parallèles en haut et en bas de la boutonnière, pour constituer une glissière. Coupez le cordon en deux, enfilez dans les glissières, et nouez.

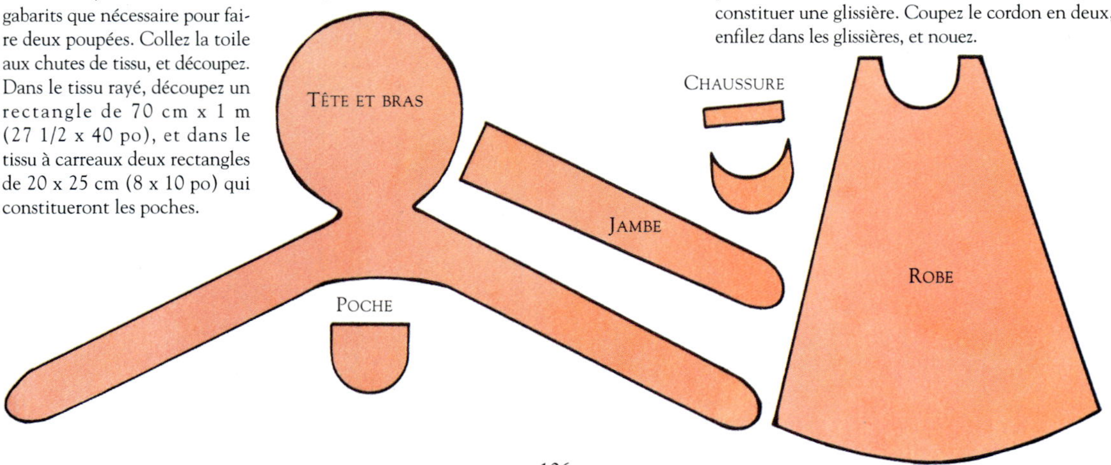

GILET D'ENFANT EN PATCHWORK

Pour ce gilet, réalisé dans un patchwork en bandes, utilisez des restes de tissus. Essayez de coordonner les couleurs. Les imprimés doivent avoir à peu près la même taille.

FOURNITURES

un patron de gilet

des chutes de tissus fleuris

des ciseaux de tailleur

une machine à coudre

du fil assorti

un fer à repasser

un morceau de tissu uni
de 85 x 90 cm (34 x 36 po)

des épingles

une aiguille

4 boutons

PRÉPARATION

Le gilet prévu ici mesure 64 cm (26 po) de tour de poitrine. Confectionnez d'abord votre patchwork : assemblez cinq bandes de 6 x 90 cm (2 1/2 x 36 po) en prenant 5 mm (1/4 po) en couture. Coupez le patchwork en deux et découpez deux devants de gilet. Coupez ensuite dans le coton uni deux dos, deux devants et deux renforts.

1

En travaillant endroit contre endroit, piquez à la machine les renforts aux devants du gilet, et écrasez les coutures. Piquez ensuite les deux devants au dos. Assemblez la doublure et épinglez au gilet en faisant correspondre les coutures des épaules. Piquez ensuite sur tout le pourtour, laissant ouvertes les coutures des côtés. Nettoyez les bords vifs et crantez.

2

Retournez le gilet sur l'endroit, et repassez. Épinglez le dos et les devants par les coutures des côtés et piquez, laissant une petite ouverture. Crantez et ouvrez les coutures au fer.

3

Faites quatre boutonnières régulièrement espacées sur la partie droite du devant, et cousez quatre boutons sur la partie gauche.

JUPE D'ENFANT EN PATCHWORK

Cette jupe froncée, constituée d'un assemblage de bandes, est conçue pour former un ensemble avec le gilet présenté ci-contre. Elle est terminée par une double bande qui court tout le long de l'ourlet.

FOURNITURES

des ciseaux de tailleur

des chutes de tissus fleuris et à rayures assortis

une machine à coudre

du fil coordonné

un morceau de tissu uni de 40 cm x 1,60 m (16 x 63 po) pour la doublure

un fer à repasser

une aiguille

des épingles

un élastique

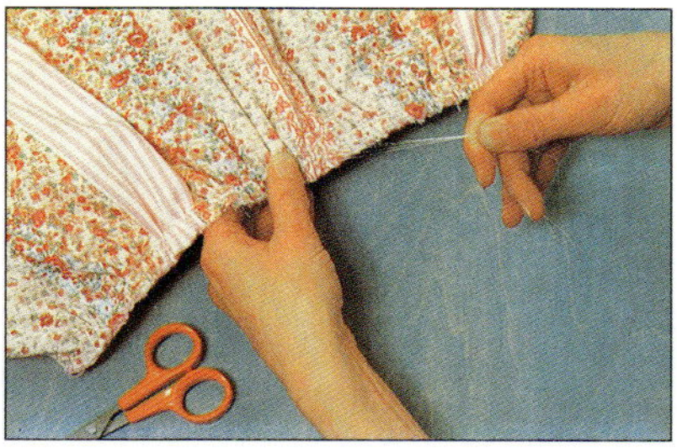

1

Passez deux rangs de fil de fronces à 5 mm (1/4 po) l'un de l'autre et à 1,5 cm (1/2 po) du haut de la jupe. Tirez pour froncer et ramener l'ampleur à la dimension de la taille.

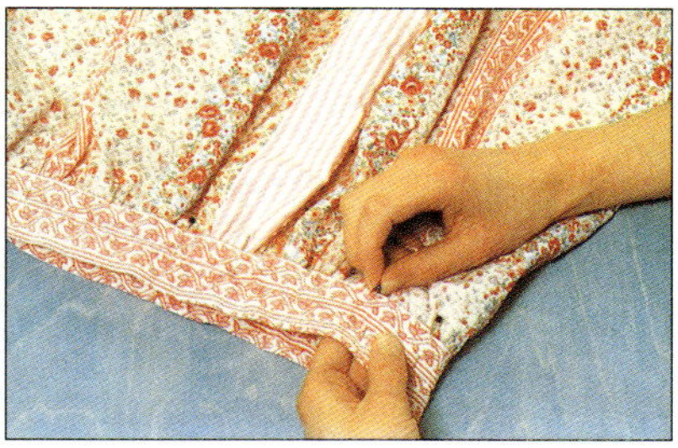

2

Épinglez la bande de la taille sur les fronces et cousez. Repliez sur l'endroit du travail et épinglez. Cousez à points glissés juste sous la première couture après avoir fait un repli. Laissez une ouverture pour l'élastique. Refermez.

PRÉPARATION

Nous avons prévu du tissu pour une jupe de 58 cm (23 po) de tour de taille, et d'une longueur de 50 cm (20 po). Pour le patchwork, découpez 32 bandes de 6 x 40 cm (2 1/2 x 16 po) dans les tissus rayés et à fleurs. Assemblez ces bandes en prenant 5 mm (1/4 po) en couture. Découpez dans deux types de tissus une bande de 6 cm x 1,60 m (2 1/2 x 63 po), et assemblez ces deux bandes par un des côtés longs pour constituer le bas de la jupe. En travaillant endroit contre endroit, assemblez un bord de bordure au bas de la jupe, et l'autre au tissu de doublure. Repassez et retournez à l'endroit. Pour la taille, découpez une bande de 12 x 80 cm (4 3/4 x 31 po).

COUVRE-LIT CABANE EN RONDINS

Le motif de patchwork Cabane en rondins est l'un des plus anciens et des plus connus. Vous pouvez utiliser autant de tissus différents que vous voulez, mais l'effet est plus sûr si vous vous limitez à un petit nombre.

FOURNITURES

des ciseaux de tailleur

un morceau de toile épaisse bleue de 20 x 90 cm (8 x 36 po)

un morceau de toile épaisse rouge de 1 m x 90 cm (1 yd x 36 po)

des chutes de tissus à fleurs assortis dans les tons de bleu et de rouge

un morceau de tissu bleu uni de 2 x 2,50 m (2 1/2 x 3 yd)

des épingles

une machine à coudre

des fils coordonnés

un fer à repasser

un morceau de tissu imprimé fleuri de 2 x 2,50 m (2 1/2 x 3 yd) pour la doublure

PRÉPARATION

Le couvre-lit fini mesure 1,80 x 2,30 m (71 x 90 1/2 po). Il est constitué de 12 blocs de patchwork à centre bleu, de 6 blocs de patchwork à centre rouge et de 17 blocs de patchwork bleus unis. Il est bordé de trois bandes. Découpez dans la toile bleue 12 carrés de 10 cm (4 po) de côté et dans la toile rouge, 6 carrés de même dimension. Coupez les tissus fleuris en bandes de 4 cm (1 1/2 po) de large, et taillez quelques bandes identiques dans les toiles unies. Enfin, dans le tissu bleu uni, découpez 17 carrés de 32 cm (13 po) de côté. Pour les bandes de bordure, coupez dans un des tissus rouges à fleurs quatre bandes de 8 cm (3 po) de large, et coupez-en quatre identiques dans la toile bleue. Les pièces de patchwork se travaillent à partir de la pièce centrale.

1

Assemblez un carré central en toile bleue à une bande de tissu rouge à fleurs. Recoupez à la longueur du carré. Assemblez une autre bande de tissu rouge à fleurs au côté adjacent, et recoupez à la longueur. Faites de même pour le troisième côté.

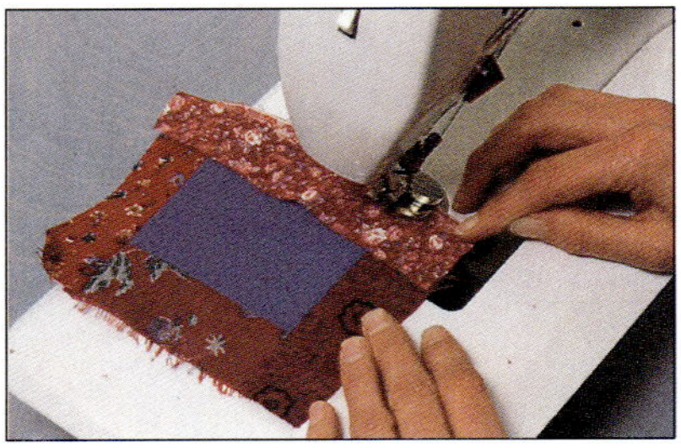

2

Achevez le centre en assemblant le quatrième côté toujours avec une bande imprimée rouge. Nettoyez bien les coutures d'assemblage et repassez en rabattant les bandes sur l'endroit.

3

Faites le tour suivant de la même manière, mais en choisissant des bandes d'imprimé bleu, puis faites un nouveau tour avec des imprimés rouges, et terminez par un tour en toile bleue uni. Repassez et retaillez. Vos pièces de patchwork doivent mesurer 32 cm (13 po) de côté. Il vous en faut douze avec un carré central bleu, et six avec un carré central rouge. Alternez toujours les imprimés bleus et rouges.

4

Assemblez un bloc de patchwork à centre bleu à un carré bleu uni. Continuez pour avoir quatre blocs à centre bleu séparés par trois carrés bleu uni. Faites encore deux bandes identiques, puis deux autres avec trois carrés de patchwork à centre rouge séparés par quatre carrés bleu uni. Assemblez les bandes en alternant les couleurs.

FINITION

Assemblez les bandes pour constituer la bordure et piquez. Disposez ensuite le patchwork sur le tissu de doublure et, en commençant par le milieu, faufilez les deux épaisseurs ensemble. Piquez les contours de chaque carré de patchwork afin de souligner le dessin. Retaillez le tissu de doublure afin qu'il dépasse du patchwork de 13 cm (5 po) tout autour. Rabattez la doublure sur le dessus du couvre-lit, faite un repli pour dissimuler les bords vifs, et cousez à points glissés. Rabattez les angles en onglet, si vous le désirez.

HOUSSES À THÉIÈRE ET À ŒUF À LA COQUE

Ces housses capitonnées assorties se composent de bandes de tissu écossais surpiquées en suivant les piqûres d'assemblage.

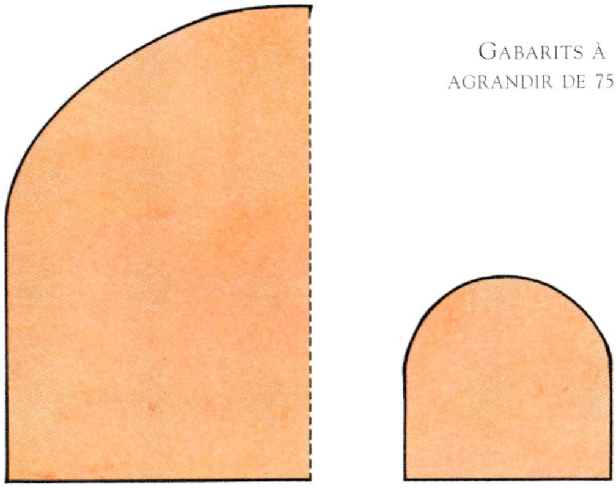

GABARITS À AGRANDIR DE 75 %

FOURNITURES

du papier et un crayon de couturière

des ciseaux de tailleur

51 x 90 cm (20 x 36 po) de molleton

des chutes de tissus de coton écossais assortis

une machine à coudre

des fils coordonnés

30 x 90 cm (12 x 36 po) de tissu de coton pour la doublure

des épingles

12 cm (4 1/2 po) de ruban écossais de 1 cm (1/2 po) de large

PRÉPARATION

Les quantités de tissu indiquées sont prévues pour une housse à théière et deux housses à œuf. Agrandissez les gabarits ci-dessus et découpez dans le molleton deux grandes pièces et quatre petites. Dans les tissus écossais, découpez des bandes de 12 cm (5 po) et assemblez-les en prenant 5 mm (1/4 po) en couture. Faites ainsi un seul morceau de patchwork. Dans celui-ci ainsi que dans le tissu de doublure, taillez quatre petits gabarits, et deux gros. Épinglez chaque morceau de patchwork à son homologue en molleton, et surpiquez en suivant les coutures d'assemblage des bandes. Nettoyez les bords. Cousez une bride en ruban au sommet de l'un des arrondis.

1

En travaillant endroit contre endroit, épinglez les morceaux matelassés deux par deux, assemblez en piquant le pourtour.

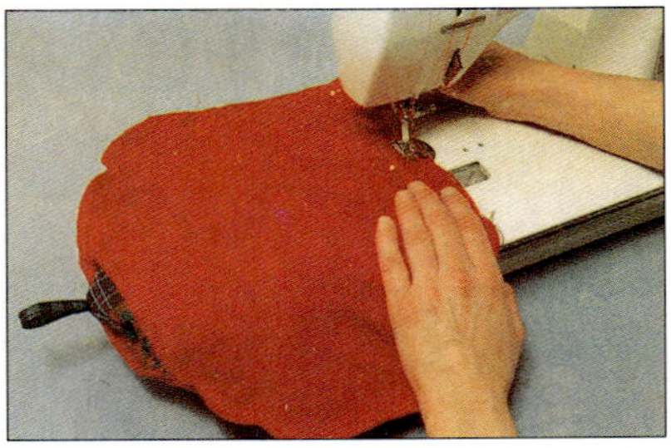

2

Assemblez la doublure et piquez en laissant une ouverture en haut. Placez la housse matelassée à l'intérieur endroit contre endroit. Piquez le long du bord inférieur. Retournez et fermez à points glissés.

3

Faites glisser la doublure à l'intérieur, en laissant une bande dépasser sur l'endroit. Cousez à points glissés le long de la couture.

SERVIETTE DE TABLE ET SON ROND ASSORTI

Ces deux accessoires coordonnés sont réalisés avec des rectangles appliqués, que l'on a rehaussés de boutons. Vous pouvez aussi confectionner une nappe dans le même esprit, ou encore des sets de table.

FOURNITURES

un fer à repasser

de la toile d'assemblage thermocollante

des chutes de tissus bleu, blanc, et bleu et blanc

des ciseaux de tailleur

une machine à coudre

des fils coordonnés

une serviette de lin ou de coton

des bandes de calicot

du fil à broder bleu marine

une aiguille à broder

une aiguille et du fil assorti

5 boutons ronds en bois

PRÉPARATION

Pour la serviette, appliquez la toile d'assemblage sur les différents tissus de couleur, et découpez en carrés de 6 cm (2 1/2 po). Découpez dans le tissu bleu uni quatre carrés de 6 cm (2 1/2 po) de côté, et en travaillant endroit contre endroit, appliquez-en un à chaque angle de la serviette, en prenant en couture deux côtés. Découpez dans le calicot quatre bandes de 6 cm (2 1/2 po) de large et de la même longueur que la serviette. Collez les carrés assortis sur les bandes de calicot.

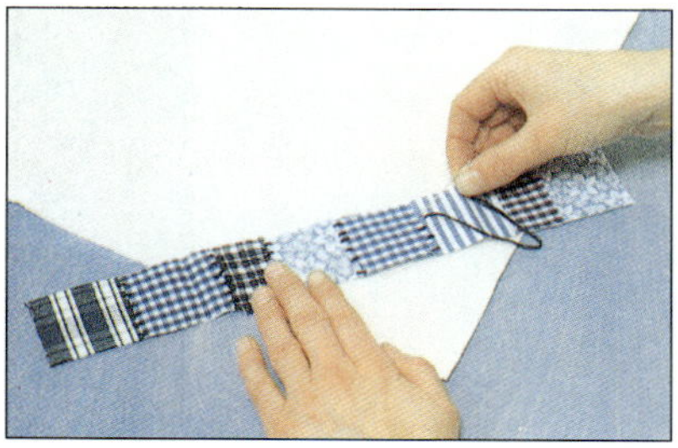

1

Brodez de gros points perpendiculaires à la ligne d'assemblage et régulièrement espacés. En travaillant ensuite endroit contre endroit, piquez les quatre bandes le long des bords de la serviette. Retournez sur l'endroit et repassez.

2

Rebrodez comme précédemment les quatre côtés de la bordure, et cousez un bouton au centre de chaque carré d'angle. Confectionnez le rond selon la même méthode avec deux bandes de carrés. Brodez une boutonnière au milieu de l'un des côtés étroits, et cousez un bouton sur l'autre.

COUSSIN SOLEIL POUR POT-POURRI

Ce petit coussin au motif de patchwork en forme de soleil est très élégant. Remplissez-le d'un pot-pourri parfumé, ou tout simplement de lavande séchée.

FOURNITURES

un morceau de percale de 1 m x 90 cm (1 yd x 36 po)

des ciseaux de tailleur

du papier et un crayon

du carton

un cutter

des chutes de tissus imprimés assortis dans les tons de bleu, de mauve et de blanc

des ciseaux à broder

du fil et une aiguille à faufiler

un carré de molleton de 31 cm (12 1/4 po) de côté

des fils à broder violet pâle et violet foncé

une aiguille à broder

2 m (2 yd) de ruban mauve de 5 mm (1/4 po) de large

une machine à coudre

du fil coordonné

un morceau de mousseline de 1 m x 90 cm (1 yd x 36 po)

un pot-pourri ou des fleurs de lavande séchées

PRÉPARATION

Dans la percale, découpez un carré de 33 cm (13 po) de côté.

1

Reportez sur le papier le motif de la page 247, puis fabriquez un gabarit de carton de chacun des éléments. Découpez ces formes dans vos tissus assortis en prévoyant 5 mm (1/4 po) de marge. Faufilez les morceaux de tissu aux gabarits en carton comme expliqué à la page 19. Puis, assemblez les éléments par un point de surjet serré. Enlevez ensuite les faufils et les cartons de support.

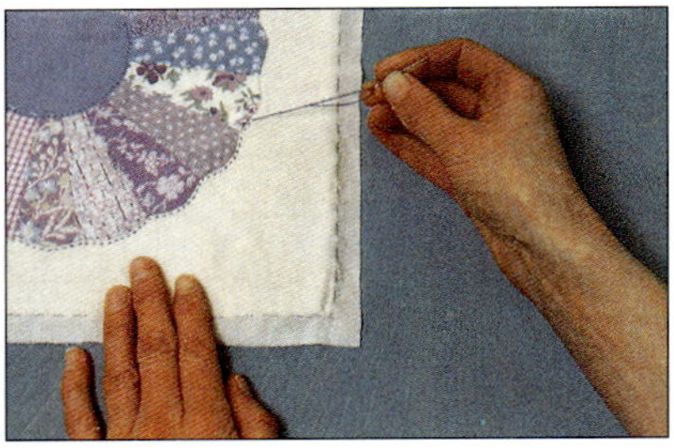

2

Centrez le motif en patchwork sur le carré de percale, en intercalant le molleton. Faufilez les trois épaisseurs ensemble. Surpiquez les contours du motif à points devant, en alternant les deux couleurs de coton à broder.

3

Épinglez le ruban sur le pourtour carré du coussin, et cousez le long des deux bords, en rentrant proprement les angles.

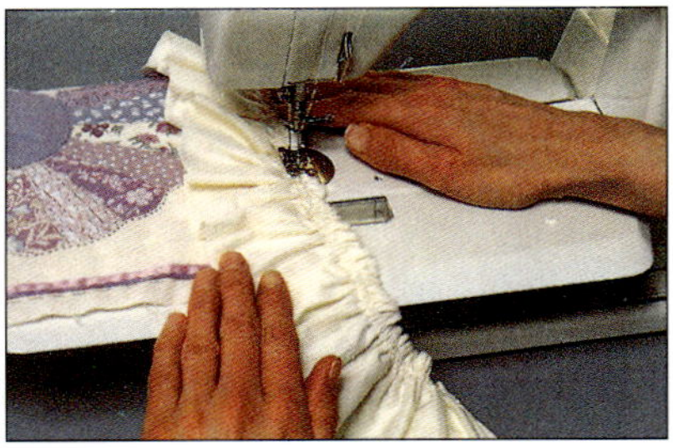

4

Confectionnez une bande de percale de 3 m x 13 cm (3 yd x 5 po), en mettant des morceaux bout à bout. Faites un ourlet sur l'un des bords longs. Passez deux fils de fronces le long de l'autre bord et tirez pour ramener aux dimensions du périmètre du carré. En travaillant endroit contre endroit, épinglez le volant au coussin, puis piquez-le.

FINITION

Découpez dans la percale deux morceaux de 33 x 18 cm (13 x 7 po) qui constitueront le dos de la housse. Confectionnez cette housse comme expliqué à la page 25. Dans la mousseline, découpez deux carrés un peu plus petits que le coussin, et assemblez sur trois côtés. Remplissez de pot-pourri ou de lavande, et fermez le dernier côté à points glissés. Glissez à l'intérieur de la housse de coussin.

Cartes en patchwork

Les motifs de patchwork comme cette étoile peuvent faire de très jolies cartes de vœux, voire des étiquettes.

Fournitures

du papier-calque et un crayon

une règle

de la toile d'assemblage thermocollante

un fer à repasser

des chutes de tissus assortis

des ciseaux de tailleur

du carton de couleur (ou du papier à dessin)

un marqueur or ou argent

Préparation

Dessinez votre motif sur le papier-calque, puis reportez-le sur la toile d'assemblage.

1

Découpez les éléments du motif. Collez-les à l'envers des chutes de tissu, et découpez celui-ci sans prévoir de marge pour la couture.

2

Disposez les éléments sur le carton (ou le papier à dessin) de façon à reconstituer le motif. Recouvrez d'un torchon propre, et repassez. Soulignez les contours du motif avec le marqueur or ou argent.

CADRE À PHOTO

Des tissus assortis à carreaux bleus et blancs feront un bel habillage pour encadrer une photo qui vous est chère. Garnissez chaque angle d'une fleur en appliqué.

FOURNITURES

deux carrés de carton épais de 22 cm (8 po) de côté

un cutter

des chutes de vichys et de tissus à carreaux bleus et blancs

des ciseaux de tailleur

des chutes de tissu écru

un fer à repasser

de la toile d'assemblage thermocollante

des chutes de tissu pour les fleurs en appliqué

des fils à broder vert et marine

une aiguille à broder

des épingles

une aiguille et du fil coordonné

de la colle pour tissu

du ruban adhésif double face

PRÉPARATION

Découpez une fenêtre dans l'un des carrés de carton, en prévoyant une bordure de 5 cm (2 po). Découpez quatre bandes de vichy de 27 x 10 cm (11 x 4 po) chacune. Dans le tissu écru, découpez quatre carrés de 7 cm (3 po), et faites un rabat sur chacun des bords vifs pour obtenir des carrés de 5 cm (2 po). Collez votre toile d'assemblage à l'envers des chutes de tissu, et découpez quatre motifs de fleur et quatre paires de feuilles.

1

Enlevez le papier de protection de la toile d'assemblage, et collez une fleur et des feuilles dans un angle de chaque carré écru, comme indiqué ci-dessus. Brodez les tiges au fil vert. Dans le tissu à carreaux, découpez quatre bandes étroites de 27 cm (11 po) de long. Faites d'étroits rabats le long des bords longs, épinglez, puis assemblez le long de la ligne centrale des bandes de vichy.

2

Collez les carrés écrus aux angles du cadre, en présentant les fleurs vers l'extérieur. Rebrodez à gros points bleu marine les bords des carrés. Repliez les bandes de tissu à carreaux sur le dos du cadre, et maintenez en place avec du ruban adhésif double face. Recouvrez de tissu l'autre carré de carton, et assemblez les deux morceaux par un point glissé sur leur pourtour. Ne cousez que trois côtés, laissant le quatrième libre pour y glisser la photo.

JETÉ DE CANAPÉ EN PATCHWORK

Vous reprendrez ici la technique de la Cabane en rondins, et vous disposerez un carré central entouré de quatre triangles pour constituer le motif central de ce superbe jeté.

FOURNITURES

des chutes de tissus de coton imprimé dans les tons de rouge et de bleu

des ciseaux de tailleur

3 m x 90 cm (3 yd x 36 po) de percale rouge

4,50 x 1,15 m (5 yd x 45 po) de percale bleue

des épingles

une machine à coudre

du fil coordonné

un fer à repasser

9 m (9 yd) de ruban bleu de 2 cm (3/4 po) de large

une aiguille et du fil à faufiler

PRÉPARATION

Une fois fini, le jeté mesure 2 x 2,5 m (6 1/2 x 8 pieds). Il se compose de 12 pavés de patchwork à centre bleu, 6 pavés de patchwork à centre rouge, et 17 carrés simples. Dans le tissu imprimé rouge, découpez 93 carrés de 15 cm (6 po) de côté, et 94 dans l'imprimé bleu. Découpez ensuite dans les deux imprimés des bandes de 8 cm (3 po) de large : il vous en faut quatre par bloc. Découpez ensuite une bande bleue unie de 8 m (8 3/4 yd) de long sur 8 cm (3 po) de large. Pour la bordure en dents de scie, découpez une bande rouge de 9 m (10 yd) de long sur 20 cm (8 po) de large que vous plierez en deux dans le sens de la longueur. Rabattez 5 mm (1/4 po) sur toute la longueur, et marquez tous les 7 cm (2 3/4 po) un point à 4,5 cm (1 3/4 po) au-dessous de la ligne de pliure, et à 3 cm (1 1/4 po) du haut de la bande. Reliez les points par une piqûre. Découpez les triangles dans la bande pliée, près de la piqûre, et crantez les angles. Retournez sur l'endroit et repassez.

1

Assemblez les carrés par trois pour faire une bande, puis les bandes par trois pour faire un bloc de neuf carrés. Assemblez une bande imprimée bleue tout autour de ce bloc, nettoyez les coutures. Assemblez ensuite, une bande rouge tout autour, de la même manière, confectionnez deux bandes en assemblant cinq carrés pour chacune, et cousez-les de part et d'autre du motif central. Faites deux bandes de sept carrés, et achevez d'entourer le centre. Épinglez puis assemblez une bande rouge tout autour. Faites deux autres blocs de patchwork semblables.

2

Pour le bord en triangle, pliez en deux selon la diagonale les deux blocs de patchwork. Coupez selon la ligne de pliure pour obtenir quatre triangles. Épinglez puis assemblez au carré. Faites deux bandes de 14 carrés et cousez-les de part et d'autre.

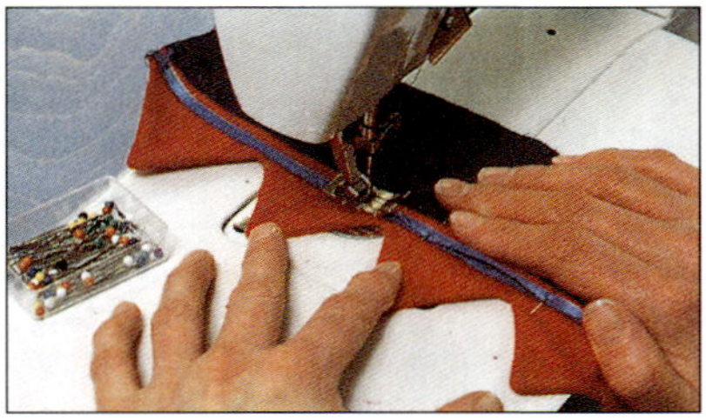

3

Épinglez le ruban le long du bord vif de la bordure en dents de scie. Piquez en suivant les deux bords du ruban.

FINITION

Travaillant endroit contre endroit, piquez la bordure bleue tout autour de patchwork. Coupez la doublure dans le tissu bleu uni, et disposez le patchwork dessus. Commençant par le centre, faufilez les épaisseurs ensemble. Surpiquez à la machine en suivant les lignes des carrés. Piquez la bordure en dents de scie à la doublure, rabattez sur le devant et cousez à points glissés.

COUSSIN AU PANIER DE CERISES

Ce motif de patchwork est un grand classique. Réalisez-le en choisissant deux couleurs franchement contrastées, comme nous l'avons fait ici, ou au contraire des tissus imprimés complémentaires qui vous donneront un résultat très différent.

FOURNITURES

du papier et un crayon

du carton

un cutter

des chutes de percales rouge et blanche

des ciseaux de tailleur

un morceau de popeline de 38 x 90 cm (15 x 36 po)

un carré de molleton de 38 cm (15 po) de côté

une aiguille et du fil à faufiler

des épingles

une aiguille et du fil coordonné

un carré de toile d'assemblage thermocollante de 25 cm (19 po) de côté

un fer à repasser

du tissu pour le dos de la housse

une machine à coudre

des fils assortis

une garniture de coussin

PRÉPARATION

Agrandissez le triangle de la page 248, et découpez à sa dimensions 18 gabarits en carton. Découpez 12 triangles dans le tissu rouge, et 6 dans le tissu blanc, en prévoyant 5 mm (1/4 po) de marge pour les coutures. Dans la popeline découpez deux carrés de 38 cm (15 po) de côté. Faufilez le molleton sur l'envers d'un des carrés.

1

Assemblez les triangles par deux. Assemblez huit triangles pour obtenir un carré, puis assemblez-en encore quatre aux deux angles supérieurs pour obtenir un grand triangle. Guidez-vous sur la photo ci-dessous.

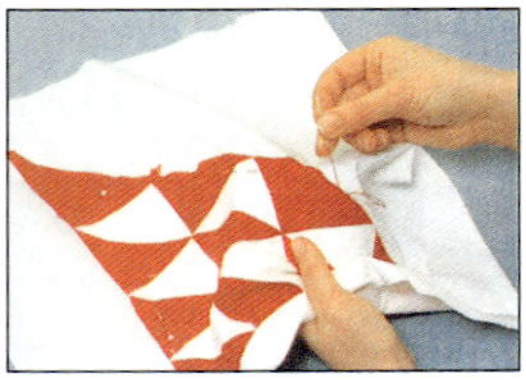

2

Épinglez le panier sur le carré de popeline matelassée, repliez les marges de couture et cousez à points glissés. Cousez les deux derniers triangles pour constituer la base du panier.

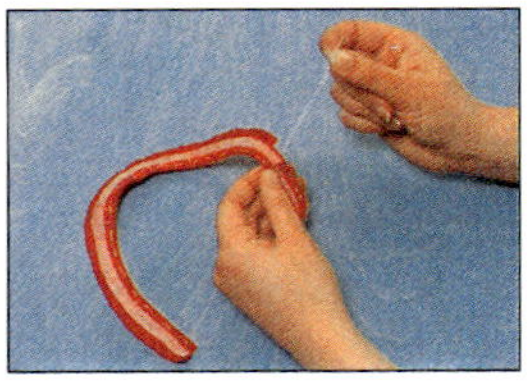

3

Dans la toile d'assemblage, dessinez un demi-cercle sur une ligne de base de 25 cm (10 po), et découpez selon cette courbe une bande de 1 cm (1/2 po) de large pour la poignée du panier. Collez la toile sur du tissu rouge. Coupez en prévoyant 5 mm (1/4 po) pour les coutures. Repliez, puis cousez à points glissés en haut du panier.

FINITION

Cousez au point devant, à la main, autour de chaque triangle et de la poignée du panier. Faites une housse de coussin en suivant les explications de la page 25.

COUSSIN À ÉPINGLES HEXAGONAL

Jouez sur les contrastes du marine et du blanc pour ce petit coussin à épingles.

FOURNITURES

des chutes de tissus assortis, unis et imprimés, bleu marine et blanc

du papier-calque et un crayon

du carton

un cutter

des épingles

une aiguille et du fil à faufiler

du fil assorti

du molleton

du fil à broder bleu marine

une aiguille à broder

une aiguille et du fil assorti

PRÉPARATION

Agrandissez l'hexagone et décalquez-le, puis découpez 14 gabarits en carton à ses mesures. Découpez selon ces gabarits deux hexagones de tissu marine uni, et quatre dans trois autres tissus assortis, en prévoyant 5 mm (1/4 po) pour les coutures. Faufilez les tissus aux gabarits en carton.

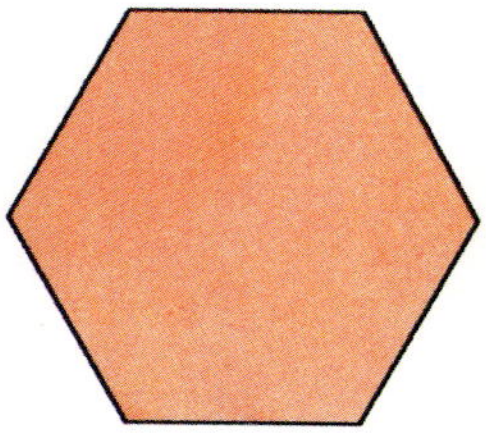

AGRANDIR DE 50 %

1

Assemblez les hexagones pour former deux fleurs. Utilisez pour cela six hexagones autour d'une pièce centrale bleu marine uni. Faites une seconde fleur de la même manière.

2

En travaillant endroit contre endroit, épinglez puis faufilez les deux fleurs ensemble. Assemblez en joignant leurs bords extérieurs, en ménageant une petite ouverture. Retournez sur l'endroit et garnissez avec le molleton, puis refermez l'ouverture.

CHAUSSONS EN CRAZY PATCHWORK

Ces petits chaussons ont une empeigne en *crazy patchwork*. Ils sont doublés de vichy et resserrés par un élastique. Ils feront un très joli présent pour un bébé.

FOURNITURES

du papier et un crayon

des ciseaux à papier

un morceau de tissu de jean bleu de 20 x 90 cm (8 x 36 po)

un morceau de vichy de 20 x 90 cm (8 x 36 po)

des ciseaux de tailleur

des chutes de molleton

des chutes de tissus assortis dans les tons de bleu

des épingles

une aiguille et du fil à faufiler

une machine à coudre

des fils machine et des fils à coudre assortis

de l'élastique

50 cm (20 po) de biais

PRÉPARATION

Agrandissez les pièces du patron ci-dessous, ainsi que celles de la page 248. Découpez dans le tissu de jean deux de chacune des pièces. Dans le vichy de doublure, découpez deux semelles et quatre pièces de doublure, et, dans le molleton, découpez deux semelles.

1

Découpez de petits morceaux de tissus assortis et cousez-les sur les empeignes en jean, en faisant un repli sur leurs bords. Fixez à la machine au point zigzag.

2

Assemblez les doublures deux par deux par leurs bords courts.

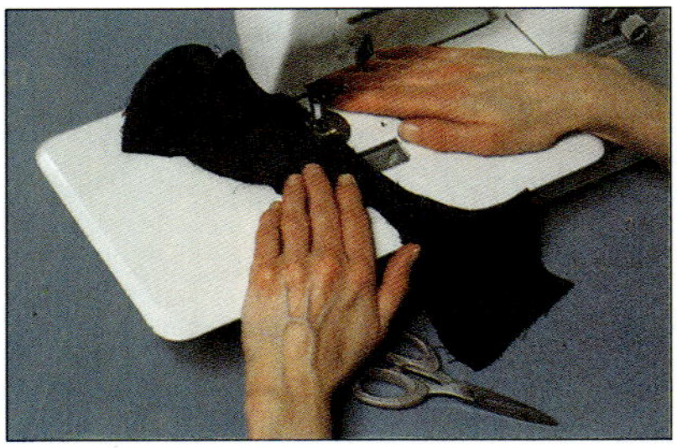

3

En travaillant endroit contre endroit, assemblez le patchwork aux morceaux constituant le devant et les côtés des chaussons. Cousez en place l'élastique le long du bord supérieur. Assemblez les coutures de derrière. Toujours endroit contre endroit, cousez la doublure au bord supérieur, puis retournez sur l'endroit.

4

Prenez le molleton entre la semelle en jean et celle en vichy. Faufilez ensemble les trois épaisseurs. Retournez les chaussons sur l'envers, et cousez la semelle. Recouvrez la couture avec le biais pour que le travail soit net.

DEVANT ET CÔTÉ
À AGRANDIR DE 50 %

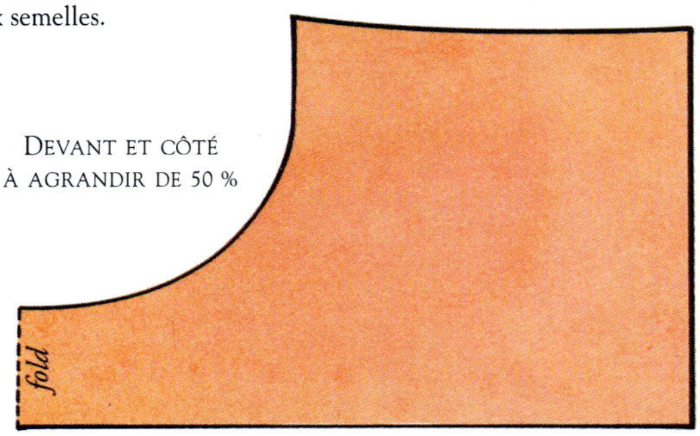

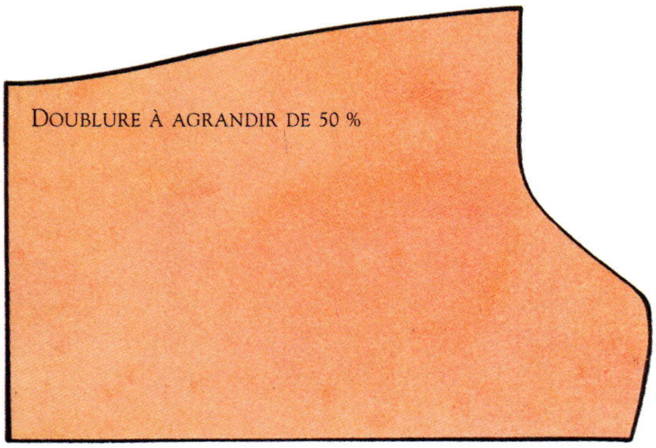

COURTEPOINTE POUR ENFANT

Cette petite couverture piquée, aux couleurs chaudes, conviendra pour un berceau de poupée, mais aussi pour un lit ou un moïse. Où que vous l'utilisiez, elle mettra une note de gaieté dans le décor.

FOURNITURES

50 x 90 cm (20 x 36 po) de tissu de couleur vive

des ciseaux de tailleur

une machine à coudre

du fil coordonné

50 x 65 cm (20 x 26 po) de tissu de couleur contrastée

du papier et un crayon

du carton

des ciseaux à papier

des chutes de tissus assortis

de la toile d'assemblage thermocollante

du papier de soie

un fer à repasser

une aiguille et du fil à faufiler

10 x 90 cm (4 x 36 po) de percale verte assortie

du fil assorti

50 x 65 cm (20 x 26 po) de molleton

50 x 65 cm (20 x 26 po) de tissu de doublure

1

Disposez vos oiseaux en tissu sur la toile d'assemblage. Recouvrez de papier de soie, puis repassez. De cette manière les différents éléments du motif ne s'éparpilleront pas. Préparez tous les oiseaux de cette façon.

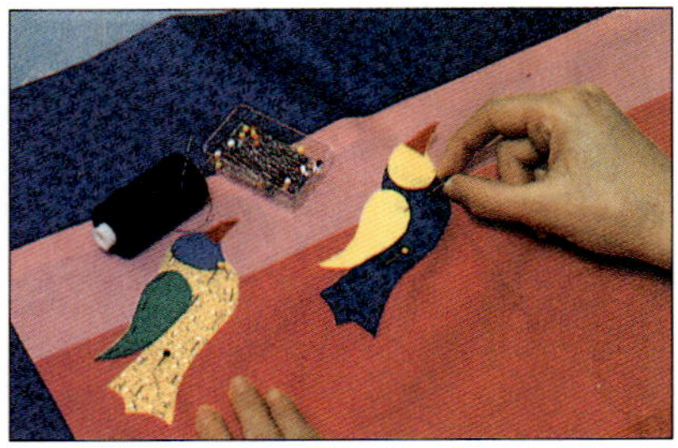

2

Alignez les oiseaux sur la courtepointe. Soulignez à la machine les contours des différents motifs et de leurs éléments au petit point zigzag.

3

Dans la percale verte, découpez un biais de 2 cm (2/4 po) de large. Pliez en deux dans le sens de la longueur, repassez, et piquez. Pliez pour cacher la couture, et repassez. Nettoyez la couture.

4

Appliquez sur la courtepointe à la manière de branches sur lesquelles seraient posés les oiseaux. Épinglez, puis cousez à points glissés sur les deux côtés.

PRÉPARATION

Dans le tissu de couleur vive, découpez deux bandes de 50 x 13 cm (20 x 5 po), et deux de 90 x 13 cm (36 x 5 po). Assemblez-les au morceau qui constituera le centre de la courtepointe. Faites ensuite dans le carton des gabarits de chaque élément des motifs ci-contre agrandis, et découpez-en plusieurs dans vos tissus assortis.

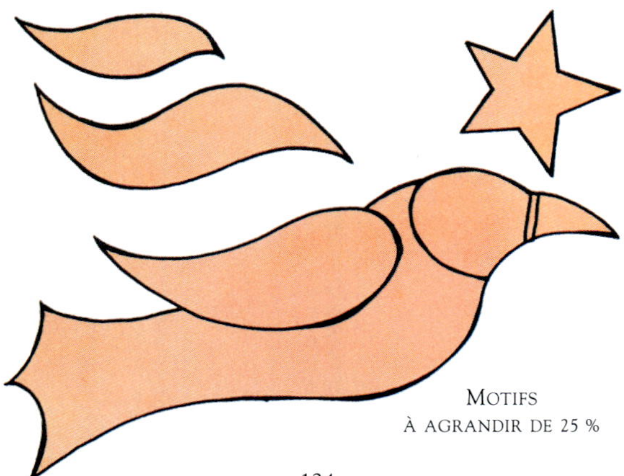

MOTIFS
À AGRANDIR DE 25 %

FINITION

Disposez les feuilles en appliqué le long des branches, puis les étoiles. Prenez ensuite le molleton entre le dessus et la doublure de la courtepointe comme indiqué à la page 21, et faufilez ensemble les trois épaisseurs. Surpiquez.

COUSSIN EN APPLIQUÉ POUR BÉBÉ

Le dessin naïf de ce petit coussin est charmant. Il est entouré de deux bandes, l'une en vichy, l'autre en coutil rayé.

FOURNITURES

du papier et un crayon

de la toile d'assemblage thermocollante

des chutes de tissus assortis

un fer à repasser

des ciseaux de tailleur

36 x 90 cm (14 x 36 po) de percale

une machine à coudre

des fils coordonnés

des fils à broder bleu et marron

une aiguille à broder

un petit bouton (facultatif)

des chutes de vichy bleu

des chutes de coutil bleu à rayures

une garniture de coussin de 25 cm (10 po) de côté

une aiguille et du fil assorti

PRÉPARATION

Dessinez les éléments du motif figurant page 248, et reportez-les sur la toile d'assemblage. Collez des chutes de tissu sur chaque élément, puis découpez. Découpez dans la percale un carré de 25 cm (10 po) de côté et un autre de 36 cm (14 po). Appliquez le motif sur le petit carré. À la machine, brodez au point zigzag le contour du motif. Décorez ce motif en le brodant à la main, et cousez un bouton (facultatif) pour l'œil. Découpez dans le vichy quatre bandes de 6 x 25 cm (2 1/2 x 10 po), et dans le coutil, quatre bandes de 6 x 36 cm (2 1/2 x 14 po).

1

Travaillant endroit contre endroit, faites une bordure en vichy, en rabattant les angles bien à plat.

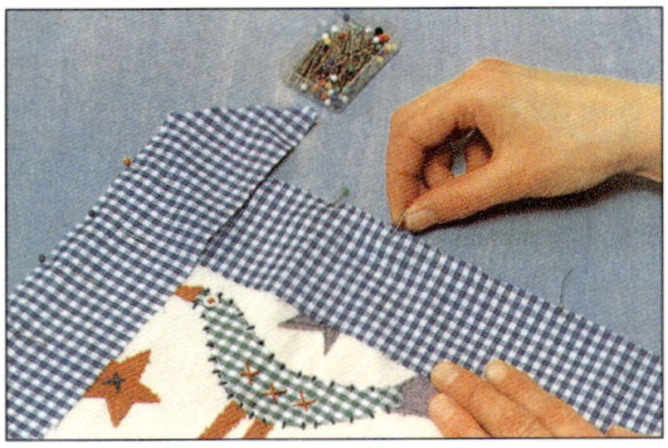

2

Épinglez la bordure tout autour du carré appliqué, et piquez-la. Faites la bordure à rayures de la même manière et piquez-la tout autour de celle en vichy. Repassez bien.

FINITION

Assemblez les deux carrés de percale, endroit contre endroit, en ménageant une petite ouverture. Crantez les angles et repassez. Retournez sur l'endroit. Glissez la garniture à l'intérieur de la housse ainsi obtenue, puis fermez l'ouverture à point glissés.

CUBE EN PATCHWORK

Ce jouet souple est un exercice parfait quand on se lance dans le patchwork pour la première fois. Choisissez des patrons différents pour chaque face du cube.

FOURNITURES

des bandes de tissus de couleurs différentes et de 7 x 90 cm (2 3/4 x 36 po)

des ciseaux de tailleur

des épingles

une machine à coudre

du fil coordonné

du matériau de rembourrage

une aiguille et du fil assorti

PRÉPARATION

Découpez chaque bande en treize carrés de 7 cm (2 3/4 po) de côté. Suivant la photo ci-contre, assemblez les carrés en six blocs, en coupant certains carrés pour avoir des triangles. Vous pouvez choisir des assemblages différents pour chacun des blocs.

1

Suivant la méthode en drapeau, assemblez les motifs pour avoir six blocs carrés.

2

Épinglez puis assemblez, endroit contre endroit, quatre blocs à un bloc central. Assemblez ensuite le bloc du dessus à l'un des côtés du cube. Cousez ensuite tous les côtés entre eux, et, dans la dernière couture d'assemblage, laissez un trou. Retournez sur l'endroit, et remplissez avec le matériau de rembourrage. Fermez à points glissés. Faites une petite bride en roulotté et cousez-la à un angle.

GALETTE DE CHAISE FEUILLE DE CHÊNE

Ce coussin en patchwork avec appliqué a été réalisé dans deux couleurs fortement contrastées. Les feuilles sont soulignées par trois rangs de points de matelassage, de manière qu'elles ressortent bien sur leur tissu de fond.

FOURNITURES

une règle et un crayon

du carton

un cutter

30 x 90 cm (12 x 36 po) de tissu de coton rouge

46 x 90 cm (18 x 36 po) de tissu de coton blanc

des ciseaux de tailleur

un feutre de couturière

des épingles

une aiguille et du fil

du fil à broder rouge

une aiguille à broder

une machine à coudre

du fil coordonné

du molleton

PRÉPARATION

Dans le carton, faites un gabarit carré de 15 cm de côté, puis découpez cinq carrés dans le tissu rouge, et quatre dans le tissu blanc. Dessinez une feuille de chêne à main levée sur le carton, et découpez-la.

1

Dessinez la feuille sur du tissu rouge, ajoutez tout autour 5 mm (1/4 po) de marge pour la couture, et découpez. Crantez les bords et repliez-les.

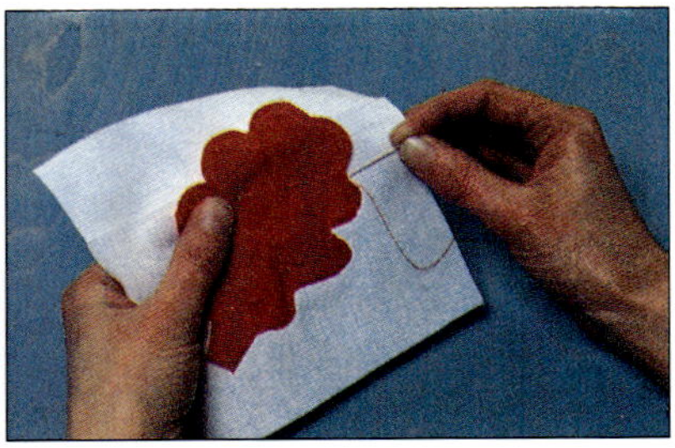

2

Faufilez chaque feuille au centre d'un carré blanc, comme vous le voyez ci-dessus. Cousez-les ensuite avec le fil à broder rouge.

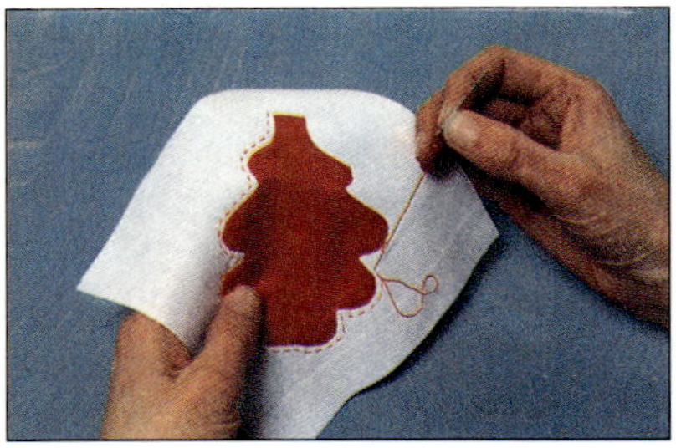

3

Faites trois rangées de points rouges pour souligner chaque feuille.

FINITION

Assemblez les carrés par bandes de trois, puis assemblez trois bandes pour obtenir un bloc de neuf carrés. Faites deux attaches en roulotté : pour cela, découpez une bande de 4 cm (1 1/2 po) de large dans le tissu blanc. Pour le dos du coussin, coupez dans le tissu blanc deux rectangles de 42 x 28 cm (16 1/2 x 11 po), et faites une housse comme expliqué page 25. Cousez les attaches aux angles arrière de la housse. Remplissez la galette avec le molleton.

PETITS CŒURS À SUSPENDRE

Remplissez de pot-pourri ces petits cœurs en patchwork et suspendez-les dans vos placards : ils les parfumeront délicieusement.

FOURNITURES

du papier et un crayon

du carton

un cutter

des chutes de tissus assortis

des ciseaux de tailleur

des épingles

une machine à coudre

du fil coordonné

un carré de tissu de 15 cm (6 po) de côté pour le dos du cœur

un fer à repasser

du pot-pourri

un petit morceau de ruban

des boutons de chemise

PRÉPARATION

Agrandissez le cœur ci-dessous, et découpez-le dans du carton. Découpez dans les chutes de tissus douze carrés de 5 cm (2 po) de côté.

AGRANDIR DE 66 %

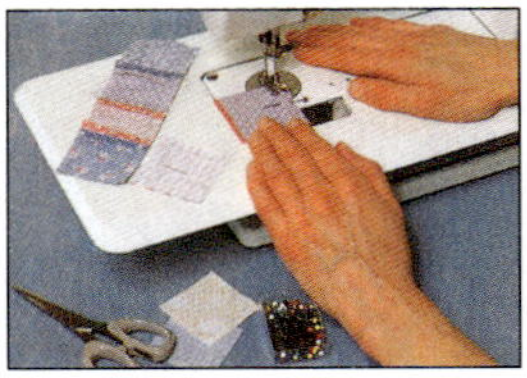

1

Assemblez les carrés de tissu par bandes, en prenant 5 mm (1/4 po) en couture. Assemblez ensuite un bloc de quatre carrés dans un sens, et trois dans l'autre.

2

Disposez le gabarit du cœur sur le bloc en patchwork, et découpez. Découpez un autre cœur dans le tissu prévu pour le dos.

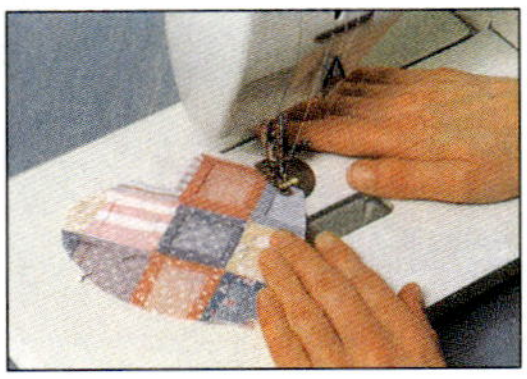

3

Piquez les deux cœurs ensemble, endroit contre endroit, en ménageant une petite ouverture.

FINITION

Crantez les courbes et repassez le cœur. Retournez sur l'endroit et garnissez de pot-pourri. Glissez une bride en ruban dans l'ouverture, puis refermez en prenant la bride dans la couture. Décorez avec des boutons de chemise de nacre.

ÉVENTAIL PARFUMÉ

Ce petit sachet rempli de pot-pourri est fait dans un morceau de patchwork auquel on a donné la forme d'un éventail.

FOURNITURES

du papier et un crayon

du carton

un cutter

un carré de feutrine blanche de 5 cm (2 po) de côté

des ciseaux de tailleur

un carré de 7 cm (2 3/4 po) de tissu pour le dos du sachet

des chutes de tissus assortis

des épingles

une aiguille et du fil coordonné

des fils de couleurs

une machine à coudre

des fils assortis

un fer à repasser

du pot-pourri

une petite longueur de ruban

PRÉPARATION

Dans le carton, faites un gabarit de l'éventail. Dessinez-le sur la feutrine blanche et découpez la forme dans le tissu prévu pour le dos de l'éventail, en prévoyant 1 cm (1/2 po) de marge pour la couture. Découpez chacun des éléments de l'éventail dans le carton, et utilisez ces gabarits pour découper les chutes de tissus. Prévoyez chaque fois 5 mm (1/4 po) de plus pour les coutures.

AGRANDIR DE 50 %

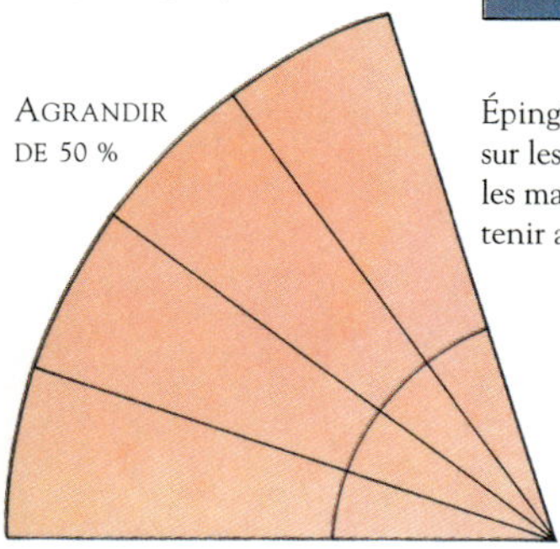

1

Épinglez les morceaux de tissu sur les gabarits en carton, repliez les marges et faufilez pour maintenir aux gabarits.

2

Pour assembler les éléments de l'éventail, cousez-les au point de surjet. Retirez les gabarits en carton au fur et à mesure de l'assemblage. Placez le morceau de feutrine sur l'envers du patchwork et faufilez. Sur l'endroit, surpiquez les lignes d'assemblage des éléments de l'éventail au point devant en fils de couleur.

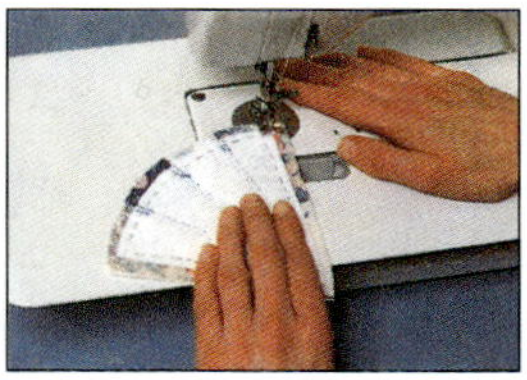

3

En travaillant endroit contre endroit, assemblez le patchwork au tissu constituant le dos de l'ouvrage, en ménageant une petite ouverture en haut de l'éventail.

FINITION

Crantez les courbes, et repassez. Retournez l'ouvrage sur l'endroit et remplissez-le de pot-pourri. Refermez l'ouverture à points glissés, fixez par quelques points une bride de ruban dans la couture.

GILET EN APPLIQUÉ POUR ENFANT

Les petites roses froncées qui ornent cet adorable gilet se travaillent comme un patchwork.

FOURNITURES

du papier et un crayon

50 x 90 cm (20 x 36 po) de tissu de coton imprimé foncé

un compas

du carton

un cutter

des chutes de tissus de coton unis et imprimés, dans les tons pastel

une aiguille et du fil coordonné

une machine à coudre

du fil assorti

des ciseaux à cranter

une aiguille et du fil à faufiler

un fer à repasser

des épingles

trois boutons

des fils à broder assortis

une aiguille à broder

PRÉPARATION

Le gilet présenté mesure 51 cm (20 po) de tour de poitrine. Agrandissez les éléments du patron reproduit à la page 248, en ajoutant 1 cm de marge pour les coutures. Dans le tissu imprimé foncé, coupez deux dos et quatre devants. Découpez dans le carton un cercle de 8 cm (3 po) de diamètre, et quatorze cercles dans les tissus assortis.

1

Rabattez un petit ourlet sur la circonférence des cercles, puis passez un fil de fronces.

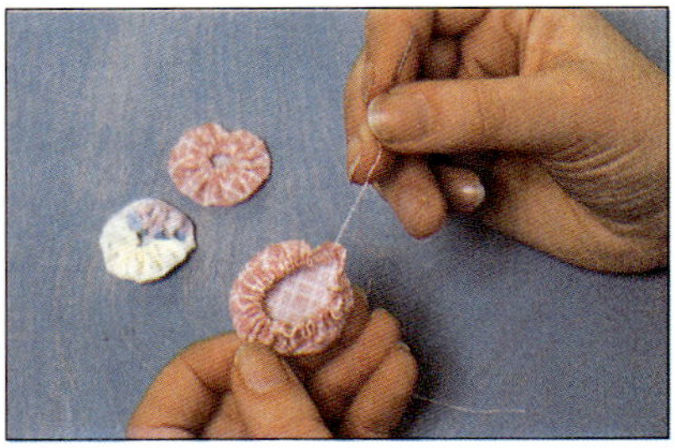

2

Tirez le fil pour froncer le tissu, puis arrêtez-le. Faites toutes vos rosettes selon ce principe.

3

Assemblez en cercle vos petites roses par six autour d'une rose centrale.

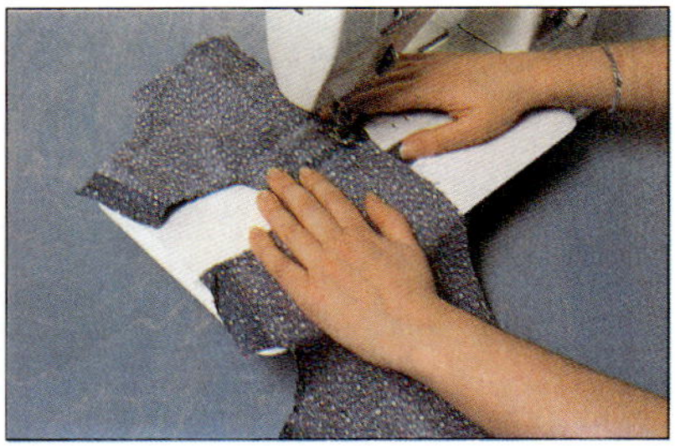

4

Assemblez deux devants du gilet à un dos en piquant les coutures des épaules. Faites de même avec les morceaux restants pour constituer la doublure. Écrasez les coutures. Épinglez la doublure au gilet, endroit contre endroit, en faisant coïncider les coutures des épaules. Cousez les bords extérieurs, en laissant les coutures latérales ouvertes. Nettoyez et crantez. Retourner l'ouvrage sur l'endroit et repassez. Épinglez les parties de devant au dos par les coutures des côtés. Piquez. Faites trois boutonnières et cousez trois boutons.

5

Piquez les deux motifs ronds sur les devants du gilet. Avec des fils à broder, soulignez les contours des motifs avec un point de grébiche, et prenez la doublure de manière à bien la fixer.

CHAPITRE III

LE STYLE ETHNIQUE

Le patchwork, l'appliqué et le matelassé se sont développés dans des pays de cultures et de traditions complètement différentes, donnant des résultats parfois très singuliers, et souvent à l'opposé de ce que l'on trouve sous nos latitudes occidentales. Vous découvrirez dans ce chapitre une mine d'idées, qu'il s'agisse de patchworks d'inspiration séminole, d'appliqués hawaïens, de quilts kantha du Bengale, ou encore d'appliqués San Blas, sans oublier le délicat travail de broderie appliquée des Vietnamiens et des Thaïlandais.

INTRODUCTION

Ci-dessus : *une interprétation moderne du kimono japonais traditionnel. Les motifs, appliqués avec des fils soyeux brillants, sont somptueux tout en restant sobres.*

Certains voyageurs aventureux, subjugués par la beauté et la maîtrise de certains objets d'artisanat indigène, les ont achetés pour les ramener chez eux et en décorer leur intérieur. Ils constituent maintenant pour eux des souvenirs de voyage très attachants, mais ils sont aussi ancrés dans la culture et l'artisanat des sociétés qui les ont produits. Le plus souvent, ces objets ont résisté au passage du temps, contrairement aux produits de nos sociétés occidentales en perpétuelle évolution, parce que soumis aux fluctuations de la mode. L'origine des motifs ethniques et la finalité des travaux d'aiguille s'enracinent dans des croyances et des traditions très anciennes. Dans certaines sociétés tribales, les motifs qui ornent les textiles ont une haute valeur symbolique : ils représentent la mythologie et expriment en même temps les superstitions. C'est ainsi que l'on trouve des vêtements richement ornés de motifs brodés et appliqués qui sont censés protéger du mal ceux qui les portent, et leur assurer les faveurs de la chance. Certains accessoires sont également considérés comme des talismans qui éloignent les mauvais esprits : les miroirs, les pompons, les pièces de monnaie ou de métal.

L'intérêt que l'on porte aux textiles imprimés ou tissés de motifs ethniques n'est pas nouveau, et, dans notre monde occidental, certaines traditions picturales et techniques trouvent leur origine dans des idées et des dessins importés autrefois d'Orient par les voies commerciales, et qui ont été adaptés aux goûts et aux besoins occidentaux. Ainsi, le matelassé cordé, qui apparut sans doute d'abord au Moyen-Orient, et fut importé en Europe par les marchands.

Les artisans des pays lointains, qu'il s'agisse de l'Orient, de l'Afrique ou de l'Océanie, ont eux aussi été influencés par les idées de l'Ouest, et surtout par les progrès techniques qui y apparaissaient. Cela apparaît clairement dans les appliqués hawaïens ou dans les patchworks séminoles. La technique d'appliqué hawaïen est née de la rencontre des femmes indigènes avec les missionnaires américains, vers 1820. Le motif ressemble à celui d'une frise en papier : on plie le tissu pour le découper comme on ferait pour une frise, puis on l'applique sur un tissu de fond. Les motifs s'inspirent de la faune et de la flore indigènes, et ils sont souvent surpiqués pour mettre en évidence les contours. Quant aux Indiens Séminoles de Floride, ils ont élaboré leur style très particulier de patchwork après l'introduction de la machine à coudre.

Ci-dessous : *ce couvre-lit moderne est magnifique. Ses couleurs et ses motifs s'inspirent de dessins tibétains traditionnels.*

L'appliqué se pratique dans le monde entier depuis bien des siècles. À l'origine, cette technique avait son utilité : rapiécer les tissus usés. Puis, elle est devenue une forme d'artisanat d'aiguille à part entière. Les plus vieux appliqués qui nous sont parvenus, en laine ou en peau, datent d'avant l'ère chrétienne. On pense que ce type d'appliqué apparut d'abord dans l'hémisphère nord, et il n'était qu'utilitaire. Mais très vite surgit un élément décoratif ; ainsi, dans l'Égypte ancienne, on décorait les tentes funéraires avec des appliqués.

Les textiles indiens sont sans doute les plus célèbres et les plus appréciés, et ce non seulement parce que l'Inde est une destination de voyage très courue, et que c'est le pays du mysticisme oriental mais leur succès vient aussi de la variété tant des matières que des coloris et des imprimés. Les couvertures matelassées kantha du Bengale ont la grande faveur des touristes qui les rapportent comme souvenirs. Elles sont constituées de plusieurs épaisseurs de coton blanc imprimé de motifs, et le matelassé s'obtient en soulignant les motifs et en les remplissant de rangs de points de devant au fil rouge ou bleu. Les motifs s'inspirent de la mythologie locale. Ces couvertures servent à protéger du froid l'hiver mais aussi à recouvrir les livres et les objets précieux. Les tentures en appliqué que l'on suspend dans les lieux de culte pour les cérémonies religieuses importantes ont également une grande portée symbolique, et elles sont souvent réalisées en soie et en coton. Elles se font quelquefois en appliqué inversé, dont la technique consiste à découper une épaisseur de tissu pour laisser apparaître le tissu du dessous. On rabat sur l'intérieur les bords vifs du tissu découpé, et on coud le motif évidé à points glissés au tissu de support.

À gauche : *mariage de l'Orient et de l'Occident. Le style et le tissu sont indiscutablement orientaux tandis que l'appliqué ombré est une technique occidentale.*

Au Vietnam, au Laos et en Thaïlande, il existe un artisanat de broderie et d'appliqué très caractéristique. Pour ce travail, d'une grande finesse, on découpe le tissu au fur et à mesure qu'on le brode de façon à créer des entrelacs de dentelle qui évoquent des images et des rythmes que l'on trouve dans la nature. On décore ainsi des chapeaux, des cols et des revers de veste ou de pantalon, ainsi que des couvre-lits et des draps.

L'une des techniques les plus célèbres d'appliqué inversé nous vient de la tribu indienne Kuna établie sur les îles San Blas, qui appartiennent au Panamá. Les Indiens de ces îles enrichissent avec ce type d'appliqué leurs *mola* (chemises à manches courtes). Leurs motifs, très typés, sont facilement reconnaissables : ils représentent certains animaux de leur mythologie, et parfois aussi – phénomène curieux – certains personnages politiques. Le travail se fait avec plusieurs épaisseurs de tissu, dont chacune est découpée de façon à découvrir celle du dessous. Parfois, on allie à la technique San Blas celle de l'appliqué inversé.

L'appliqué incrusté est une technique particulière qui s'utilise quand on ne cherche pas à réaliser un ouvrage solide, ou quand le motif doit se voir sur l'endroit et sur l'envers du tissu : pour une bannière, par exemple. Comme les bords vifs des deux étoffes se trouvent l'un contre l'autre, il faut choisir des tissus de même épaisseur. Les appliqués incrustés se réalisent selon deux méthodes : soit à la main, et dans ce cas il faut d'abord découper la forme à incruster et faire en sorte qu'elle corresponde exactement à l'emplacement dans lequel elle est prévue ; soit à la machine, en assemblant les deux épaisseurs de tissu, puis en piquant le contour du motif, et enfin en découpant selon cette piqûre le tissu du dessus, pour que le motif apparaisse.

Vous trouverez dans ce chapitre une grande variété de projets qui font appel à des techniques pratiquées dans le monde entier. Certains de ces projets s'inspirent directement d'artisanats lointains. D'autres en sont une interprétation occidentalisée. À vous de réaliser les ouvrages tels qu'ils vous sont présentés ou, au contraire, d'emprunter les techniques qu'ils requièrent pour les adapter à d'autres ouvrages. Quel que soit votre choix, vous en tirerez autant de plaisir que de satisfaction, et vous aurez aussi l'impression de faire pénétrer chez vous les richesses artisanales du monde entier.

SAC EN PATCHWORK

Ce sac très coloré est fabriqué avec un morceau de patchwork à motifs courbes, qui créent un effet de vagues grâce à la façon dont sont assemblés les blocs.

FOURNITURES

un carré de toile turquoise de 50 cm (20 po) de côté

des ciseaux de tailleur

1 m x 90 cm (1 yd x 36 po) de toile noire

1 m x 90 cm (1 yd x 36 po) de tissu de doublure noir

du papier et un crayon

du carton

un carré de tissu de coton imprimé de 40 cm (16 po) de côté

des épingles

une machine à coudre

des fils coordonnés

un fer à repasser

80 cm (32 po) de passepoil étroit

de la toile d'assemblage thermocollante

60 cm (24 po) de biais de 2 cm (3/4 po) de large

une aiguille et du fil à faufiler

7 œillets de cuivre de 1 cm (1/2 po) de diamètre

2 m (2 yd) de gros cordon

FINITION

Faufilez la doublure au patchwork, envers contre envers. Assemblez le fond du sac en prenant dans la couture l'étroit passepoil et les bandes de biais noir. Collez la toile d'assemblage à la bande turquoise, et rabattez un petit ourlet en haut et en bas de la bande. Épinglez au sac. Placez vos œillets dans la bande en les espaçant régulièrement, et cousez la bande en haut du sac. Cousez le dernier œillet au fond du sac. Enfilez le cordon dans les œillets et attachez-le au dernier œillet, en bas du sac.

PRÉPARATION

Le sac, constitué de 24 blocs carrés, mesure 75 cm (30 po) de haut sur 50 cm (20 po) de large. Dans le tissu turquoise, confectionnez une bande de 8 x 80 cm (3 x 32 po). Dans la toile noire, coupez un rond de 30 cm (12 po) de diamètre qui constituera le fond du sac, ainsi que des bandes de biais pour le passepoil. Coupez dans la doublure un rond de même diamètre, puis un rectangle de 55 x 85 cm (21 1/2 x 34 po).

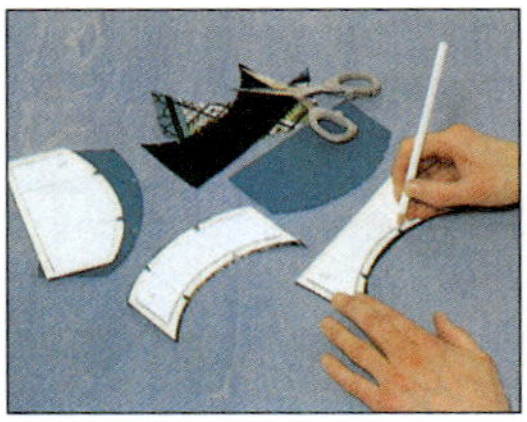

1

Reproduisez les trois gabarits de la page 249 sur le carton. Dans chacun des tissus, découpez 24 morceaux comme suit : gabarit 1 pour le tissu noir, gabarit 2 pour l'imprimé, et gabarit 3 pour le turquoise. Marquez les encoches et crantez les arrondis.

2

En travaillant à partir du centre, assemblez trois morceaux de tissu différents en faisant coïncider les encoches de manière à obtenir un bloc. Repassez les blocs.

3

Disposez vos pavés de sorte que les courbes forment des vagues, comme vous le voyez ci-dessus. Assemblez-les ensuite par quatre, puis en un seul morceau de six blocs dans un sens et quatre dans l'autre.

POCHON MATELASSÉ

Grâce à ses poches et à son fond matelassés, ce sac en toile est très robuste, et vous pourrez donc l'utiliser en voyage. Chez vous, il vous servira à ranger les draps propres de la chambre d'amis, et vous remplirez ses poches de savon, de serviettes et – pourquoi pas ? – d'un tube de dentifrice, destinés à vos invités.

FOURNITURES

3 m x 90 cm (3 yd x 36 po) de toile

50 x 90 cm (20 x 36 po) de velours de coton à côtes (velvet)

1 m (1 yd) de molleton

des ciseaux de tailleur

un feutre de couturière

des épingles

une aiguille et du fil à faufiler

une machine à coudre

du fil assorti

7 œillets de 1 cm (1/2 po) de diamètre

2 m (2 yd) de gros cordon de coton

PRÉPARATION

Pour le fond du sac, coupez un rond de toile, un autre de velours et un troisième de molleton. Ces ronds doivent avoir 43 cm (17 po) de diamètre. Pour les poches, mesurez la circonférence du cercle et découpez un morceau de toile de cette longueur sur 45 cm (18 po) de haut. Pliez cette bande en deux dans le sens de la longueur, et garnissez avec le molleton. Épinglez. Pour le sac, coupez un autre morceau de toile d'une longueur égale à la circonférence du cercle, et de 60 cm (24 po) de haut. Coupez ensuite cinq bandes de toile de 8 x 55 cm (3 x 21 1/2 po), une de 8 x 65 cm (3 x 26 po) et une de 5 x 8 cm (2 x 3 po). Coupez un large biais pour border la circonférence du fond du sac.

1

Placez le rond en molleton entre la toile et le velours, et faufilez. Piquez en spirale à la machine, en commençant par le centre. Faufilez de la même manière la bande des poches, et surpiquez-la en lignes parallèles. Enlevez les faufils.

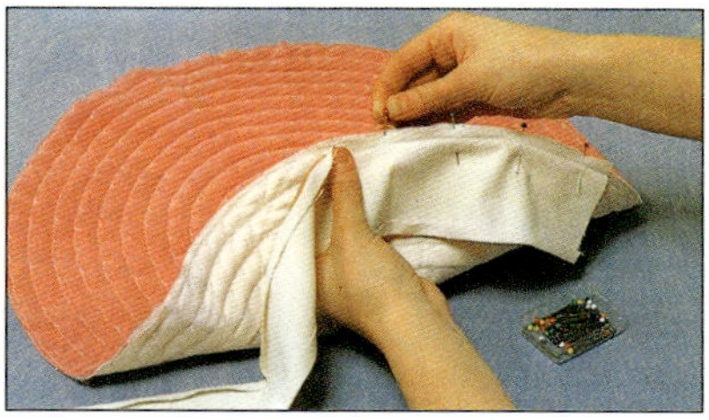

2

Assemblez la bande de biais sur le fond du sac. Cousez la bande de toile courte sur la plus longue, à 5 cm (2 po) d'une extrémité. Repliez ces centimètres sur la toile courte, faufilez puis surpiquez d'un carré. Insérez un œillet.

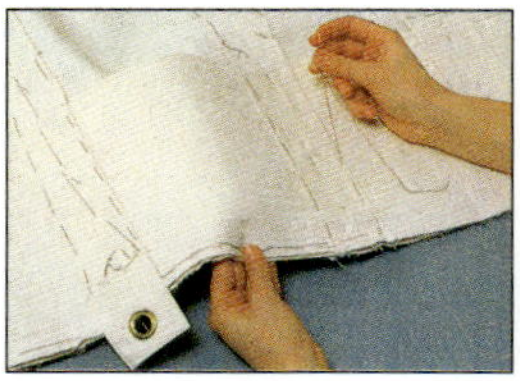

3

Épinglez la bande pour les poches et la bande faite lors de l'opération 2 à la partie inférieure du sac. Il faut que l'œillet dépasse de 4 cm (1 1/2 po) du fond du sac. Cousez les autres bandes au corps du sac à points glissés.

FINITION

Ourlez le haut du sac vers l'extérieur, d'abord de 1 cm (1/2 po) puis deux fois de 5 cm (2 po). Repassez et cousez à points glissés. Assemblez le fond du sac au côté. Placez les œillets dans les bandes en haut du sac, et enfilez le cordon.

COUVERTURE DE LANDAU EN CRAZY PATCHWORK

Les *crazy patchworks* permettent d'employer des chutes de tissu inutilisables autrement. Néanmoins, comme dans tout patchwork, les plus réussis sont réalisés avec un nombre limité de couleurs et d'imprimés complémentaires.

FOURNITURES

1 m x 90 cm (1 yd x 36 po) de tissu de coton uni

des ciseaux de tailleur

des chutes de tissus de coton assortis

un fer à repasser

50 x 90 cm (20 x 36 po) de toile d'assemblage thermocollante

une machine à coudre

des fils coordonnés

70 x 90 cm (28 x 36 po) de molleton

70 x 90 cm (28 x 36 po) de tissu de doublure

PRÉPARATION

Pour les bandes intercalaires, découpez sept rectangles unis de 21 x 7 cm (8 1/4 x 2 3/4 po) et dix de 21 x 8,5 cm (8 1/4 x 3 1/4), puis préparez-les comme indiqué à la page 20. Dans les chutes de tissus assortis, découpez de quoi faire deux carrés en patchwork de 7 cm (2 3/4 po) de côté, quatre de 8,5 cm (3 1/4 po) de côté, et six blocs rectangulaires de 7 x 8,5 cm (2 3/4 x 3 1/4 po). Découpez ce qu'il vous reste de tissu uni en six carrés de 21 cm (8 1/4 po) de côté.

FINITION

Prenez le molleton entre le patchwork et le tissu de doublure. Faufilez les trois épaisseurs ensemble. Recoupez le molleton pour qu'il dépasse de 2 cm (3/4 po) des bords. Rabattez ensuite la doublure sur le pourtour du patchwork et rentrez les angles en onglet.

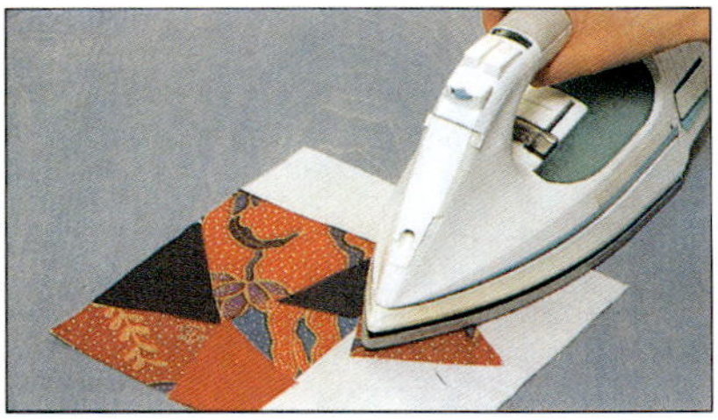

1

Collez la toile thermocollante aux carrés de tissu uni, puis enlevez le papier de protection. Disposez les chutes de tissu sur la toile d'assemblage. Travaillez les petits morceaux de tissu bord à bord, et repassez bien.

2

Piquez votre patchwork à la machine, au point zigzag, sur les carrés de coton. Assemblez ensuite ces derniers par bandes, puis les bandes entre elles, et assemblez enfin aux bandes intercalaires.

COUVERTURE DE BERCEAU

Cette adorable petite couverture matelassée se compose de douze carrés de couleurs coordonnées. Ces carrés sont ornés d'appliqués naïfs représentant des animaux et des fleurs. Choisissez un imprimé simple et d'inspiration ethnique pour la doublure et les appliqués.

FOURNITURES

40 x 90 cm (16 x 36 po) de percale écrue

20 x 90 cm (8 x 36 po) de percale verte

20 x 90 cm (8 x 36 po) de percale jaune

des ciseaux de tailleur

du carton et un crayon

un cutter

un feutre de couturière

des chutes de toile d'assemblage thermocollante

un fer à repasser

1 m x 90 cm (1 yd x 36 po) de tissu de coton imprimé

une machine à coudre

du fil coordonné

du fil à broder

une aiguille à broder

1 m x 90 cm (1 yd x 36 po) de calicot

1 m (1 yd) de molleton

PRÉPARATION

Coupez les percales unies en carrés de 20 cm (8 po) de côté : il vous en faut six écrus, quatre verts et deux jaunes. Agrandissez les motifs ci-dessous, et découpez-les dans le carton. Reproduisez les contours des gabarits ainsi obtenus sur la toile d'assemblage, puis découpez. Collez dessus des chutes de tissus assortis et découpez.

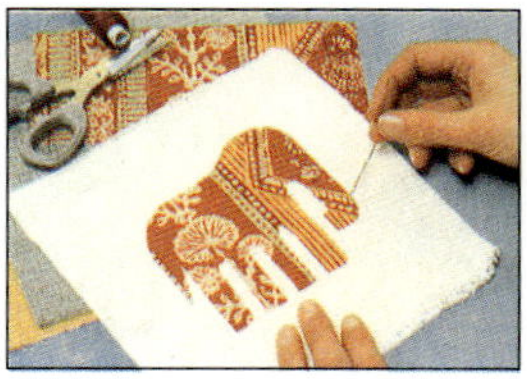

1

Collez les motifs sur les carrés de percale écrue, et reprenez les contours à la machine, au point zigzag. Rebrodez-les ensuite à la main.

PÉTALE ET CŒUR DE FLEUR
À AGRANDIR DE 50 %

ÉLÉPHANT À AGRANDIR
DE 50 %

OISEAU À AGRANDIR
DE 50 %

FINITION

Assemblez les carrés par bandes, puis celles-ci entre elles. Découpez le calicot et le molleton aux dimensions du patchwork, puis découpez un morceau de tissu imprimé de 8 cm (3 po) plus grand sur les quatre côtés. Intercalez le molleton entre le patchwork et le calicot, et placez le tout sur le tissu imprimé. Rabattez les bords du tissu imprimé tout autour du patchwork et cousez à points d'ourlet.

MANIQUE DOUBLE EN APPLIQUÉ SAN BLAS

On a choisi des superpositions de tissus de couleurs vives pour cette double manique. L'oiseau, dont les détails montrent les différentes épaisseurs de tissu, est typique des motifs que les Indiens des îles San Blas affectionnent.

FOURNITURES

du papier de couturière

des ciseaux de tailleur

90 x 45 cm (36 x 18 po) de tissu de coton rouge

90 x 45 cm (36 x 18 po) de tissu de coton bleu

90 x 45 cm (36 x 18 po) de feutrine blanche

un feutre de couturière

40 x 23 cm (16 x 9 po) de tissu de coton jaune

40 x 23 cm (16 x 9 po) de tissu de coton vert

du papier et un crayon

des épingles

des ciseaux à broder

une aiguille à broder

des fils à broder rouge, bleu et vert

un fer à repasser

25 cm (10 po) de biais rouge de 2,5 cm (1 po)

PRÉPARATION

Coupez dans le papier de couturière un rectangle de 75 x 18 cm (30 x 7 po) et arrondissez-en les deux extrémités. Avec ce gabarit, découpez un morceau de tissu rouge, un de bleu, et un de feutrine. Coupez ensuite votre patron à 20 cm (8 po) de l'une de ses extrémités, selon une ligne droite et découpez deux maniques rouges, deux jaunes, deux vertes, quatre bleues et quatre en feutrine blanche.

1

Superposez les épaisseurs de tissu : pour chaque manique, il vous faut une pièce bleue, une jaune, une verte, une bleue et une rouge. Écartez la première pièce bleue, et faufilez les autres dans l'ordre donné. Agrandissez le motif d'oiseau page 249 et dessinez-le deux fois sur du papier.

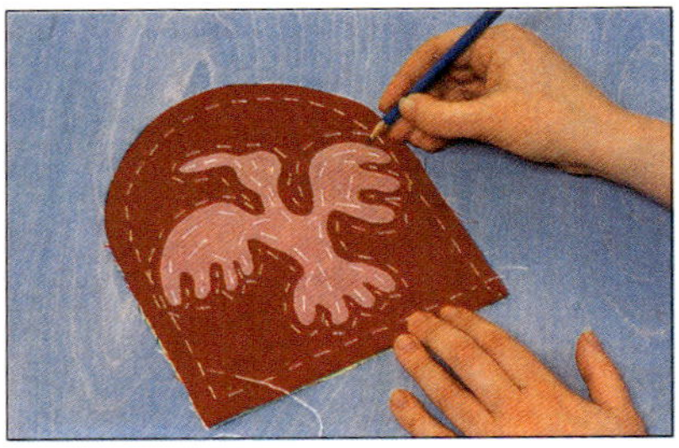

2

Découpez l'un des oiseaux, disposez-le sur une manique et dessinez ses contours au crayon. Enlevez le papier et doublez la ligne des contours à 5 mm (1/4 po) à l'intérieur. Vous devrez découper en suivant cette ligne.

3

Découpez ainsi le tissu rouge en prévoyant un petit repli. Crantez les courbes. Cousez le repli au fil rouge en prenant toutes les épaisseurs de tissu.

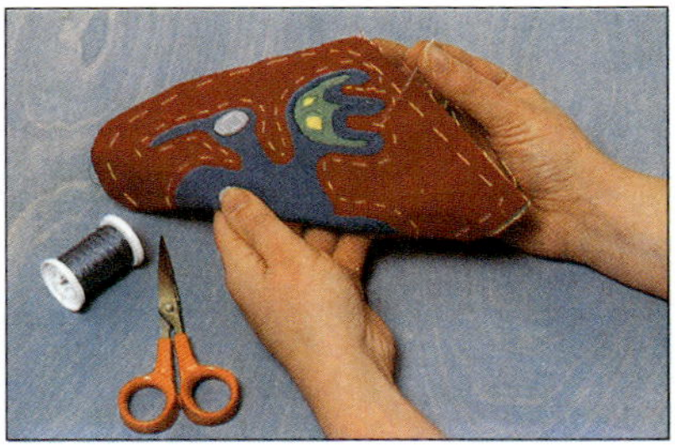

4

Dessinez les motifs des ailes, de la tête et de la queue dans le tissu bleu. Découpez comme précédemment pour qu'apparaisse le tissu vert, et faites un petit repli dans le tissu bleu. Cousez. Répétez l'opération pour les pastilles jaunes, et cousez chaque fois les replis en prenant toutes les épaisseurs. Enlevez les faufils, qui maintenaient les épaisseurs ensemble. Faufilez ensuite le dernier morceau de tissu bleu au morceau de tissu jaune. Bordez le côté rectiligne de la manique avec le biais. Faites l'appliqué de la seconde manique comme vous avez fait le premier.

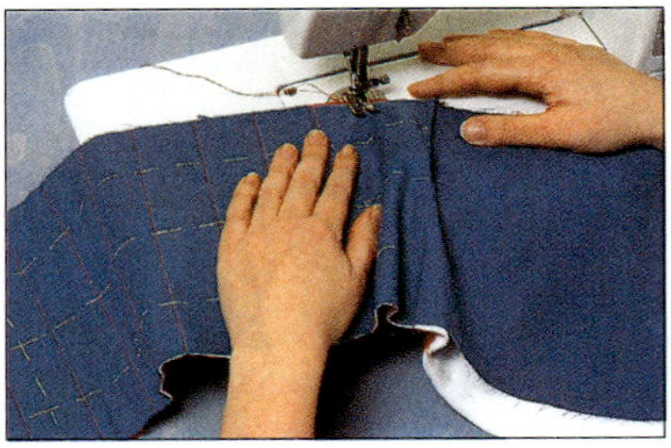

5

Faufilez vos petites pièces de feutrine à chaque extrémité du long rectangle en feutrine. Placez sur le tissu bleu et faufilez les deux épaisseurs. Faites des surpiqûres au fil rouge dans le sens de la largeur tous les 4 cm (1 1/3 po), sur toute la longueur. Enlevez les faufils. Faufilez la bande rouge de l'autre côté de la feutrine. Disposez les maniques aux extrémités de la bande bleue, l'appliqué San Blas sur l'extérieur. Faufilez, puis piquez sur tout le pourtour. Dissimulez les bords vifs arrondis avec un biais, puis formez une bride à l'aide d'un biais au milieu de la bande longue pour suspendre la manique.

COUSSIN EN APPLIQUÉ SAN BLAS

Ce panneau en appliqué San Blas a été réalisé dans des tissus de coton de couleurs vives, puis cousu sur un fond de toile de jute dont on a effrangé le bord. Ce fond a été appliqué ensuite sur une housse de coussin en jute, elle aussi.

FOURNITURES

50 x 90 cm (20 x 36 po) de tissu de coton rouge

50 x 90 cm (20 x 36 po) de tissu de coton jaune

50 x 90 cm (20 x 36 po) de tissu de coton vert

50 x 90 cm (20 x 36 po) de tissu de coton bleu

des ciseaux de tailleur

du papier et un crayon

une aiguille et du fil à faufiler

une aiguille à broder, et des fils à broder jaune, bleu, rouge, vert et écru

des ciseaux à broder

80 x 90 cm (32 x 36 po) de toile de jute

une machine à coudre

des fils coordonnés

une garniture de coussin de 40 cm (16 po) de côté

PRÉPARATION

Coupez plusieurs carrés de 20 cm (8 po) de côté : trois rouges, deux jaunes, un vert et un bleu. Empilez-les dans l'ordre suivant : rouge, jaune, vert, rouge, jaune, bleu, rouge, et faufilez toutes les épaisseurs ensemble. Agrandissez le motif ci-contre et reportez-le sur le premier carré de tissu. Travaillez l'oiseau de la même manière que pour les motifs de la double manique (voir p. 142), et piquez à la machine tout le tour des carrés appliqués, à 1 cm (1/2 po) des bords. Découpez dans le jute deux carrés de 43 cm (17 po) de côté pour la housse de coussin et un carré de 28 cm (11 po).

1

Épinglez le motif en appliqué San Blas sur le petit carré de juste. À la machine à coudre, sur le mode zigzag, faites un point de bourdon tout autour de l'appliqué. À l'aide d'une épingle, effrangez les quatre bords du carré de jute. Confectionnez une housse de coussin comme expliqué à la page 25.

AGRANDIR DE 50 %

SAC EN APPLIQUÉ SAN BLAS

Le devant de ce sac très coloré est constitué de neufs carrés, dont certains en appliqué. Les motifs – un papillon, un paon, un poisson, une grenouille et un serpent – sont typiques des îles San Blas.

FOURNITURES

45 x 71 cm (18 x 28 po) de tissu de coton rouge

une machine à coudre

du fil rouge

25 x 90 cm (10 x 36 po) de tissu de coton rouge

25 x 90 cm (10 x 36 po) de tissu de coton jaune

25 x 90 cm (10 x 36 po) de tissu de coton bleu

25 x 90 cm (10 x 36 po) de tissu de coton vert

des ciseaux de tailleur

du papier-calque et un crayon

des épingles

une aiguille à broder

des fils à broder rouge, jaune, bleu et vert

des ciseaux à broder

1 m (1 yd) de cordon épais

PRÉPARATION

Pour confectionner le sac, piquez à la machine un ourlet de 5 cm (2 po) sur l'un des côtés longs du grand morceau de tissu rouge. Découpez ensuite dans les tissus de coton un nombre de carrés suffisant pour avoir neuf pièces de 11 cm (4 1/2 po) de côté. Superposez les différentes couleurs, et faufilez ensemble. Agrandissez les motifs ci-contre, et reportez-les sur vos superpositions. Travaillez les appliqués San Blas comme expliqué pour la double manique, à la page 142.

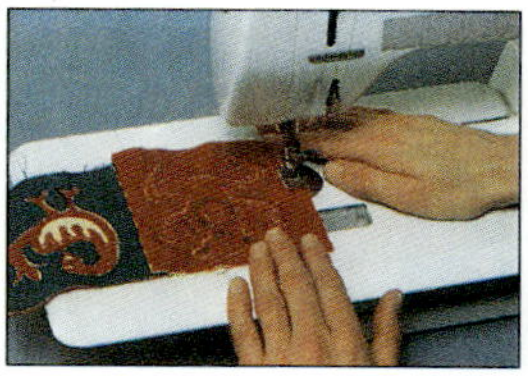

1

Assemblez vos pavés par bandes de trois, puis joignez celles-ci pour obtenir un carré.

FINITION

Épinglez votre patchwork sur l'un des côtés du tissu rouge, en restant bien parallèle au bord inférieur. À la machine, piquez au point zigzag le patchwork sur le sac. En travaillant endroit contre endroit, pliez le tissu du sac en deux, et assemblez comme expliqué à la page 25. Enfilez le cordon dans la glissière, et nouez ses extrémités.

AGRANDIR DE 50 %

GILET APPLIQUÉ POUR ENFANT

Les poches de ce gilet sont travaillées en appliqué inversé et repiquées à la machine au point de bourdon. On les a ensuite cousues sur les devants de ce charmant gilet d'enfant.

FOURNITURES

un patron de gilet pour une taille de 60 cm (24 po) de tour de poitrine

50 x 90 cm (20 x 36 po) de satin de coton rouge

50 x 90 cm (20 x 36 po) de satin de coton jaune

des ciseaux de tailleur

un carré de satin de coton vert de 25 cm (10 po) de côté

un carré de satin de coton bleu de 25 cm (10 po) de côté

une aiguille et du fil à faufiler

du papier et un crayon

une machine à coudre

des fils machine bleu, jaune, vert et rouge

des ciseaux à broder

une aiguille à broder et du fil à broder rouge

un crayon de couturière

PRÉPARATION

Dans le tissu jaune, coupez le dos et les deux devants du gilet. Faites de même dans le tissu rouge. Pour les deux poches, coupez plusieurs carrés de 12,5 cm (5 po) de côté : quatre rouges, trois jaunes, deux verts et deux bleus. Décalquez les motifs de la page 249. Pour la grenouille, prenez un carré bleu, un jaune, un vert, un jaune et un rouge. Faufilez ensemble. Pour le serpent, il vous faut un carré bleu, un jaune, un rouge et un vert. Faufilez ensemble. Agrandissez les motifs, et reportez-les sur chaque poche en ajoutant 1 cm (1/2 po) tout autour.

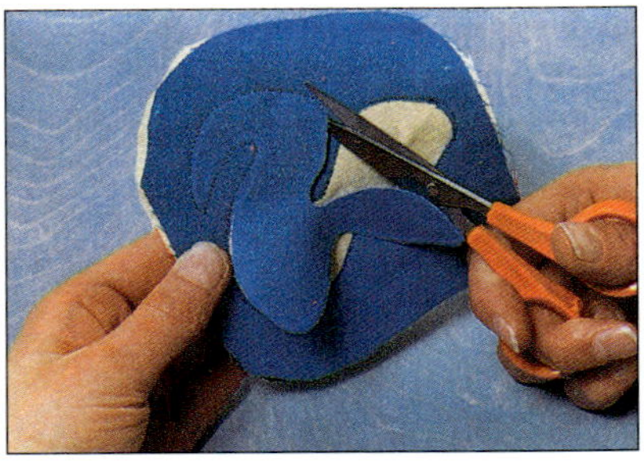

1

Pour la première poche, piquez à la machine les contours de la grenouille dans le tissu bleu. Coupez à l'intérieur des contours pour découvrir le tissu jaune.

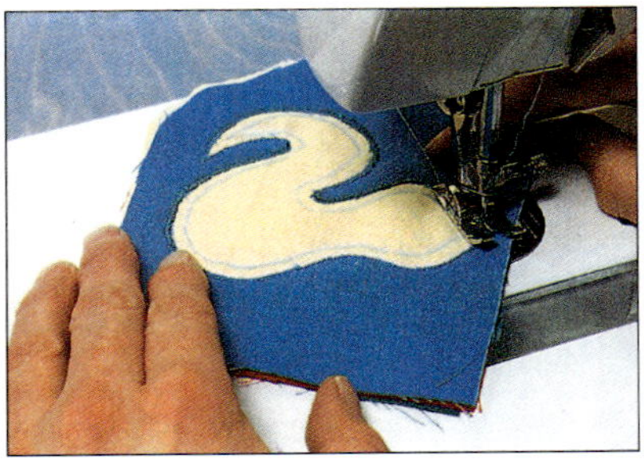

2

Piquez le bord vif en bleu. Piquez de nouveaux contours dans le jaune, et découpez comme précédemment pour découvrir le vert, puis bordez les contours jaunes.

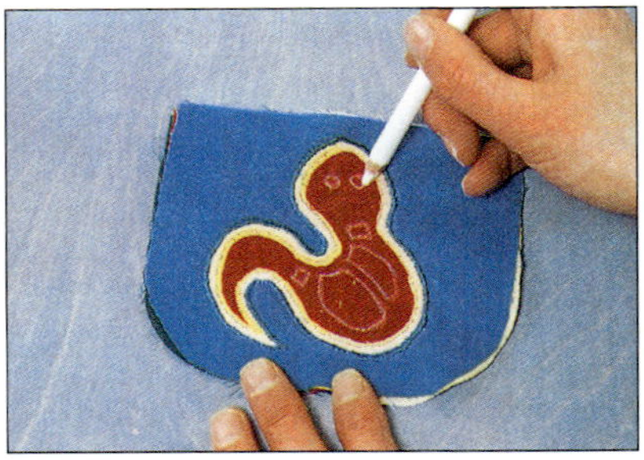

3

Tracez enfin un rond sur le corps bleu de la grenouille, ainsi que ses yeux et sa bouche. Piquez le contour de ces dessins, et découpez l'intérieur pour laisser apparaître le dernier tissu jaune. Brodez à la machine au point de bourdon. Dessinez un tout petit cercle au milieu du motif central, piquez-le, puis découpez pour qu'apparaisse le tissu rouge. Surpiquez au point de bourdon.

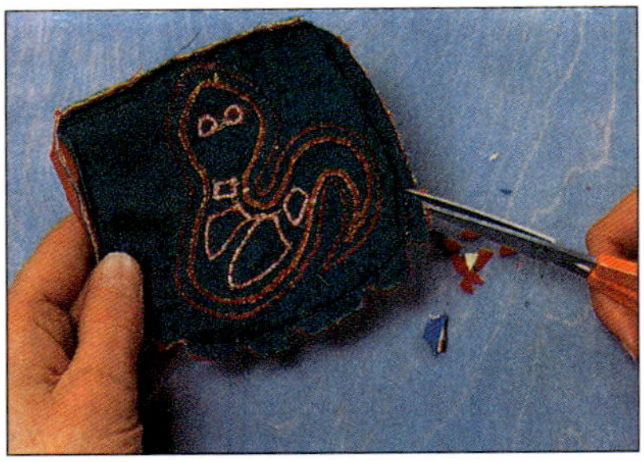

4

En travaillant endroit contre endroit, piquez une doublure rouge à la poche, en laissant une ouverture de 5 cm (2 po). Crantez les courbes.

FINITION

Repassez la poche, retournez sur l'endroit, et refermez l'ouverture à points glissés. Faites l'autre poche en travaillant de la même manière le motif du serpent. Épinglez puis faufilez les poches sur le devant du gilet, et cousez à gros points avec le fil à broder rouge. Confectionnez le gilet comme indiqué sur le patron.

POCHE À AGRANDIR DE 50 %

CARTES DE VŒUX

Les Indiens Séminoles pratiquent toujours cette technique de patchwork qui consiste à assembler des bandes dans plusieurs tissus, que l'on recoupe pour les recoudre à nouveau. Ici, les bandes de papier sont assemblées au point zigzag et constituent un étonnant dessin que l'on a appliqué sur des cartes.

FOURNITURES

un choix de papiers de couleur

un crayon

des ciseaux à papier

une machine à coudre

des fils coordonnés

du carton

du vernis pour papier

1

Découpez deux bandes de papier de 3 cm (1 1/4 po) de large et trois de 1 cm (1/2 po). Disposez les trois bandes les plus étroites entre les deux plus larges, et assemblez à la machine au point zigzag moyen. Les bandes doivent se chevaucher.

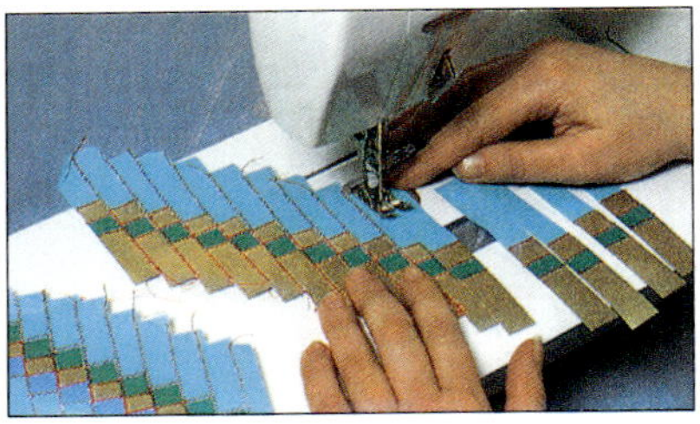

2

Découpez la pièce ainsi obtenue en morceaux de 1 cm (1/2 po) de large, puis décalez-les légèrement comme vous le voyez ci-dessus. Faites-les se chevaucher et assemblez-les à la machine au point zigzag. Faites deux autres morceaux selon le même principe.

3

Découpez deux bandes de 3 cm (1 1/4 po), deux de 1 cm (1/2 po) et une centrale de 2 cm (3/4 po). Disposez les bandes étroites de part et d'autre de la bande centrale, puis les deux bandes larges. Assemblez et découpez en bandes de 2 cm (3/4 po) de large.

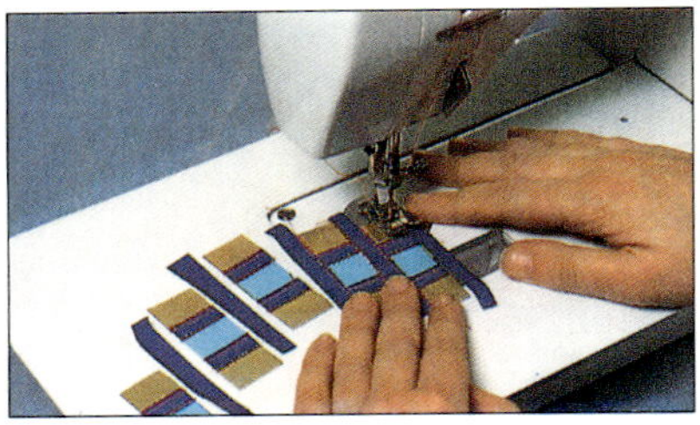

4

Dans un autre papier, coupez des bandes de 1 cm (1/2 po) de large. Décalez les bandes de patchwork comme précédemment, et, comme vous le voyez ci-dessus, intercalez des bandes unies, faites-les se chevaucher et assemblez à la machine au point zigzag.

5

Coupez une bande étroite selon la diagonale des carrés. Insérez la bande étroite entre les deux morceaux plus grands, faites chevaucher et assemblez.

6

Agrandissez le gabarit à gauche, et reportez-le sur la pièce de patchwork. Découpez votre motif.

AGRANDIR DE 25 %

FINITION

Découpez un morceau de carton de 15 x 25 cm (6 x 10 po) et pliez-le par le milieu. Piquez le motif en place, et recouvrez-le de vernis pour papier.

Couverture de carnet

On a recouvert ce carnet avec un patchwork séminole. Le papier est découpé en biais puis assemblé pour former des losanges. Faites deux couvertures assorties : l'une pour votre carnet d'adresses, et l'autre pour votre agenda.

Fournitures

un carnet
du carton
un choix de papiers de couleur
un crayon
un cutter
des ciseaux à papier
une machine à coudre
des fils coordonnés
de la colle à papier
du vernis pour papier

Préparation

Ouvrez le carnet et posez-le à plat sur le carton. Dessinez-en les contours. Découpez ensuite au cutter, en vous aidant d'une règle. Pliez le carton en deux, et écrasez bien selon la ligne de pliure.

1

Découpez les papiers en bandes de 2 cm (3/4 po) de large. À la machine, assemblez au point zigzag les bandes en une seule pièce, après avoir disposé les couleurs selon votre goût. Coupez la pièce ainsi obtenue en bandes de 2 cm (3/4 po) de large, et selon un angle, par rapport au droit-fil, comme vous le voyez ci-dessus.

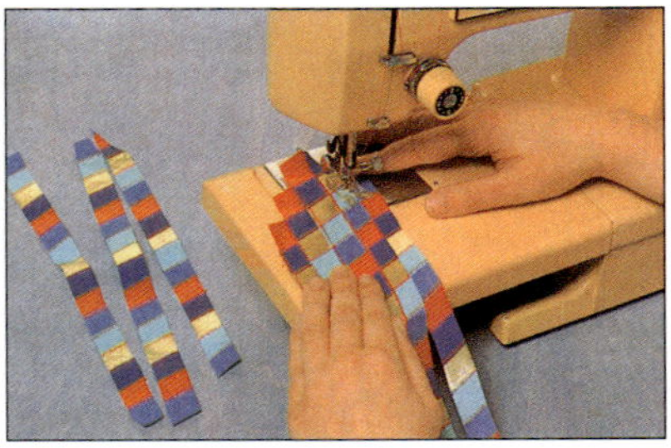

2

Assemblez ensuite ces bandes en les décalant de manière à obtenir des losanges étirés dans le sens de la longueur. Assemblez à la machine au point zigzag.

Finition

Coupez dans le patchwork ainsi réalisé un rectangle, et collez-le sur votre carton. Laissez sécher, puis recoupez à la dimension exacte. Enduisez ensuite de vernis et, une fois le vernis sec, collez la couverture au carnet.

CINTRE CAPITONNÉ

Les cintres ainsi capitonnés sont très pratiques car ils ne déforment pas les vêtements. Vous recouvrirez celui-ci d'un patchwork séminole réalisé avec des morceaux de ruban de satin : l'effet sera très raffiné.

FOURNITURES

un cintre en bois de 40 cm (16 po) environ

un centimètre

des chutes de molleton

des ciseaux de tailleur

une aiguille et du fil à faufiler

trois fois 50 cm (20 po) de ruban de satin de 5 cm (2 po) de large et de trois couleurs différentes

une machine à coudre

du fil coordonné

un feutre de couturière

des chutes de ruban

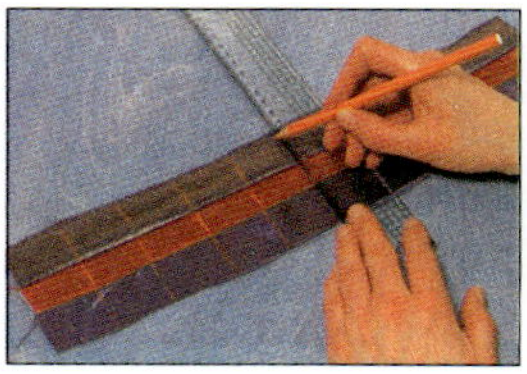

1

Assemblez les rubans à la machine. Coupez-les ensuite en bandes de 5 cm (2 po), que vous aurez mesurées comme vous le voyez ci-dessus.

2

Disposez les bandes en les décalant les unes par rapport aux autres, comme ci-dessus, et en les inversant. Assemblez ainsi deux patchworks d'égale longueur. Endroit contre endroit, cousez-les ensemble tout autour, en ménageant une ouverture centrale sur le haut.

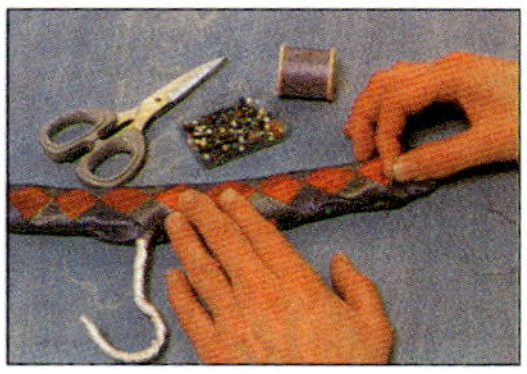

3

Retournez sur l'endroit. Placez le cintre à l'intérieur. Faites sortir son crochet par l'ouverture, puis refermez la couture du bas à points glissés après avoir replié les bords vifs sur l'intérieur.

PRÉPARATION

Découpez un morceau de molleton aux dimensions du cintre. Enroulez-le autour du cintre et faufilez en place.

FINITION

Enroulez une longueur de ruban autour du crochet métallique, et cousez en place. Faites un petit nœud décoratif avec un morceau de ruban de couleur contrastée.

ÉTIQUETTES POUR CADEAUX

Ces étiquettes sont réalisées dans un patchwork de bandes de papiers de couleur. Vous pourriez aussi faire ce patchwork avec du papier cadeau à motifs. L'assemblage se fait selon la technique du patchwork séminole.

FOURNITURES

un choix de papiers de couleur
des ciseaux à papier
une machine à coudre
des fils coordonnés
du carton
de la colle à papier
du vernis pour papier
un emporte-pièce
des chutes de ruban

PRÉPARATION DU PREMIER MOTIF

Dans un des papiers de couleur, coupez deux bandes de 2 cm (3/4 po) de large et, dans un autre, une de 1 cm (1/2 po) de large. Disposez la bande étroite entre les deux larges. Faites-les se chevaucher et assemblez à la machine au point zigzag. Coupez ensuite deux bandes de 2 cm (3/4 po) de large dans deux autres papiers, et une bande de 1 cm (1/2 po) de large dans un troisième. Disposez et assemblez comme précédemment.

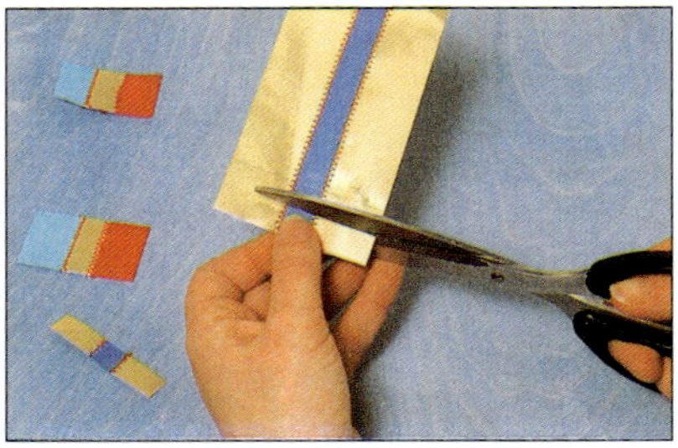

1

Découpez le premier assemblage en bandes de 1 cm (1/2 po) de large, et le second en bandes de 2 cm (3/4 po) de large.

2

Disposez comme ci-dessus avec une bande étroite entre deux larges, puis assemblez au point zigzag.

PRÉPARATION DU SECOND MOTIF

Coupez dans deux papiers différents une bande de 2 cm (3/4 po) de large, et dans deux autres, une de 1 cm (1/2 po) de large. Disposez les bandes étroites entre les larges, en chevauchant, puis assemblez au point zigzag. Découpez trois autres bandes différentes : une de 3 cm (1 1/4 po) de large, une autre de 2 cm (3/4 po) et une de 1 cm (1/2 po). Disposez la bande étroite entre les deux bandes larges, puis assemblez.

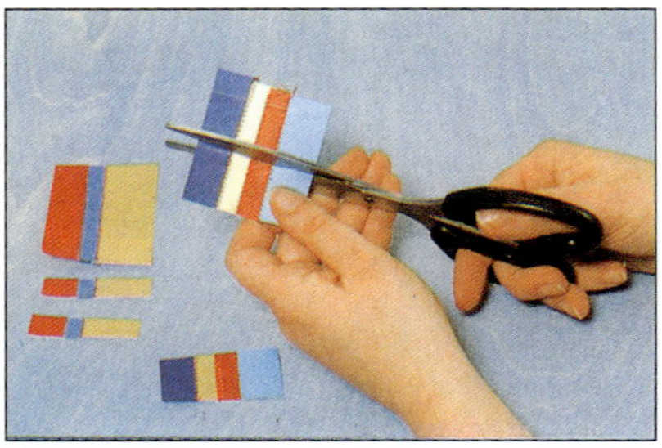

1

Découpez une pièce en bandes de 2 cm (3/4 po) de large, et l'autre en bandes de 1 cm (1/2 po) de large.

2

Disposez comme ci-dessus, avec deux bandes étroites entre deux larges, et piquez au point zigzag.

FINITION

Découpez deux morceaux de carton à la dimension voulue, et collez-y les patchworks en papier. Vernissez, et laissez sécher. Avec l'emporte-pièce, faites un trou dans l'un des angles de chaque étiquette, et enfilez-y un morceau de ruban.

Couverture en matelassé sashiko

La technique de matelassé *sashiko* est apparue au XVIIIe siècle au Japon, où elle servait à confectionner des vêtements isolants pour les pompiers. Elle consiste à maintenir le molleton entre deux épaisseurs de tissu indigo, grâce à des points devant blancs. Plus les points sont rapprochés, plus le travail est solide.

Fournitures

du carton

un crayon

un cutter

2 m x 90 cm (2 1/4 yd x 36 po) de tissus assortis unis et imprimés

des ciseaux de tailleur

1,30 x 1,60 m (52 x 64 po) de molleton

une machine à coudre

du fil coordonné

un fer à repasser

des épingles

1,30 x 1,60 m (52 x 64 po) de tissu de coton pour doubler la couverture

un feutre de couturière

du fil à matelasser blanc

une aiguille à tapisserie

Préparation

Découpez trois gabarits carrés dans le carton : un de 11 cm (4 1/2 po) de côté, un de 5 cm (2 po) et un de 3 cm (1 1/4 po). Avec le grand gabarit, découpez 180 carrés dans les tissus assortis unis et imprimés.

1

Avec les petits gabarits, dessinez trois carrés sur chacun des carrés de tissu uni : deux en diagonale par rapport au sens du tissu, et reproduisez une seconde fois le plus petit en droit-fil.

2

Disposez les carrés de tissu pour en avoir 12 dans le sens de la largeur et 15 dans le sens de la longueur. Assemblez en bandes comme expliqué à la page 20. Repassez en couchant les coutures en sens alterné. Assemblez ensuite les bandes.

3

Intercalez le molleton entre le patchwork et le tissu prévu pour le fond. Épinglez puis faufilez les trois épaisseurs ensemble. Matelassez ensuite en suivant les carrés dessinés sur les pièces de tissu uni. Utilisez du fil à matelasser blanc.

Finition

Retaillez d'abord le molleton à la dimension exacte du patchwork, puis le tissu de fond pour qu'il dépasse de 2 cm (3/4 po) tout autour. Rabattez la doublure sur le patchwork en écrasant bien les angles. Cousez à points glissés.

POCHETTE MATELASSÉE SASHIKO

Vous façonnerez sans difficulté un petit morceau de matelassé *sashiko* en pochette. Faites d'abord le carré matelassé, puis suivez bien les instructions pour le transformer en pochette.

FOURNITURES

2 m x 90 cm (2 yd x 36 po) de tissu de coton bleu

des ciseaux de tailleur

un feutre de couturière

un carré de 1 m (1 yd) de côté de molleton

une aiguille et du fil à faufiler

du fil à matelasser blanc

une aiguille à matelasser

des ciseaux à broder

une machine à coudre

du fil coordonné

4 m (4 yd) de biais rose

une perle ou un bouton

PRÉPARATION

Coupez le tissu bleu en deux carrés de 1 m (1 yd) de côté. Au centre de l'un d'eux, tracez un carré de 75 cm (30 po) de côté. Dessinez un losange à l'intérieur de ce carré central. Intercalez le molleton entre les deux carrés de coton, et faufilez d'abord sur tout le pourtour, puis depuis le milieu vers l'extérieur.

1

Faites une ligne de point devant avec du fil à matelasser selon la diagonale du carré dessiné. Surpiquez ensuite sur tout le carré des motifs de losange. Aux intersections de lignes, sautez un point.

2

Surpiquez à petits points devant des lignes parallèles sur tout le pourtour du carré.

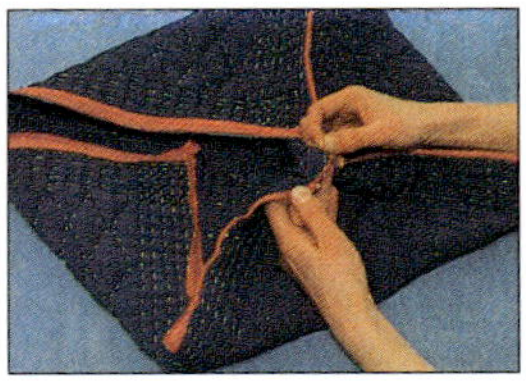

3

Travaillant sur l'envers, piquez à la machine le biais rose sur les quatre côtés de l'ouvrage pour dissimuler les bords vifs. Rabattez ensuite les quatre angles vers le milieu, et assemblez les biais du bas deux à deux. Faites un petit ourlet à points glissés sur tout le biais. Fermez ensuite la pochette avec une bride et une perle ou un bouton.

RIDEAU EN PATCHWORK

Des motifs carrés en patchwork et en appliqué sont disposés en diagonale pour orner ce rideau. Choisissez des tons coordonnés dans des intensités soutenues pour donner plus de caractère à l'ouvrage.

FOURNITURES

un centimètre

des tissus de coton de couleurs différentes

des ciseaux de tailleur

50 x 90 cm (20 x 36 po) de toile d'assemblage thermocollante

des épingles

une machine à coudre

du fil coordonné

du papier et un crayon

des chutes de tissu de coton pour les appliqués

une aiguille et du fil

un morceau de Ruflette de la largeur du rideau plus 2,5 cm (1 po)

des crochets à rideau

PRÉPARATION

Pour calculer la quantité de tissu nécessaire, prenez les mesures de la fenêtre, et multipliez la largeur par trois. Ajoutez 10 cm (4 po) en longueur. Découpez l'un des tissus de coton en carrés de 30 cm (12 po) de côté. Disposez-les en damier pour obtenir un patchwork à la dimension voulue pour le rideau. Coupez certains carrés en deux dans le sens de la diagonale pour avoir les triangles des bords. Découpez la toile d'assemblage en carrés de 30 cm (12 po) de côté. Puis, découpez des carrés de 10 cm (4 po) de côté dans les deux tissus de coton de couleurs différentes. Disposez des ensembles de neufs carrés sur la toile d'assemblage. Reprenez les bords vifs à la machine au point zigzag. Faites le nombre d'ensembles correspondant à la dimension du rideau.

1

Dessinez un motif d'assemblage, ou recopiez celui que nous vous présentons ci-dessus. Découpez chaque élément dans des chutes de tissu, et collez-les à de la toile d'assemblage. Placez sur les carrés en tissu uni simple.

2

Faufilez en place, puis appliquez chaque élément à la machine au point zigzag.

FINITION

Assemblez ensuite vos carrés par bandes, puis assemblez celles-ci. Piquez un petit ourlet le long des deux côtés du rideau. Rabattez 1 cm (1/2 po) en haut de celui-ci et, travaillant sur l'envers, faufilez puis piquez en place la Ruflette. Rabattez un ourlet en bas du rideau. Glissez les crochets. S'il vous faut un second rideau, utilisez la même méthode.

Embrasses de rideaux

Donnez de l'élégance à vos rideaux en les retenant par ces embrasses inspirées de cravates club. Il s'agit en effet d'un patchwork de bandes travaillées en biais.

Fournitures

une cravate

du papier et un crayon

des ciseaux à papier

60 cm x 1,15 m (24 x 46 po) de tissu de coton de couleur

des ciseaux de tailleur

des chutes de tissu de coton de deux couleurs coordonnées

une machine à coudre

du fil assorti

des épingles

un fer à repasser

une aiguille et du fil

des chutes de toile d'assemblage thermocollante

deux anneaux de laiton

Préparation

Faites un patron en reproduisant la forme de la cravate, dont vous rendrez rectiligne l'extrémité la plus étroite. Ajoutez 2,5 cm (1 po) sur les trois autres côtés. Coupez quatre morceaux selon ce patron dans le plus grand morceau de tissu. Découpez les bandes appliquées dans le biais des deux tissus de couleurs coordonnées. Il vous en faut de 3 cm (1 1/4 po) de large, de 5 cm (2 po) et de 6 cm (2 1/2 po).

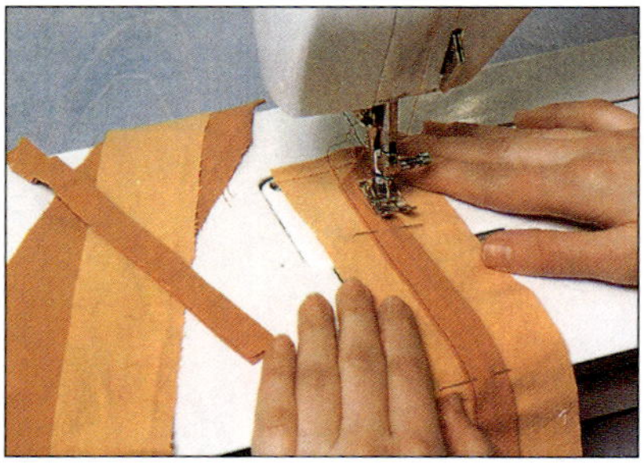

1

Assemblez les bandes de biais, comme vous le voyez ci-dessus. Nettoyez et écrasez les coutures au fer.

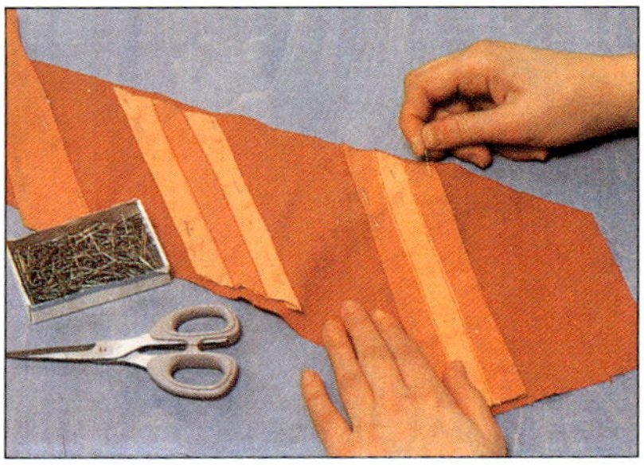

2

Collez de la toile d'assemblage sur l'envers des bandes. Faites un petit repli sur chacun des bords vifs, puis disposez sur l'embrasse. Faufilez, puis piquez à la machine.

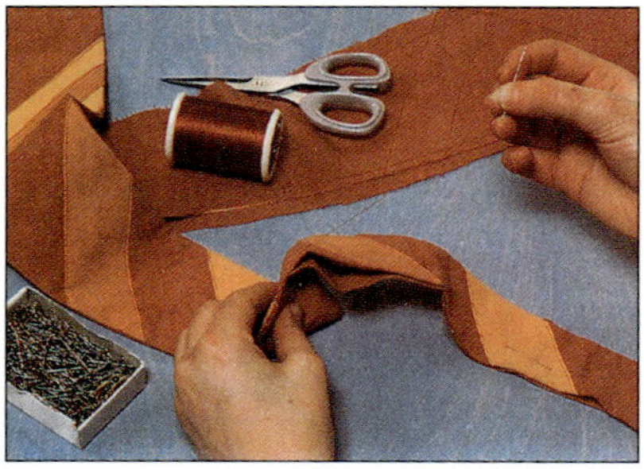

3

Travaillant endroit contre endroit, placez l'embrasse en patchwork sur l'une de celles unie. Piquez sur tout le pourtour, en ménageant une petite ouverture. Crantez la couture, repassez, puis retournez sur l'endroit. Refermez l'ouverture à points glissés. Faites la seconde embrasse de la même manière.

4

Cousez les anneaux de laiton. Enroulez la partie étroite de l'attache sur 24 cm (9 1/2 po), comme ci-dessus, et fixez par quelques points.

POLOCHON

Cet élégant polochon a été réalisé en soie et en tissu de coton. On a découpé le coton, qui constitue la housse, pour laisser apparaître la soie de couleur. Cela crée un effet de texture intéressant que rehaussent les franges des extrémités.

FOURNITURES

du papier et un crayon

70 x 90 cm (28 x 36 po) de tissu de coton

70 x 90 cm (28 x 36 po) de soie de couleur

des ciseaux de tailleur

un feutre de couturière

des ciseaux à bouts pointus

un fer à repasser

une aiguille et du fil à faufiler

une machine à coudre

du fil coordonné

une garniture de traversin

PRÉPARATION

Coupez un gabarit en papier pour le corps du coussin. Avec ce gabarit, découpez un morceau dans le tissu de coton, et un autre dans la soie. Pour les bases du coussin, découpez deux cercles dans chaque tissu. Pour les franges, découpez deux bandes de coton de 5 x 55 cm (2 x 21 1/2 po).

FINITION

Travaillant endroit contre endroit, cousez le rectangle par ses côtés courts, pour confectionner un cylindre. Laissez une ouverture de 10 cm pour retourner l'ouvrage sur l'endroit. Faufilez les bandes pour les franges à chaque extrémité du cylindre. Assemblez les deux extrémités rondes. Retournez sur l'endroit et effrangez les bandes à l'aide d'une aiguille. Glissez la garniture de traversin à l'intérieur de la housse, et recousez l'ouverture à points glissés.

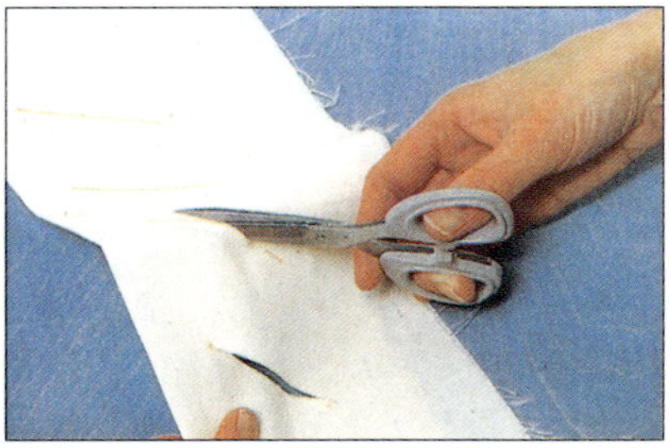

1

Reportez le contour des motifs sur le tissu de coton, et découpez avec des ciseaux à bouts pointus.

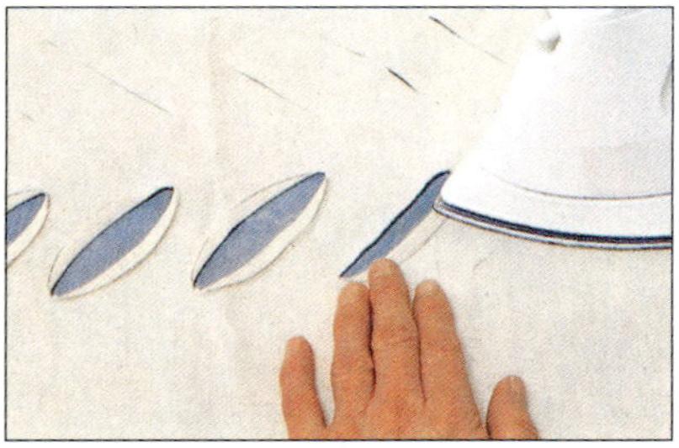

2

Rabattez un petit ourlet sur l'envers tout autour des motifs, et pressez au fer. Faufilez le coton sur la soie autour des ouvertures.

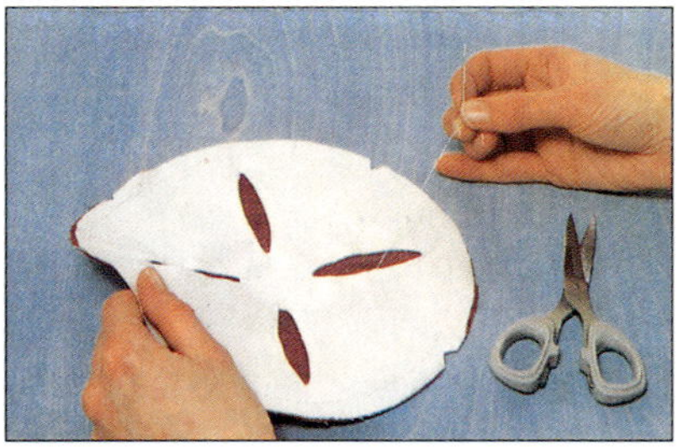

3

Cousez à points glissés autour des ouvertures. Repassez bien.

CÔTÉ :
18 CM (7 PO) DE DIAMÈTRE

CORPS DU COUSSIN

COUVRE-LIVRE

Pour ce couvre-livre très raffiné, les appliqués sont en soie. On a découpé des formes rectangulaires que l'on a remplies de morceaux de soie aux couleurs riches et profondes.

FOURNITURES

un livre

un morceau de soie noire à la dimension de la couverture du livre plus 5 cm (2 po)

un feutre de couturière

des ciseaux de tailleur

un morceau de soie orange deux fois plus grand que celui de soie noire

une aiguille et du fil à faufiler

des ciseaux à bouts pointus

des épingles

des fils coordonnés

des chutes de soie dans des couleurs vives assorties

une machine à coudre

PRÉPARATION

Posez le livre ouvert à plat sur la soie noire. Dessinez son contour. Découpez la forme ainsi dessinée en ajoutant 2,5 cm (1 po) tout autour. Coupez un morceau identique de soie orange. Pliez en deux le reste de soie orange, posez dessus le livre fermé, et tracez son contour. Puis découpez la forme en double, en prévoyant une marge pour la couture.

1

Faufilez le grand morceau de soie orange sur la soie noire. Dessinez une rangée de rectangles tout le long du devant de la couverture, comme vous le voyez. Faufilez les lignes des rectangles. Travaillant un rectangle à la fois, incisez le tissu orange à un angle, puis découpez le rectangle. Faites un petit repli sur l'envers, épinglez, puis cousez à points glissés.

2

Recommencez pour chacun des rectangles, puis découpez dans les soies assorties des rectangles aux dimensions de vos coupes. Épinglez puis faufilez en place sur l'endroit de l'ouvrage. Rabattez un petit ourlet tout autour de chaque découpe, puis cousez à points glissés à la soie noire.

FINITION

Pour confectionner le couvre-livre, rabattez un ourlet sur chaque côté long des demi-pièces orange. Piquez à la machine. Épinglez, endroit contre endroit, ces rabats au couvre-livre, et piquez. Retournez. Glissez la couverture du livre à l'intérieur de ces deux rabats.

SAC CAPITONNÉ EN SOIE

Cet amusant petit sac en forme de boîte est capitonné avec des épaisseurs de soie que l'on a découvertes en pratiquant des incisions verticales sur l'étoffe du dessus. On obtient ainsi une intéressante texture en relief. Ce sac se ferme par une bride de soie et un bouton de soie nouée.

FOURNITURES

25 x 90 cm (10 x 36 po) de tissu de coton

des ciseaux de tailleur

un fer à repasser

15 x 90 cm (6 x 36 po) de toile d'assemblage thermocollante

des chutes de soie assorties dans six tons coordonnés

des épingles

une machine à coudre

du fil coordonné

des ciseaux à broder

PRÉPARATION

Dans le tissu de coton, coupez dix carrés de 12,5 cm (5 po) de côté. Collez la toile d'assemblage aux carrés, et assemblez-les par deux, toile thermocollante contre toile thermocollante. Recouvrez chacun de six morceaux de soie, un dans chaque couleur. Vous les aurez bien sûr recoupés aux dimensions. Épinglez.

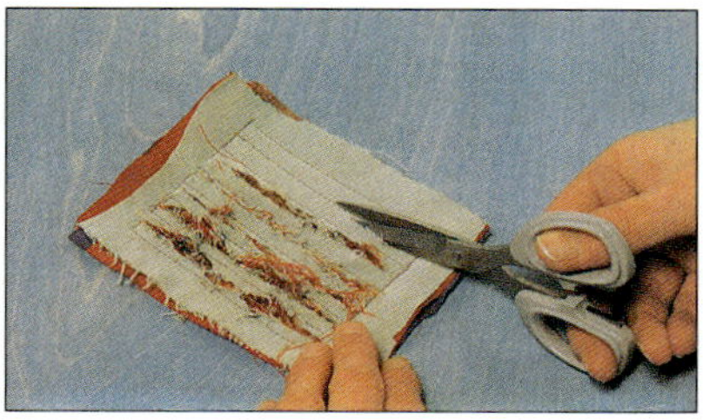

1

Piquez chaque carré ainsi préparé à 1 cm (1/2 po) de ses bords vifs, puis piquez des lignes parallèles tous les 1 cm (1/2 po), à l'intérieur du carré. Coupez ensuite entre ces piqûres, comme ci-dessus.

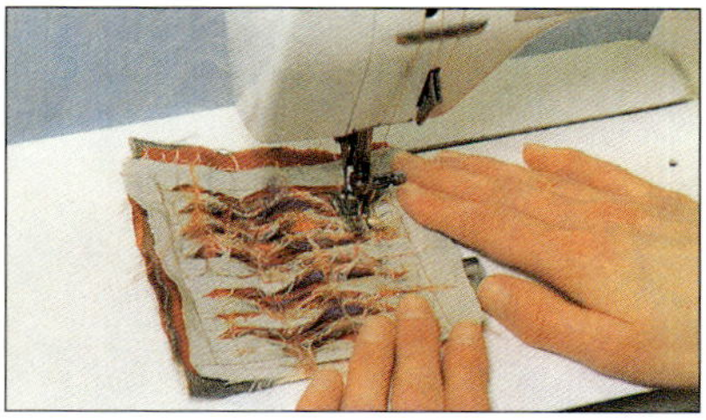

2

Les différents morceaux de soie vont sortir par ces ouvertures. Piquez maintenant des lignes horizontales tous les 1 cm (1/2 po) et travaillez ainsi tout le carré. Répétez pour chacun des carrés.

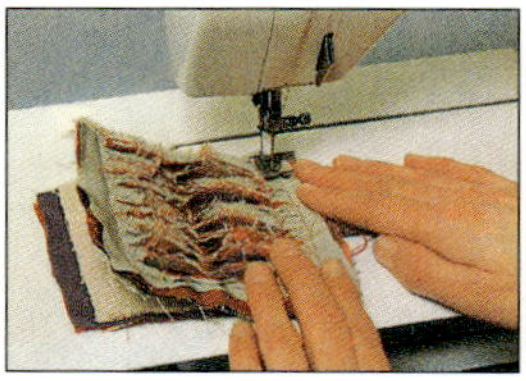

3

Assemblez deux carrés ainsi travaillés, avec leurs faces en coton l'une contre l'autre, et piquez à 1 cm (1/2 po) du bord. Continuez l'assemblage jusqu'à obtenir un cube ouvert.

FINITION

Assemblez les côtés un cube. Cousez une bride et un bouton confectionnés avec des restes de soie.

Petite balle en appliqué

Cette petite balle toute souple et toute douce fera un jouet sans risque pour un bébé. Elle est décorée de motifs appliqués aux couleurs vives, et rebrodés de blanc.

Fournitures

du papier et un crayon

du carton fin

un cutter

20 x 90 cm (8 x 36 po) de calicot

des ciseaux de tailleur

des chutes de feutrine de couleur

des épingles

un tambour à broder

des fils à broder assortis

une aiguille à broder

une aiguille et du fil

du matériau de rembourrage

un petit morceau de ruban (facultatif)

Préparation

Reproduisez le pentagone sur du carton, et faites-en 12 gabarits en carton. Dessinez 12 pentagones dans le calicot en les espaçant d'au moins 2,5 cm (1 po), et ne les découpez pas. Faites des gabarits du cœur et des pétales, et découpez dans la feutrine de couleur. Découpez encore deux petits cercles qui formeront les cœurs des fleurs.

1

Épinglez un cercle et un cœur sur l'un des pentagones. Tendez le tissu dans le tambour à broder. Cousez le cœur avec plusieurs lignes de points devant. Brodez un astérisque pour maintenir le rond en place. Décorez ainsi tous les pentagones, en variant les motifs.

2

Découpez vos pentagones avec 1 cm (1/2 po) de plus tout autour. Cousez-les en les tendant sur les gabarits en carton comme indiqué à la page 19.

3

Assemblez au point de surjet cinq pentagones à un sixième central de manière à obtenir la moitié de la balle. Faites la même chose pour la seconde moitié.

4

Assemblez les deux moitiés, en laissant trois coutures ouvertes. Enlevez les gabarits en carton.

Finition

Remplissez la balle avec le matériau de rembourrage, et fermez les dernières coutures. Vous pouvez aussi prendre dans l'une d'elles une bride en ruban qui vous permettra de suspendre la balle.

Cœur

Pentagone

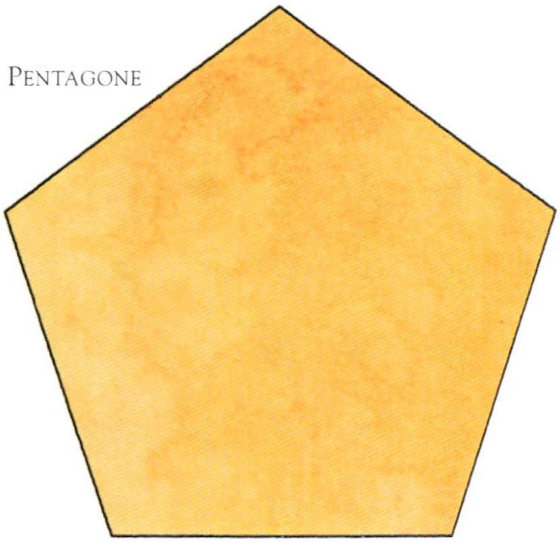

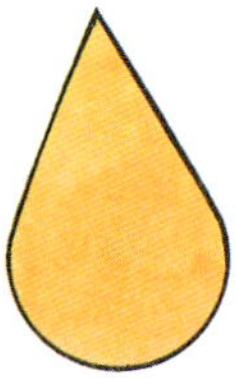

Pétale

COUVERTURE DE BÉBÉ

Voici un bon exemple d'appliqué incrusté. C'est avec cette technique que l'on obtient ce motif d'oiseau si joli pour une couverture de bébé. On a ensuite rebrodé les contours de l'appliqué avec des fils à broder de couleurs coordonnées.

FOURNITURES

une couverture de laine
des ciseaux de tailleur
du papier et un crayon
du carton
un cutter
des chutes de tissus de couverture de couleurs différentes
des épingles
un feutre de couturière
une aiguille et du fil à faufiler
des ciseaux à bouts pointus
une machine à coudre
des fils contrastés
un fer à repasser
des fils à broder assortis
une aiguille à broder

PRÉPARATION

Recoupez la couverture à la taille voulue pour un berceau ou un moïse. Agrandissez les éléments du motif ci-contre, et reportez-les sur le carton. Découpez-les. Avec les gabarits ainsi obtenus, découpez les formes dans les chutes de tissu, en ajoutant 2 cm (3/4 po) de marge tout autour. Disposez les gabarits sur l'endroit de la couverture, et dessinez-en soigneusement les contours. Passez un fil de faufil sur le dessin des contours. Travaillez avec précision.

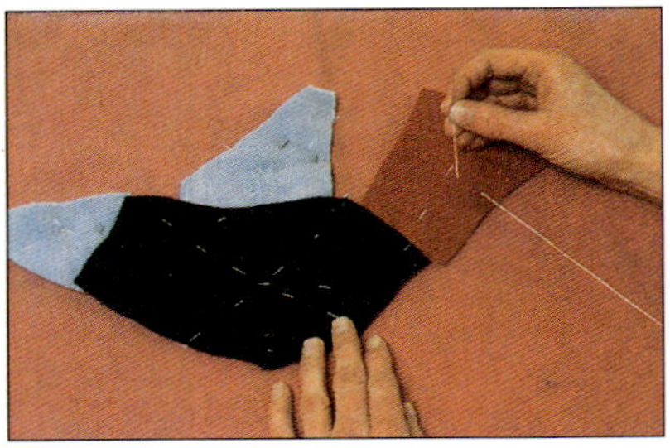

1

Épinglez et faufilez les éléments de l'oiseau sur l'envers de la couverture, en faisant bien coïncider les contours faufilés avec les formes.

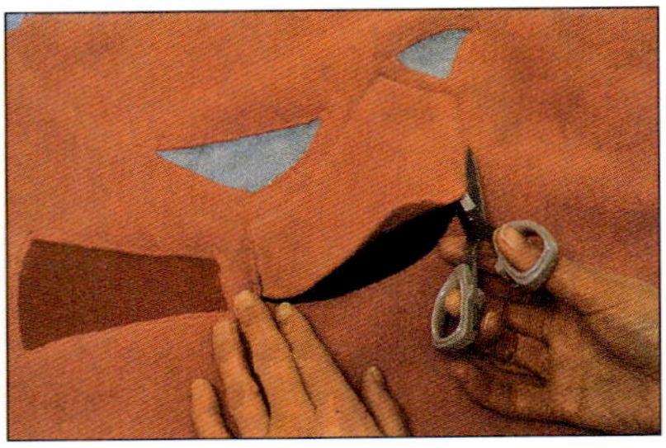

2

Travaillant sur l'endroit de la couverture, évidez soigneusement l'intérieur des contours faufilés.

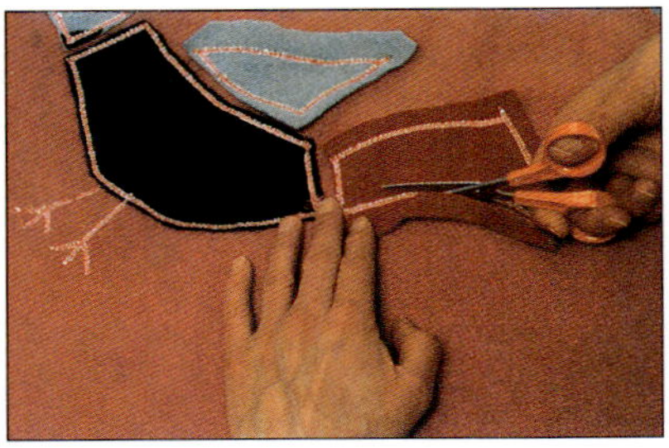

3

Réglez la machine à coudre sur le mode zigzag, épinglez un morceau de papier sur l'envers des éléments appliqués, et faites un point de bourdon sur les bords vifs de la couverture. Brodez les pattes de l'oiseau comme vous le voyez ci-dessus. Recoupez le tissu de l'appliqué.

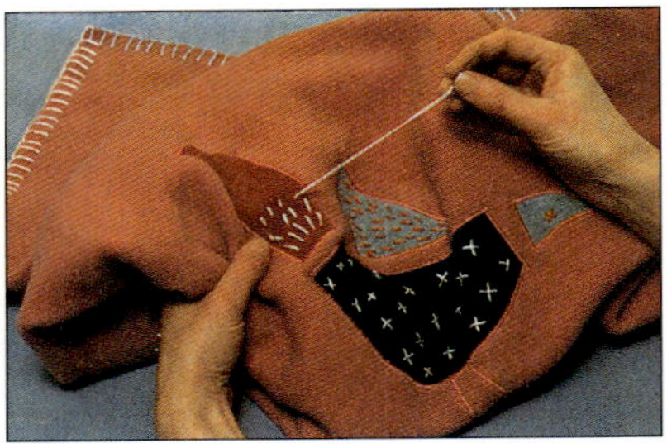

4

Faites un petit rabat sur les quatre côtés de la couverture, et maintenez par un point de grébiche réalisé avec du fil à broder de couleur contrastée. Enfin rebrodez à la main le corps du motif avec différents fils à broder.

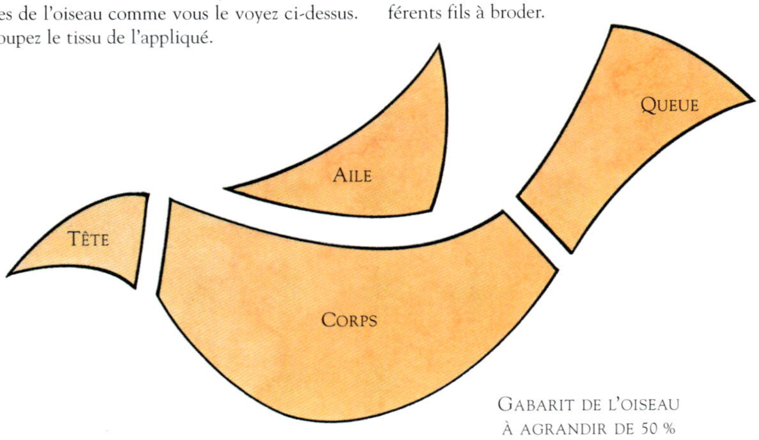

GABARIT DE L'OISEAU
À AGRANDIR DE 50 %

SERVIETTE DE TOILETTE À MOTIF SÉMINOLE

Pour décorer cette serviette en éponge, on a choisi un patchwork à motifs géométriques que l'on a découpé en bandes. Puis, on a appliqué celles-ci sur la serviette.

FOURNITURES

12 x 45 cm (5 x 18 po) de percale dans deux couleurs

un feutre de couturière

des ciseaux de tailleur

un fer à repasser

des chutes de toile d'assemblage thermocollante

une machine à coudre

du fil coordonné

20 x 90 cm (8 x 36 po) de tissu de fond

des épingles

une serviette-éponge

PRÉPARATION

Coupez les deux morceaux de percale en trois bandes de 6 x 40 cm (2 1/2 x 16 po), et collez à la toile d'assemblage. Faites alterner les couleurs de sorte que les bandes se chevauchent. Assemblez à la machine au point zigzag pour obtenir un morceau de patchwork.

1

Découpez le patchwork ainsi obtenu en bandes de 2 cm (3/4 po) de large. Placez-les sur un morceau de tissu de fond en les décalant comme indiqué ci-dessus. Faufilez, repassez, puis piquez au point zigzag.

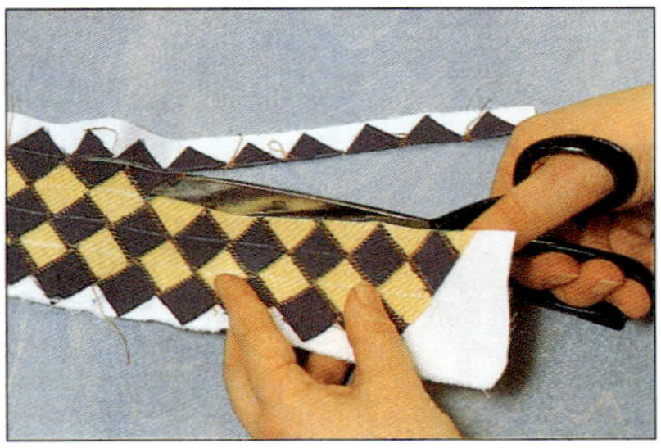

2

Tracez une ligne horizontale passant par le milieu des losanges, et coupez selon cette ligne.

3

Épinglez plusieurs bandes ainsi obtenues à chaque extrémité de la serviette, et parallèlement à ses bords. Piquez.

PETITE HOUSSE POUR ŒUF À LA COQUE

On s'est inspiré, pour ce petit ouvrage, d'un bonnet traditionnel népalais. Il s'agit d'un travail de coton matelassé, surpiqué avec du fil blanc, et que l'on a agrémenté d'un pompon de laine.

FOURNITURES

du carton et un crayon

un cutter

des ciseaux de tailleur

18 x 24 cm (7 x 9 1/2 po) de percale unie

18 x 24 cm (7 x 9 1/2 po) de tissu de doublure de couleur coordonnée

15 x 20 cm (6 x 8 po) de molleton

une aiguille et du fil à faufiler

un feutre de couturière

du fil à matelasser blanc

une aiguille à matelasser

des ciseaux à broder

une machine à coudre

du fil coordonné

un peu de laine à tricoter

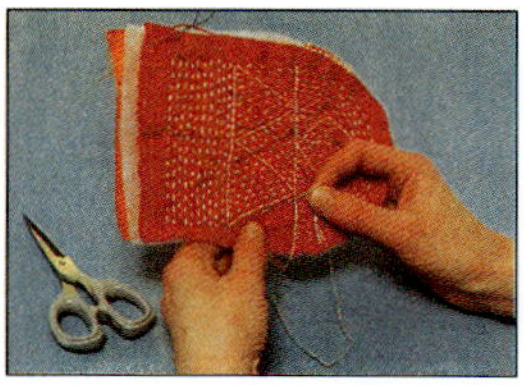

1

Surpiquez vos dessins à petits points devant très réguliers, en utilisant le fil à matelasser. Recouvrez toute la surface. Répétez pour la seconde partie de la housse.

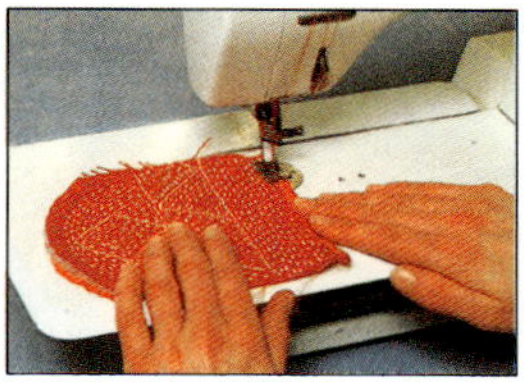

2

Rabattez la percale derrière le molleton, puis cousez un repli de doublure sur la percale. Assemblez les deux morceaux de la housse sur trois côtés, en travaillant endroit contre endroit.

3

Découpez un morceau de carton de 1 x 2,5 cm (1/2 x 1 po), et enroulez-y la laine. Plus vous mettrez d'épaisseur de laine, plus votre pompon sera fourni.

AGRANDIR DE 50 %

PRÉPARATION

Agrandissez le gabarit ci-contre et découpez-le dans le carton. Utilisez-le pour découper deux morceaux dans la percale unie et deux autres dans la doublure, en prévoyant 1 cm (1/2 po) tout autour pour les coutures. Découpez également deux morceaux dans le molleton sans marge, et prenez chacun de ces morceaux entre un de percale unie et un de tissu de doublure. Faufilez les épaisseurs ensemble. Dessinez à main levée des motifs géométriques sur les deux côtés de votre ouvrage.

FINITION

Faites glisser doucement le carton pour dégager la laine, et liez celle-ci à une extrémité avec une petite longueur de laine. Coupez à l'autre extrémité, et égalisez. Nouez le haut du pompon, et cousez-le au sommet de la petite housse.

CADRE EN APPLIQUÉ PA NDAU

Ce dessin de labyrinthe est typique des motifs que réalisent les Hmongs, en Asie du Sud-Est. Ici, pour vous en faciliter la réalisation, nous l'avons cependant simplifié.

FOURNITURES

des ciseaux de tailleur

45 x 90 cm (18 x 36 po) de satin de coton noir

30 x 60 cm (12 x 24 po) de satin de coton blanc

un carré de papier millimétré de 45 cm (18 po) de côté

un crayon

un gros feutre noir

de l'amidon en bombe

un fer à repasser

un feutre de couturière

des épingles

une aiguille et du fil coordonné

des ciseaux à broder

deux cartons carrés, l'un de 17,5 cm (6 3/4 po) de côté, l'autre de 16,5 cm (6 1/2 po)

du ruban adhésif double face

de la colle pour tissu

un anneau de rideau en laiton

PRÉPARATION

Coupez le tissu noir et le tissu blanc en deux pour obtenir respectivement deux carrés de 45 cm (18 po) de côté et deux de 30 cm (12 po).

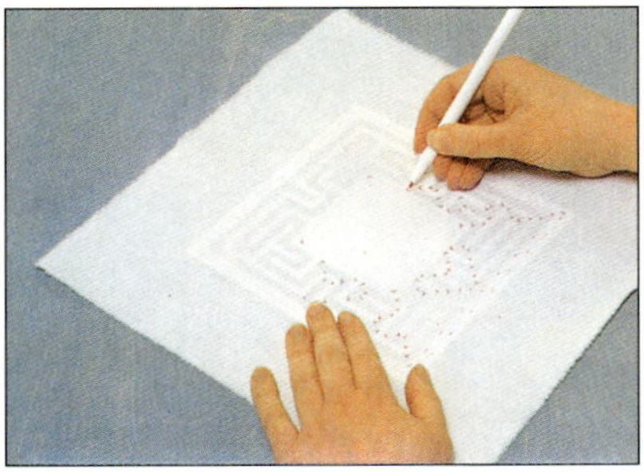

1

Reproduisez sur le papier millimétré le schéma de la page 250 et colorez le labyrinthe au feutre. Enduisez d'amidon les deux faces d'un carré blanc et repassez. Posez-le ensuite sur le papier millimétré, et marquez les angles du motif au feutre de couturière.

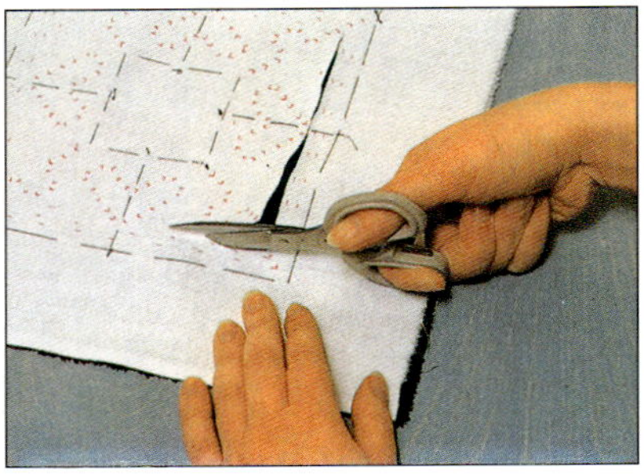

2

Disposez un carré de tissu noir entre les deux blancs, en plaçant au-dessus celui portant les marques. Épinglez puis faufilez le pourtour de l'ouvrage. Passez des fils de faufil en travers pour bien maintenir les épaisseurs ensemble. Découpez ensuite en suivant la ligne extérieure noire, comme indiqué ci-dessus. Commencez par le milieu d'un côté.

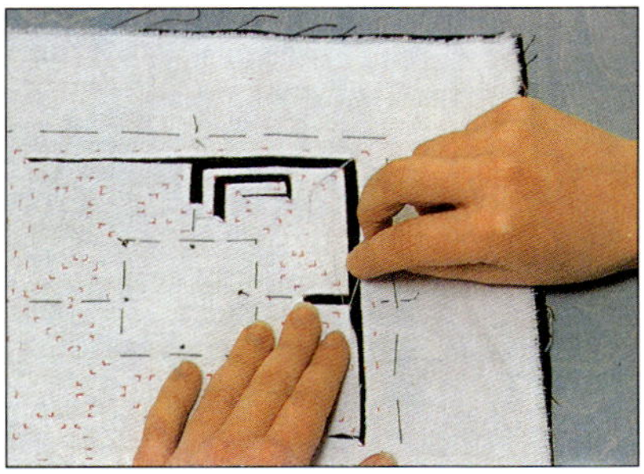

3

Avec la pointe d'une aiguille, faites un petit repli de tissu blanc sur l'envers, et cousez à points glissés. Maintenez solidement aux angles. Continuez à découper ainsi tout le motif, en travaillant quart par quart, et en vous guidant sur le dessin d'origine.

4

Une fois le travail d'appliqué inversé terminé, rabattez un petit ourlet sur le tour extérieur et intérieur de l'ouvrage. Découpez au centre du carton de fond le plus grand une fenêtre carrée de 6 cm (2 1/2 po) de côté. Sur ce cadre, disposez l'appliqué à l'envers, et découpez les angles de son centre pour qu'ils coïncident avec ceux de la fenêtre. Placez du ruban adhésif double face sur le tissu blanc et fixez l'appliqué. Collez le tissu noir sur le petit carré de fond. Placez les deux carrés l'un sur l'autre et assemblez les côtés à points glissés. Cousez l'anneau en laiton en haut du cadre.

Coffret au couvercle en appliqué Pa Ndau

Voici encore un ouvrage qui s'inspire des techniques d'appliqué des Hmongs. Vous pouvez agrandir le motif, pour l'adapter à une boîte de dimensions différentes.

Fournitures

25 x 50 cm (10 x 20 po) de percale rouge

des ciseaux de tailleur

du papier et un crayon

des ciseaux à papier

un coffret de bois carré de 14 cm (5 1/2 po) de côté

de l'amidon en bombe

un fer à repasser

un carré de percale jaune de 25 cm (10 po) de côté

un feutre de couturière

des ciseaux à broder

du fil et une aiguille assortie

un carré de molleton de 14 cm (5 1/2 po) de côté

de la colle pour tissu

du ruban adhésif double face

de la tresse ou du gros-grain rouge

1

Coupez le tissu rouge en deux carrés de 25 cm (10 po) de côté. Découpez un carré de papier à la dimension du couvercle de la boîte. Pliez une fois en deux suivant la diagonale, puis une seconde fois suivant l'autre diagonale. Reproduisez le motif ci-dessous, faites une entaille à chaque ligne et dépliez le papier pour vérifier le motif. Repliez.

2

Amidonnez l'un des carrés rouges. Pliez suivant les diagonales comme vous avez fait pour le papier, et repassez. En vous guidant sur votre gabarit, tracez les lignes du motif, puis travaillant depuis le centre vers la périphérie, entaillez les lignes comme vous l'avez fait avec le papier. Dépliez le carré et repassez.

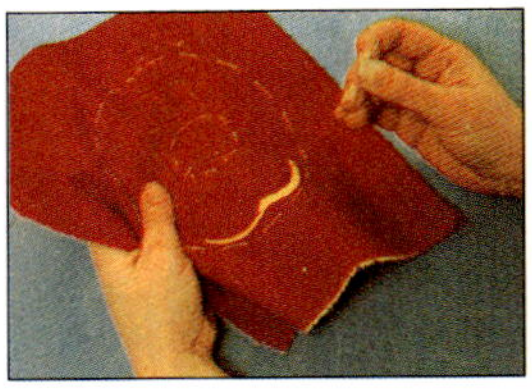

3

Disposez ce carré découpé sur les carrés jaune et rouge. Faufilez les trois ensemble à 1 cm (1/2 po) des lignes découpées. Découpez le motif en suivant les ouvertures et, à chaque fois, rabattez un petit ourlet que vous coudrez à points glissés après l'avoir cranté en V.

4

Dessinez au centre de l'appliqué quatre petits quarts de cercles de 5 mm (1/4 po) de diamètre. Découpez, rabattez un petit ourlet, et cousez à points glissés. Enlevez les faufils et repassez.

5

Collez le molleton sur le couvercle, et mettez du ruban adhésif double face sur le pourtour. Recoupez l'appliqué pour qu'il ait 16 cm (6 1/4 po) de côté, tendez-le sur le couvercle et fixez-le grâce au ruban adhésif. Rabattez les angles en onglet, et mettez encore du ruban adhésif sur les côtés du couvercle. Collez dessus la tresse ou le gros-grain.

SERVIETTE DE TABLE EN COTON

Cette serviette de table toute simple est décorée d'un appliqué cousu main. Vous pouvez acheter des serviettes toutes faites et les garnir avec ce motif appliqué.

FOURNITURES

du carton et un crayon

un cutter

des chutes de tissus bleu, rose, écru et vert

des ciseaux de tailleur

un carré de toile de coton de 48 cm de côté

de la craie de couturière

des chutes de toile d'assemblage thermocollante

un fer à repasser

des épingles

des fils à broder vert et bleu

une aiguille à broder

PRÉPARATION

Agrandissez le motif de cœur, ci-dessous, et reportez-le sur le carton pour en faire un gabarit avec lequel vous découperez un cœur dans le tissu bleu, en ajoutant 1 cm (1/2 po) tout autour. Rabattez un petit ourlet tout autour du cœur et sur les quatre côtés du carré en toile. Dessinez la fleur et les feuilles à main levée sur la toile d'assemblage et découpez. Collez ces formes sur des chutes de tissu. Découpez, puis collez sur le cœur.

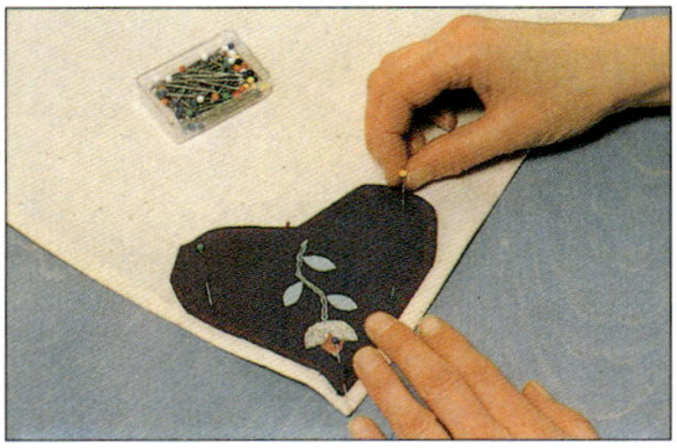

1

Brodez au fil vert la tige de la fleur, et les feuilles selon votre goût. Disposez le cœur dans l'un des angles de la serviette.

2

Surpiquez le cœur avec des rangs de points devant, et finissez les bords de la serviette avec un point décoratif exécuté avec du fil de couleur.

AGRANDIR DE 50 %

SETS DE TABLE

Ces sets de table très simples sont particulièrement élégants parce qu'ils sont réalisés dans une toile de coton rustique. Ils sont rehaussés d'un bord frangé, et décorés d'un quadrillage au point devant qui permet de tenir en place le molleton.

FOURNITURES

2 m x 90 cm (2 1/4 yd x 36 po) de toile de coton à carreaux

des ciseaux de tailleur

1 m de molleton

une aiguille et du fil à faufiler

des fils à broder assortis

une aiguille à broder

une machine à coudre

du fil coordonné

un fer à repasser

PRÉPARATION

Découpez la toile à carreaux en huit rectangles de 50 x 45 cm (20 x 18 po). Découpez le molleton en quatre morceaux de 40 x 35 cm (16 x 14 po). Intercalez le molleton entre deux morceaux de toile en laissant ces derniers déborder de 5 cm (2 po) sur les quatre côtés. Faufilez les trois épaisseurs ensemble.

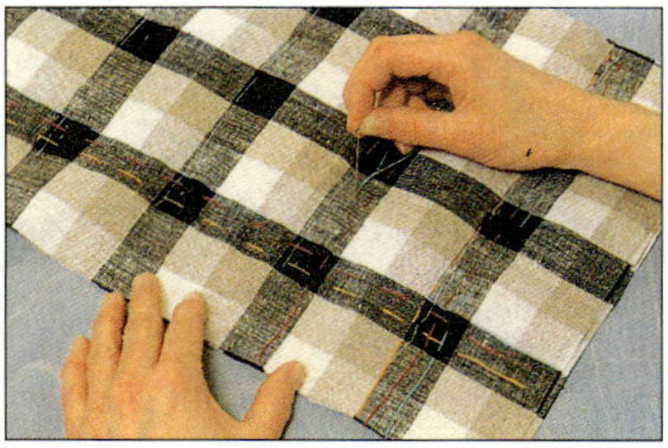

1

Faites des lignes de points devant parallèles en prenant bien les trois épaisseurs de tissu, et en variant la couleur des fils. Enlevez les faufils.

2

Cousez à la machine les pourtours du set, à 5 cm des bords vifs. Avec une aiguille, effrangez les bords de la toile. Faites de cette façon les trois autres sets.

FINITION

Repassez chaque set et, si nécessaire, égalisez les franges.

TOQUE DE LAINAGE

Cette toque à bord retournée est réalisée dans du lainage de couverture. Les motifs d'appliqué qui décorent le bord sont soulignés au point de surjet avec des fils de couleur contrastée.

FOURNITURES

40 x 90 cm (16 x 36 po) de lainage pour couverture

des ciseaux de tailleur

du papier et un crayon

du carton

un cutter

un feutre de couturière

des chutes de lainage de couverture dans deux couleurs différentes

60 x 5 cm (24 x 2 po) de toile d'assemblage thermocollante

un fer à repasser

une aiguille et du fil de couleur contrastée

une machine à coudre

du fil coordonné

PRÉPARATION

Découpez un rectangle de lainage de 60 x 40 cm (25 x 16 po). Rabattez un ourlet double de 2 cm (3/4 po) de large, et piquez à la machine. Coupez deux attaches de 23 x 5 cm (9 x 2 po). Reportez et découpez les motifs ci-dessous dans du carton.

1

Travaillant sur l'envers du lainage, dessinez le long de l'ourlet les deux motifs en les alternant et en les espaçant juste assez pour qu'ils se détachent bien. Évidez-les.

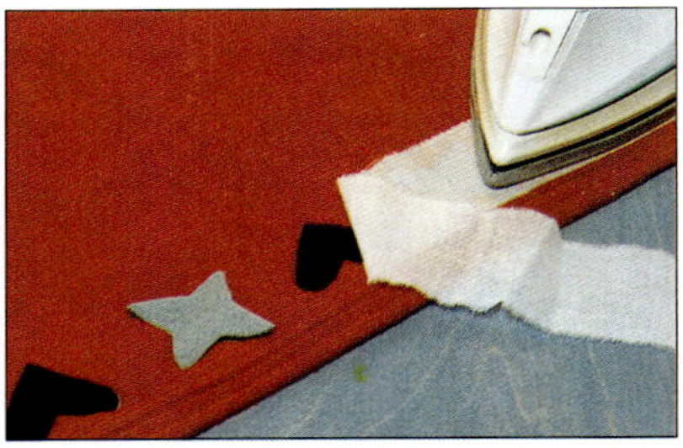

2

Dessinez les motifs sur les chutes de tissu de couverture, et découpez-en autant dans chacune des deux couleurs. Disposez les motifs dans l'espace qui leur correspond, sur l'envers du tissu de la toque, et collez la toile d'assemblage dessus. Elle donnera de la tenue au bord de la toque.

3

Retournez le travail sur l'endroit, et faites un point de surjet sur tous les contours des motifs. Utilisez un fil qui contraste bien. Pliez ensuite l'ouvrage en deux et, travaillant sur l'envers, piquez la couture du côté et celle du haut de la toque.

4

Confectionnez les attaches en faisant des rabats sur les bords longs et sur l'un des courts. Pliez en deux dans le sens de la longueur, puis piquez. Glissez les côtés dont vous avez laissé le bord vif dans les deux angles supérieurs de la toque, et cousez. Nouez les deux autres extrémités. Retournez le bandeau de la toque, puis cousez-le au corps de l'ouvrage à points glissés pour le maintenir.

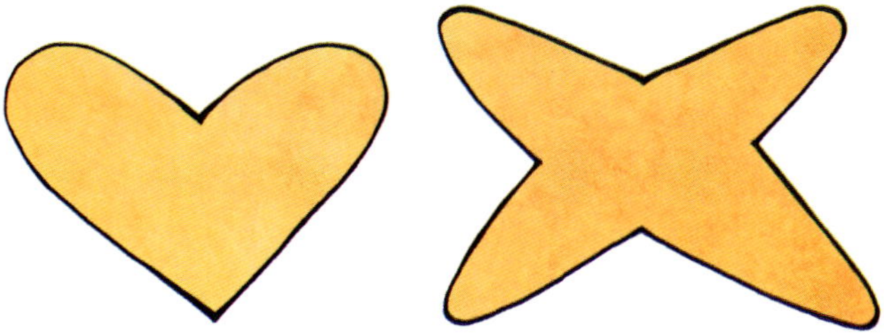

VESTE D'ENFANT TRICOTÉE AVEC MOTIFS APPLIQUÉS

Pour décorer ce petit cardigan tricoté, on a choisi des motifs d'animaux inspirés des *mola*, ces blouses des Indiens des îles San Blas, que l'on a cousus à petits points de grébiche. Tricotez cette veste, ou achetez-en une toute faite.

FOURNITURES

3 pelotes de 25 g (1 oz) de laine dans des tons de rouge assortis

2 pelotes de 25 g (1 oz) de laine, chacune de couleur différente

des aiguilles à tricoter correspondant à l'épaisseur de la laine

des chutes de feutrines blanche, rouge et bleu marine

des ciseaux de tailleur

une aiguille et du fil à faufiler

du papier et un crayon

des ciseaux à broder

des épingles

des fils à broder blanc, rouge et bleu marine

une aiguille à broder

POUR UN ENFANT DE 50 CM (20 PO) DE TOUR DE POITRINE, IL FAUT :
LARGEUR, 58 CM (23 PO);
HAUTEUR, 29 CM (11 1/2 PO);
LONGUEUR DE MANCHE, 23 CM (9 PO).

PRÉPARATION

Échantillonnage : en travaillant au point de jersey avec des aiguilles n° 4, il faut 24 rangs de 20 mailles pour obtenir un carré de 10 cm (4 po). Tricotez comme suit.
Dos : tricotez 52 mailles sur une hauteur de 32 cm (13 po), avec une bordure de 1 cm (1/2 po), et 16 pièces de 13 mailles sur 7 cm (2 3/4 po) de diverses couleurs alternées.
Devants : montez 26 mailles et travaillez par morceaux comme pour le dos. Tricotez sur 15 cm (6 po). Pour l'encolure, rabattez 9 mailles d'un côté, une maille par rang. Idem pour l'autre devant, en inversant.
Manches : montez 39 mailles et tricotez une bordure de 2 cm (3/4 po). Les manches se composent de neuf morceaux. Repassez sans écraser. Assemblez les épaules et montez les manches. Assemblez les côtés et les manches. Découpez la feutrine en carrés de 10 cm (4 po), et superposez : rouge, blanc, rouge et marine, blanc, marine. Faufilez. Découpez une série par devant et par manche.

1

Reproduisez les motifs de la page 249 sur le papier, et reportez-les sur la feutrine. Découpez les contours, les yeux et les bouches dans la première épaisseur de feutrine. Épinglez puis faufilez le premier motif au cardigan. Fixez en place à petits points de grébiche dans un fil à broder de couleur contrastée. Faites de même pour les autres motifs.

2

Pour fermer le cardigan, découpez quatre carrés de feutrine blanche de 2,5 cm (1 po) de côté, pliez en deux pour obtenir des triangles. Alignez la diagonale avec le bord du cardigan, puis épinglez. Piquez au point de grébiche avec du fil rouge.

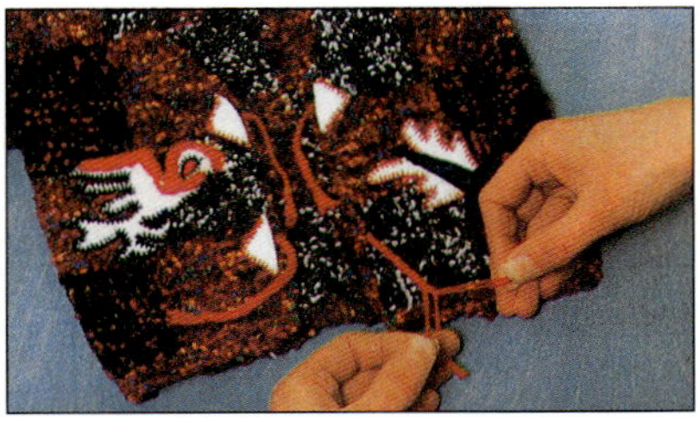

3

Pour chaque attache, découpez trois longueurs de fil à broder de 28 cm (11 po). Cousez aux devants, sous les triangles en feutrine. Tressez les fils, et nouez.

CHANDAIL D'ENFANT EN PATCHWORK DE TRICOT

Ce chandail se compose de carrés de couleurs différentes, tricotés avec des motifs simples. Les carrés sont ensuite assemblés en blocs. Les coutures d'assemblage sont soulignées en blanc, et le bord du chandail est agrémenté de pompons.

FOURNITURES

6 pelotes de laine de 25 g (1 oz) dans six coloris différents

des aiguilles à tricoter n° 4

un crayon et du papier millimétré

une aiguille et du fil coordonné

un peu de laine blanche

une aiguille à laine

70 cm (28 po) de frange à pompon

1

Pour chaque manche, tricotez deux bandes de deux carrés. Assemblez sur l'envers.

2

Soulignez les coutures d'assemblage sur l'endroit en passant un fil de laine blanche au point de surjet.

3

Remontez des mailles autour de l'encolure, et tricotez deux rangs pour que le tour soit net. Faites de même à l'extrémité des manches. Cousez la frange à pompon tout autour du bas du chandail.

POUR UN ENFANT DE 60 CM (24 PO) DE TOUR DE POITRINE, IL FAUT :
LARGEUR, 68,5 CM (27 PO);
HAUTEUR, 33 CM (13 PO);
LONGUEUR DE MANCHE, 23 CM (9 PO).

PRÉPARATION

Échantillonnage : avec des aiguilles n° 4, il faut 26 rangs de 24 mailles pour obtenir un carré de 10 cm (4 po). Pour ajuster votre tricot, vous pouvez changer de grosseur d'aiguilles.

Reportez les motifs de la page 250 sur du papier millimétré. Pour chaque carré de tricot, il faut monter 26 mailles et tricoter 28 rangs. Pour le dos et le devant, tricotez trois bandes de trois carrés. Façonnez l'encolure quand vous serez à la moitié du dernier carré du milieu.

TOURNESOL EN APPLIQUÉ

On a appliqué cette jolie fleur en satin brillant sur la bavette d'une salopette d'enfant. Pour que l'effet soit plus raffiné, on l'a cousue à la main.

FOURNITURES

du papier et un crayon

du carton

un cutter

des chutes de toile d'assemblage thermocollante

des ciseaux à bouts pointus

un fer à repasser

des chutes de satin dans des tons assortis

des épingles

une aiguille et du fil coordonné

PRÉPARATION

Reproduisez les deux gabarits ci-dessous dans le carton et découpez-les. Reportez les pétales et le centre sur la toile d'assemblage. Découpez les contours avec des ciseaux à bouts pointus.

CŒUR DE FLEUR ET PÉTALE

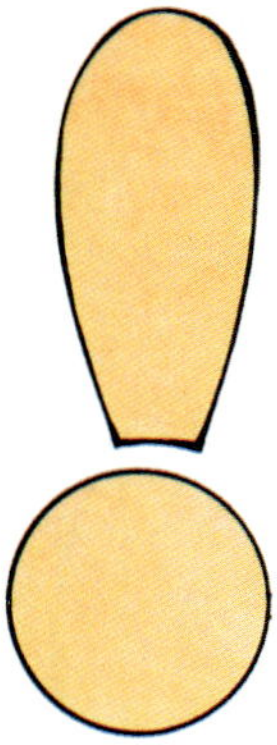

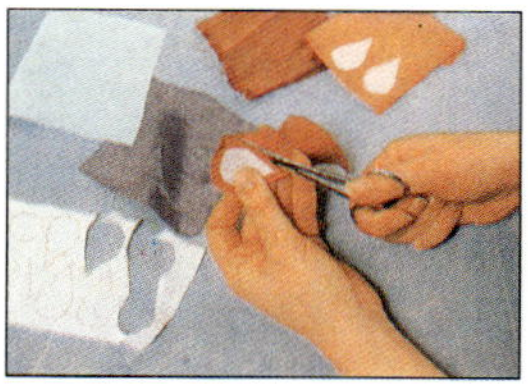

1

Collez les motifs en toile d'assemblage sur l'envers des morceaux de satin. Découpez en ajoutant 5 mm (1/4 po) tout autour.

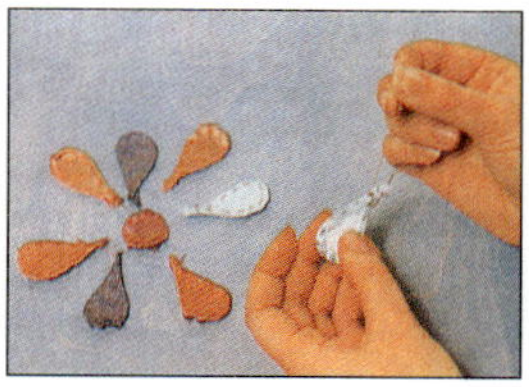

2

Rabattez un petit ourlet sur tous les bords vifs, épinglez et faufilez.

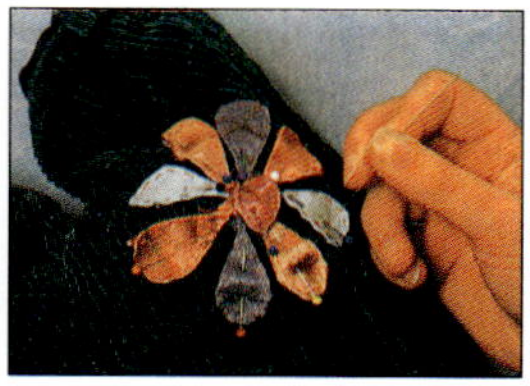

3

Disposez le motif sur le vêtement. Épinglez, puis cousez chaque élément à points glissés, en prenant le petit rabat.

COUVERTURE PIQUÉE KANTHA

Cette méthode traditionnelle de matelassé est très courante en Inde. On rehausse les motifs que l'on a dessinés en les remplissant au point devant dont on choisit judicieusement les couleurs. Les lignes de points sont courbes ou parallèles.

FOURNITURES

du papier et un crayon

du carton

un cutter

des ciseaux de tailleur

70 x 90 cm (28 x 36 po) de molleton

un morceau de mousseline de 70 x 90 cm (28 x 36 po)

1 m x 90 cm (1 yd x 36 po) de tissu de fond

une aiguille et du fil à faufiler

un feutre de couturière

un choix de fils à broder

une aiguille à matelasser

une machine à coudre

du fil coordonné

PRÉPARATION

Après avoir agrandir les motifs ci-dessous, reproduisez-les sur le carton. Découpez. Intercalez le molleton entre la mousseline et le tissu de fond, et faufilez. Passez un fil de faufil à 11 cm (4 1/2 po) des bords vifs.

FINITION

Retaillez la mousseline et le molleton : recoupez-en 2 cm (3/4 po). Rabattez le tissu de fond sur le devant, recouvrant ainsi les bords vifs. Faites un petit repli, et cousez sur l'endroit à points glissés.

1

Reportez les motifs d'oiseau et de flamme sur les bordures. Repérez le centre de la couverture, et dessinez-y une fleur à main levée, puis les éléphants répartis autour de la fleur, comme ci-contre.

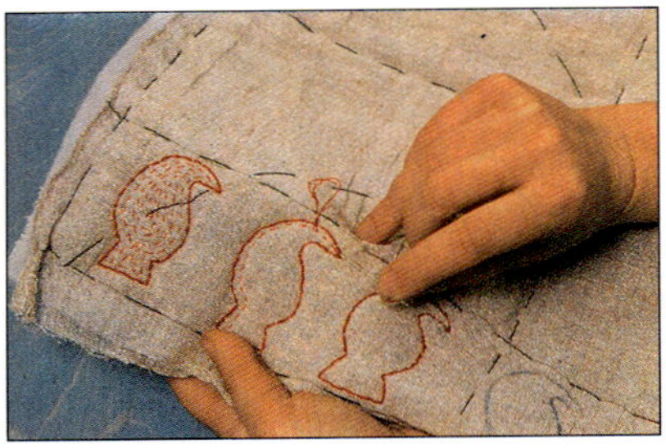

2

Faites un point arrière bien net sur les contours des motifs avec du fil à broder rouge.

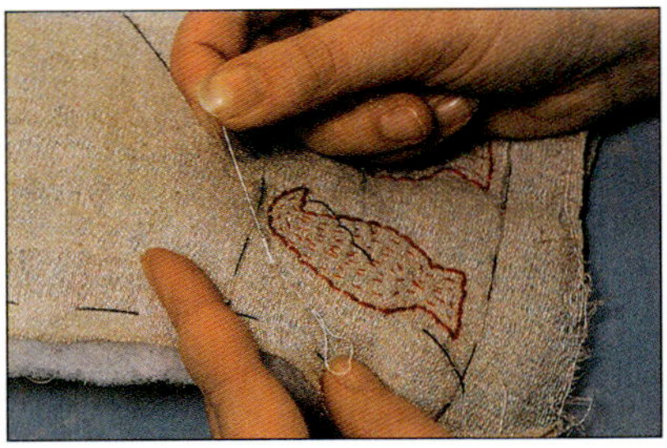

3

Remplissez les motifs au petit point devant de différentes couleurs pour que l'ensemble ressorte bien.

4

Avec un fil assorti à la couleur de la couverture, soulignez l'extérieur de chaque motif de petites lignes de points devant, jusqu'à ce que toute la surface de l'ouvrage soit piquée.

OISEAU ET FLAMME À AGRANDIR DE 50 %

ÉLÉPHANT À AGRANDIR DE 50 %

PANNEAU DÉCORATIF EN APPLIQUÉ HAWAÏEN

Ce sont les missionnaires qui ont introduit, au XIXe siècle, la technique du patchwork et de l'appliqué à Hawaï. Mais les Hawaïens ont développé tout seuls leur technique bien particulière d'appliqué. Les motifs sont découpés dans le tissu plié, comme on fait pour une frise.

FOURNITURES

1 m x 90 cm (1 yd x 36 po) de tissu de coton vert

un carré de tissu de coton écru de 43 cm (17 po) de côté

des ciseaux de tailleur

de l'amidon en bombe

un fer à repasser

un carré de papier millimétré de 30 cm (12 po) de côté

un crayon

des ciseaux à papier

un feutre de couturière

une aiguille et du fil assorti

des ciseaux à broder

un carré de molleton de 46 cm (18 po) de côté

des épingles

un tambour à broder

du fil à matelasser

une aiguille à matelasser

PRÉPARATION

Coupez dans le tissu vert deux carrés de 43 cm (17 po) de côté, plus une bande de 10 cm (4 po). Amidonnez les deux côtés de l'un des carrés et repassez. Découpez trois bandes de 10 cm (4 po) de large, pliez par le milieu, et piquez pour constituer des passants. Retournez sur l'endroit. Agrandissez le motif de la page 250.

1

Pliez le papier deux fois selon les médianes de ses côtés, puis selon la diagonale pour obtenir un triangle. Reportez le motif sur le triangle. Découpez le motif en suivant son contour comme on fait pour une frise, puis dépliez le papier.

2

Dessinez le motif ainsi obtenu sur le carré vert avec le feutre de couturière, et faufilez sur le carré de coton écru à 5 mm (1/4 po) des contours intérieurs des motifs et à 5 mm (1/4 po) de la bordure extérieure.

3

Découpez avec soin le tissu vert à 3 mm (1/8 po) des lignes dessinées, puis crantez les courbes.

4

Repassez sur l'envers, nettoyez les bords vifs et retournez un petit ourlet. Cousez en place à points glissés.

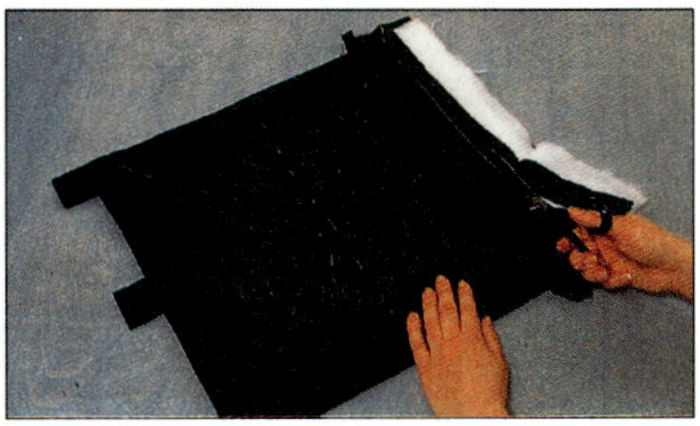

5

Intercalez le molleton entre le carré appliqué et le second carré vert, prenez les trois passants entre les deux épaisseurs. Épinglez et faufilez.

FINITION

Tendez l'appliqué sur un tambour à broder. En commençant par un angle, surpiquez tout le tour du motif. Travaillez en lignes parallèles de petits points devant. Nettoyez ensuite les bords du carré. Découpez deux bandes vertes de 10 x 38 cm (4 x 15 po) et deux autres de 10 x 46 cm (4 x 18 po). Piquez aux côtés pour faire une bordure en rabattant bien les angles.

COUSSIN PARFUMÉ

Selon la technique de l'appliqué hawaïen, décorez ce petit coussin en organza que vous remplirez ensuite d'un pot-pourri parfumé. Pour plus de raffinement, soulignez-le de quelques boutons de nacre anciens.

FOURNITURES

du papier et un crayon

quatre carrés d'organza de deux couleurs différentes de 20 cm (8 po de côté)

des ciseaux de tailleur

une aiguille et du fil à faufiler

un feutre de couturière

un tambour à broder

une machine à coudre

du fil assorti

des ciseaux à bouts pointus

un pot-pourri

des boutons de nacre

1

Tendez le double organza sur un tambour à broder. À la machine, brodez au point de reprise tous les contours du motif.

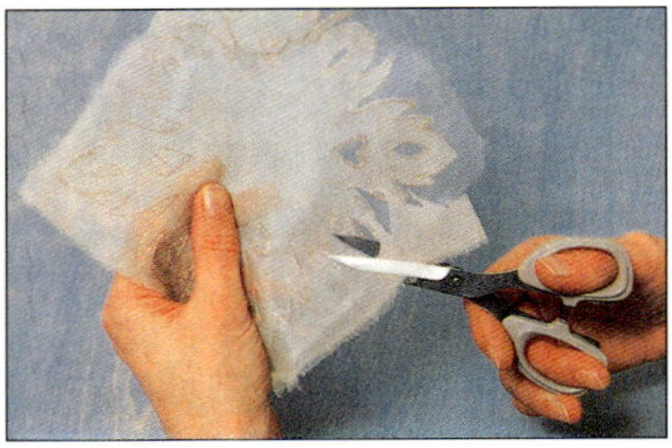

2

Découpez ceux-ci dans l'organza constituant le dessus, et repiquez à la machine au point de bourdon pour bien protéger les bords vifs.

PRÉPARATION

Découpez un carré de papier de 16 cm (6 1/4 po) de côté. Pliez-le deux fois en deux, puis pliez selon la diagonale le carré ainsi obtenu, pour avoir un triangle. Dessinez le motif ci-dessous puis découpez. Faufilez ensemble deux morceaux d'organza. Reportez-y le motif découpé.

FINITION

Faufilez ensemble les deux autres carrés d'organza et disposez l'appliqué sur l'endroit de l'un d'eux. Confectionnez une housse de coussin en vous reportant aux explications de la page 25. Remplissez avec le pot-pourri et refermez à points glissés. Placez les boutons de nacre sur tout le pourtour, comme ci-contre.

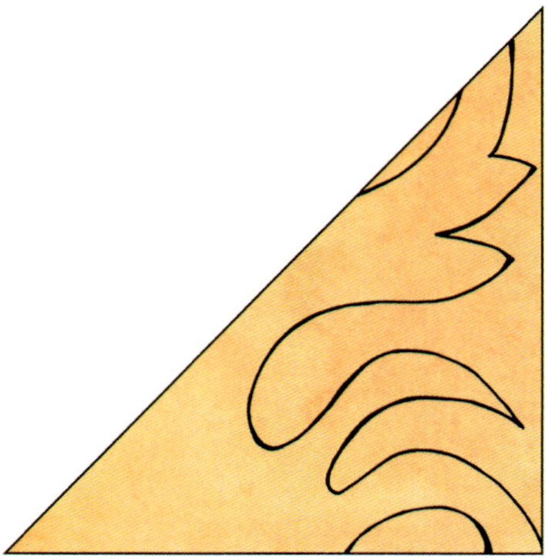

AUMÔNIÈRE

Ce petit sac en forme d'aumônière, orné de cœurs appliqués que l'on a rehaussés de perles et de fils de couleur, se ferme par une bride et un bouton.

FOURNITURES

12 x 32 cm (4 3/4 x 13 po) de tissu bleu

des ciseaux de tailleur

12 x 32 cm (4 3/4 x 13 po) de tissu rouge pour la doublure

des chutes de tissus assortis pour les cœurs

des chutes de toile d'assemblage thermocollante

un fer à repasser

un tambour à broder

une aiguille et du fil assorti

un choix de perles

une machine à coudre

du fil machine

un bouton en bois

du fil à broder rouge

PRÉPARATION

Coupez en deux le tissu bleu dans le sens de la largeur, ainsi que le tissu de doublure. Découpez quatre gros cœurs et quatre petits dans un tissu contrasté, puis dans de la toile d'assemblage. Assemblez chaque cœur en tissu à son homologue en toile.

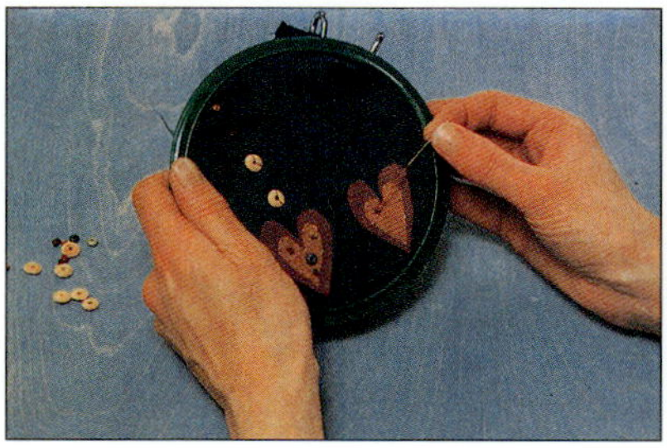

1

En vous aidant du tambour à broder, appliquez deux gros cœurs sur chacun des morceaux bleus, puis sur chaque cœur un petit cœur. Ornez de perles et de points de broderie. Puis, en travaillant endroit contre endroit, assemblez les morceaux bleus par trois côtés.

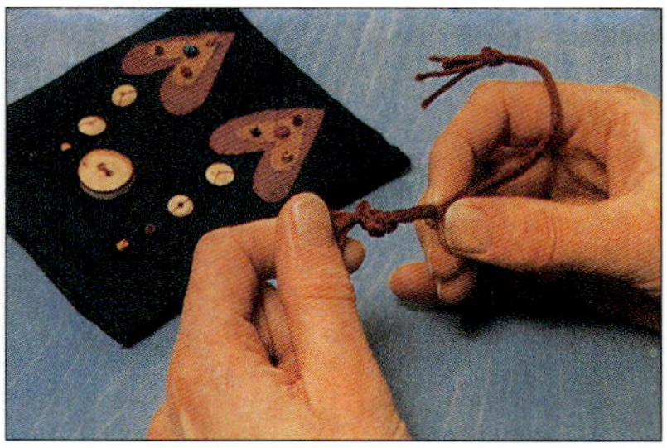

2

Confectionnez la doublure et fixez-la au petit sac. Cousez le bouton en haut du sac. Tressez six longueurs de fil à broder de 20 cm (8 po), et nouez les extrémités de la tresse. Cousez celle-ci au dos du sac par ses extrémités de manière à constituer une bride.

CHAPITRE IV

LE STYLE CONTEMPORAIN

Créez votre version moderne et personnelle des ouvrages de couture traditionnels en les adaptant aux matériaux contemporains et aux couleurs vives tellement prisées aujourd'hui. Pour rajeunir un motif de matelassé ou de patchwork, isolez-le, agrandissez-le et reproduisez-le seul sur un sac d'enfant ou sur un coussin, par exemple ; vous l'aurez ainsi stylisé. Ayez toutes les audaces, qu'il s'agisse de couleur ou de forme, mais conservez l'esprit qui inspira les ouvrages à leur début, et qui voulait que l'on utilise les matériaux dont on disposait, pour les intégrer dans une forme d'artisanat guidée par des principes esthétiques.

INTRODUCTION

Ci-dessus : *cet adorable tableau en appliqué, inspiré des grands fonds marins, a été réalisé dans des tonalités très contemporaines.*

Dans le textile, les innovations sont innombrables et permanentes, créant la mode tout en la suivant. Après un temps de désaffection, le patchwork et l'appliqué redevinrent très en vogue dans les années soixante et soixante-dix, en même temps que renaissaient le goût des textiles exotiques et la fascination pour le mode de vie des pionniers américains. Durant ces deux décennies, on a vu fleurir des ouvrages en patchwork – vêtements ou accessoires d'ameublement – rebrodés de motifs et de slogans politiques ou sentimentaux, un peu comme, à l'époque victorienne, l'engouement s'était porté sur les *crazy patchworks*.

Dans le chapitre suivant, nous vous présentons des projets qui sont une adaptation moderne des traditions d'autrefois. Les couleurs et les motifs sont marquants, pleins d'audace et d'une modernité très stylisée. Ils sont utilisés pour agrémenter des accessoires modernes comme des sacs à dos ou des tee-shirts, par exemple, mais nous les avons aussi intégrés dans des projets de style plus traditionnel. Pour des raisons pratiques et de rapidité d'exécution, nous avons simplifié certains motifs de patchwork pour que vous puissiez les piquer à la machine. Ainsi, les patchworks mosaïques, qui traditionnellement se composaient de centaines de formes géométriques, ont été simplifiés et redessinés ; les éléments ont été agrandis, de façon que vous puissiez les réaliser assez rapidement. Un conseil cependant : dans un patchwork assemblé à la machine, la précision est indispensable pour que les coutures soient nettes. Prenez donc le temps qu'il faut pour découper vos gabarits et vos tissus.

L'assemblage d'un patchwork à la machine impose certaines contraintes dans la conception des motifs. Il faut que chaque élément soit relativement simplifié et, dans la mesure du possible, il faut éviter d'avoir à assembler des courbes. Évitez aussi les éléments trop petits. Votre travail fini ne serait pas net. Dans tous les cas, n'hésitez pas à doubler vos pièces avec de la toile d'assemblage : elle donnera plus de corps à votre ouvrage et vous servira de guide pour les piqûres. Les formes les plus faciles à travailler sont les carrés et

À droite : *on ne pense pas toujours à réaliser des appliqués en papier travaillé. Pourtant, on peut en faire de très beaux objets contemporains comme cette élégante chemise cartonnée.*

les rectangles. Ceux-ci peuvent s'assembler en bandes, que l'on assemble ensuite entre elles. Pour le débutant, le carré est la forme idéale. Choisissez deux tons contrastés pour créer un effet d'échiquier, par exemple. Les plus rompus au travail du patchwork peuvent s'amuser à concevoir leurs propres dessins géométriques, comme on le faisait autrefois. Inspirez-vous des motifs géométriques que vous trouverez dans d'autres formes d'expression artistique : l'architecture islamique, par exemple, ou certains motifs de mosaïque orientale, qui vous donneront de surcroît des idées de couleurs.

Notre époque est celle de la production de masse et de l'uniformisation. Voilà pourquoi sans doute les fabricants cherchent à personnaliser les textiles et, nous, nous éprouvons une satisfaction fondamentale à personnaliser nos ouvrages. Cependant la notion du temps est aussi l'une des clés de notre époque, et nous ne pouvons plus consacrer autant de temps qu'autrefois aux travaux d'aiguille. La plupart d'entre nous veulent réaliser un ouvrage en une journée. C'est en partie possible grâce aux progrès dans la fabrication et la conception des matériaux et des accessoires qui font gagner beaucoup de temps.

La toile d'assemblage thermocollante a révolutionné l'art de l'appliqué. Elle représente en effet un gain de temps extraordinaire, puisqu'elle permet de coller l'appliqué directement sur le tissu de support. Elle évite également que le tissu de l'appliqué ne s'effiloche, ou que le motif ne se déforme pendant que l'on en coud les contours. Elle sert aussi à rendre opaques certains tissus, et permet ainsi d'appliquer un tissu clair sur un autre foncé, sans que le foncé n'apparaisse en transparence. En général on reprend les contours d'un appliqué à la machine au point de bourdon. On peut aussi les reprendre avec un point de broderie à la main. Mais pour gagner du temps, grâce à la toile d'assemblage, vous pouvez aussi vous contenter de découper les contours du motif avec des ciseaux à cranter.

On conseille souvent aux débutants de réaliser leurs travaux dans des tissus de coton. Ils sont en effet très faciles à travailler. Choisissez-en qui ont de la tenue, et évitez ceux qui sont trop mous ou à trame trop lâche. Les tissus de coton se lavent facilement, et ils existent dans toutes les couleurs ainsi que dans une variété infinie d'imprimés. Cependant, avec un peu d'habitude, utilisez aussi des matériaux contemporains comme le vinyle, certaines matières plastiques, ou encore les organzas lamés. En patchwork, n'oubliez pas que vous devez travailler des tissus d'épaisseur et de texture compatibles. Pour l'appliqué, en revanche, vous n'y êtes pas tenu, et vous pouvez allier des matières complètement différentes. Songez aussi à utiliser des fourrures synthétiques ou de la feutrine. Celle-ci se révèle particulièrement utile pour confectionner des appliqués parce qu'elle ne s'effiloche pas et qu'elle a de la tenue. Mais, attention, la feutrine se lave mal et risque de rétrécir.

Enfin parachevez vos ouvrages avec des perles, des sequins, des boutons et des rubans. Il existe également toutes sortes de fils intéressants, depuis les fils lamés jusqu'aux fils fluorescents.

Ci-dessus : *voici une interprétation très moderne d'une couverture de berceau alliant les techniques traditionnelles de matelassage, de patchwork et d'appliqué.*

Ci-dessous : *le patchwork et l'appliqué sont des formes d'artisanat très anciennes, et c'est le choix des tissus qui les rajeunit.*

SAC DE RANGEMENT

Ce sac, dont l'armature est un portemanteau, est orné d'un motif en patchwork qui évoque un moulin à vent. Choisissez un tissu imprimé dans des tons coordonnés pour le corps du sac.

FOURNITURES

40 x 90 cm (16 x 36 po) de tissu imprimé

des ciseaux de tailleur

du papier et un crayon

du carton

un cutter

1 m x 90 cm (1 yd x 36 po) de tissu vert

50 x 90 cm (20 x 36 po) de tissu jaune

des épingles

une machine à coudre et un pied ganseur

du fil assorti

1 m (1 yd) de biais de 90 cm (36 po) de large

1 m de passepoil

un cintre en bois de 37 cm (15 po)

PRÉPARATION

Agrandissez le patron de la page 251, reportez-le sur le papier, et découpez deux côtés, un haut et un dos dans le tissu imprimé, en prévoyant 1 cm (1/2 po) de marge pour la couture. Agrandissez les triangles du motif central, et découpez les gabarits dans le carton. Découpez quatre triangles verts et quatre jaunes, en prévoyant un surplus de 5 mm (1/4 po) pour les replis. Pour faire le biais, coupez une bande de 8 x 65 cm (3 x 26 po) dans le biais du tissu jaune. Assemblez pour faire un cercle et ouvrez la couture d'assemblage au fer.

1

Assemblez les triangles en alternant les couleurs, comme vous le voyez ci-dessus, de manière à obtenir un carré. Repassez en couchant les coutures sur un côté.

2

Travaillant endroit contre endroit, piquez à la machine le patchwork aux côtés. Ouvrez les coutures au fer. Assemblez le haut de la même manière, crantez la couture arrondie, écrasez-la au fer.

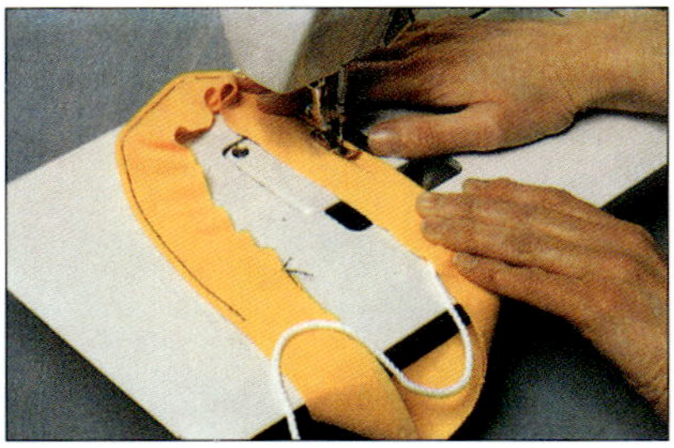

3

Faites un repli dans le biais, et piquez à la machine après avoir pris le cordon de passepoil en couture, comme vous le voyez ci-dessus. Faufilez ensuite le biais le long de l'ouverture et sur le rabat, assemblez. Crantez la couture arrondie et cousez à points glissés.

4

Travaillant endroit contre endroit, placez le patchwork sur le fond du sac et assemblez.

FINITION

Crantez les angles, retournez sur l'endroit et repassez. Glissez le cintre dans la couture supérieure.

MARSEILLE

SAC À DOS DE VINYLE

Ce sac est très pratique grâce à ses bretelles jaune phosphorescent. On les voit en effet dans le noir et elles constituent une sécurité pour les enfants qui rentrent de l'école les soirs d'hiver.

FOURNITURES

du papier et un crayon

du carton

un cutter

50 x 90 cm (20 x 36 po) de vinyle bleu

50 x 90 cm (20 x 36 po) de vinyle jaune

10 x 90 cm (4 x 36 po) de vinyle rouge

des ciseaux de tailleur

1 m x 90 cm (1 yd x 36 po) de tissu de doublure

des épingles

1, 35 m (52 po) de ruban adhésif noir de 4 cm (1 1/2 po) de large

une machine à coudre

du fil coordonné

une aiguille et du fil à faufiler

7 gros œillets

un marteau

1 m (1 yd) de cordon de Nylon

PRÉPARATION

Agrandissez le diagramme ci-contre et découpez les triangles en prévoyant 5 mm (1/4 po) de marge pour la couture, et en vous reportant à la photo ci-contre pour les couleurs. Coupez un rectangle de vinyle bleu de 66 x 32,5 cm (26 x 12 3/4 po) : ce sera le corps du sac. Dans le vinyle jaune, découpez un rectangle de 33 x 14 cm (13 x 5 1/2 po), qui fera la base du sac. Pour les bretelles, découpez deux bandes de 7 x 66 cm (2 1/2 x 26 po) dans le vinyle jaune. Découpez le corps du sac et la base dans la doublure.

1

Assemblez les triangles bleus au carré jaune, en suivant le diagramme.

2

Assemblez ensuite les triangles rouges, puis les grands triangles jaunes. Appliquez le patchwork ainsi formé sur le devant du corps du sac de vinyle bleu.

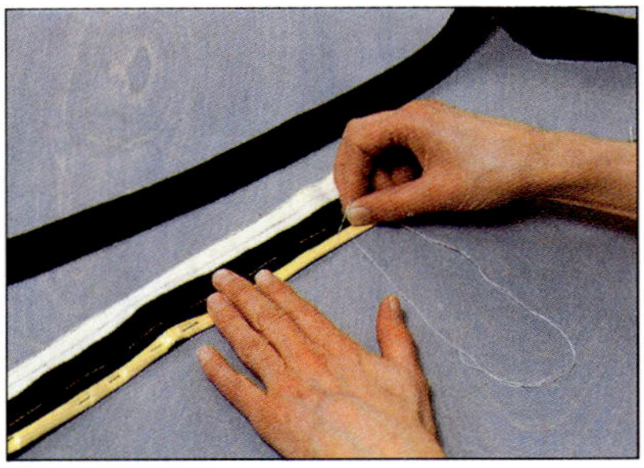

3

Coupez le ruban adhésif en deux, et faufilez-le sur les bandes de bretelles jaunes. Repliez le vinyle sur le ruban en laissant un espace de 5 mm (1/4 po) de chaque côté. Rabattez un petit ourlet, faufilez puis cousez à points glissés. Épinglez les bretelles au sac. Piquez la couture du dos, puis épinglez et assemblez le fond au corps du sac. Montez la doublure et cousez-la le long du bord supérieur du sac, en ménageant une petite ouverture. Retournez le travail sur l'endroit et refermez l'ouverture à points glissés.

4

Insérez les œillets à 3 cm (1 1/4 po) du haut du sac en les espaçant régulièrement. Enfilez le cordon de Nylon dont vous aurez noué les extrémités.

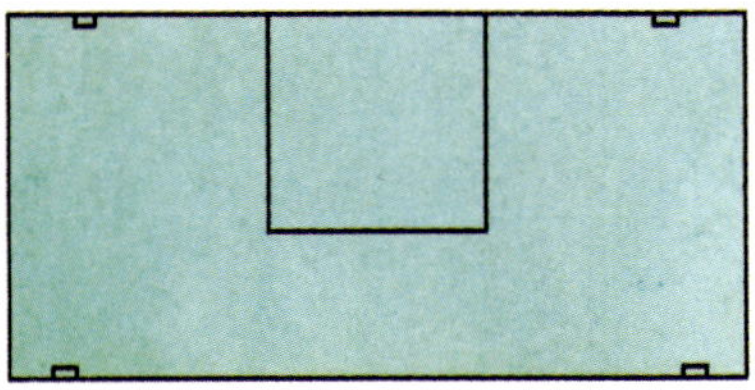

PATRON DU SAC À AGRANDIR DE 90 %

DIAGRAMME DU PATCHWORK À AGRANDIR DE 50 %

BÉRET D'ENFANT

Ce béret de vinyle avec sa jolie marguerite appliquée fera oublier la pluie maussade à l'enfant qui le portera. Vous pouvez aussi acheter un béret tout fait et l'agrémenter avec le motif appliqué.

FOURNITURES

du papier et un crayon

des ciseaux à papier

du papier-calque

des ciseaux de tailleur

10 x 90 cm (4 x 36 po) de toile d'assemblage thermocollante

un fer à repasser

des chutes de tissus assortis

50 x 90 cm (20 x 36 po) de vinyle rouge

50 x 90 cm (20 x 36 po) de tissu à pois

des épingles

du fil à broder

une aiguille à broder

une machine à coudre

du fil coordonné

PRÉPARATION

Agrandissez les gabarits, puis découpez-les dans du papier. Dessinez les éléments de la marguerite sur du papier-calque, et reportez-les sur la toile d'assemblage. Découpez les formes, et collez sur les chutes de tissus. Découpez celles-ci. Dans le vinyle rouge, découpez un cercle de 40 cm (16 po) de diamètre, et un de la même taille dans le tissu à pois. Pour le bord du béret, coupez dans les deux matériaux une bande de 5 cm (2 po) de large et de 4 cm (1 3/4 po) de plus que le tour de tête.

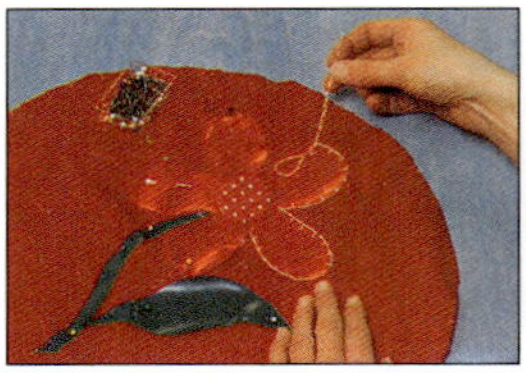

1

Disposez la marguerite au centre du cercle de vinyle. Épinglez les éléments et cousez les contours au point de grébiche. Vous pouvez rehausser le motif avec un point de broderie.

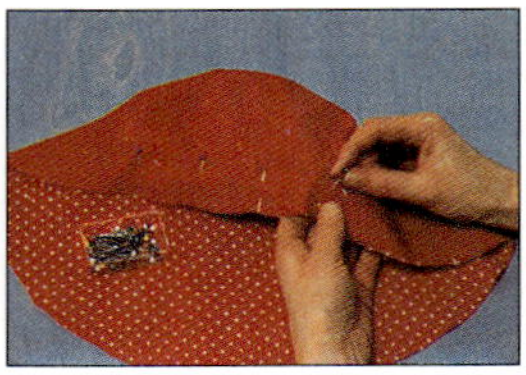

2

Assemblez les extrémités de la bande du béret, nettoyez la couture, puis surfilez. Superposez le cercle en vinyle, et celui en tissu de doublure, envers contre envers, et marquez quelques plis sur le derrière du pourtour de manière à ajuster à la largeur de la bande.

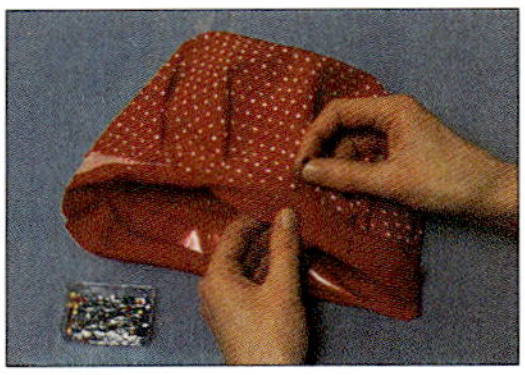

3

Cousez la bande de vinyle sur les plis, puis la bande de doublure sur la première. Nettoyez les coutures, repassez. Rabattez la bande sur l'envers du béret, et cousez à points glissés.

AGRANDIR DE 75 %

TEE-SHIRT AU PETIT CHIEN

Décorez un tee-shirt tout simple avec cet adorable petit chien. Vous pouvez aussi poser cet appliqué sur la bavette d'une salopette.

FOURNITURES

un fer à repasser
de la toile d'assemblage thermocollante
un petit morceau de tissu
du papier et un crayon
des ciseaux de tailleur
un tee-shirt d'enfant
une aiguille et du fil assorti
13 cm (5 po) de ruban écossais
une perle de verre
du fil à broder

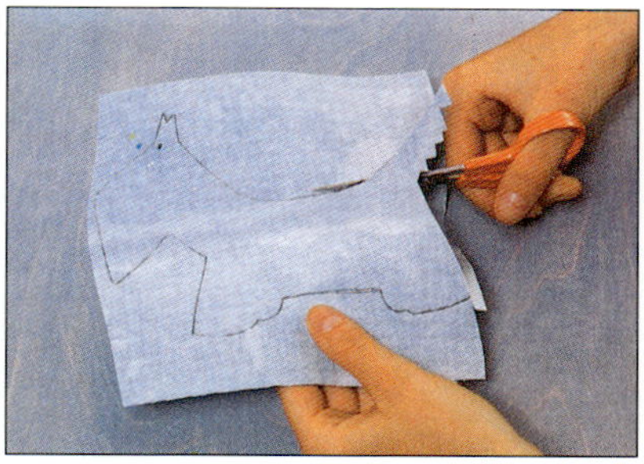

1

Collez la toile d'assemblage sur l'envers du petit morceau de tissu. Agrandissez le motif, dessinez-le sur la toile, puis découpez.

2

Enlevez le papier de protection de la toile, placez avec soin le petit chien au milieu du devant du tee-shirt, et repassez. Reprenez les contours du motif à points glissés.

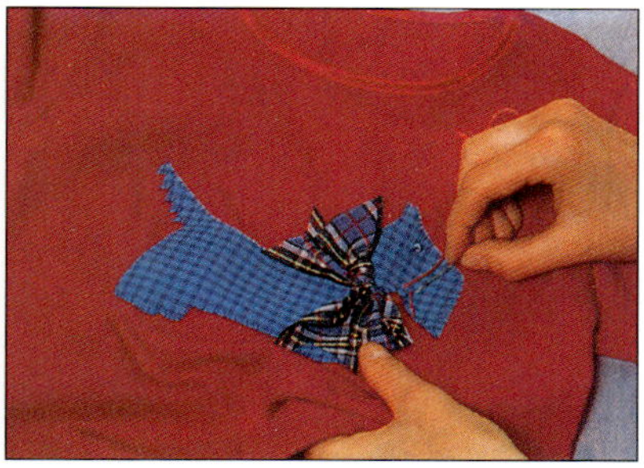

3

Faites un nœud avec le ruban, et cousez-le au cou du chien. Cousez une perle pour figurer son œil, et dessinez sa bouche avec quelques points de tige.

SAC DE PLAGE

Ce sac très astucieux peut se mettre complètement à plat et servir de tapis de plage. Des poissons en tissu appliqués et la mer, en tissu aussi, sont pris entre deux feuilles de plastique transparent.

FOURNITURES

2 m x 90 cm (2 1/4 yd x 36 po) de plastique transparent robuste

des ciseaux de tailleur

un carré de satin (ou satin de coton) bleu de 66 cm (26 po) de côté

du papier et un crayon

des ciseaux à papier

de la toile d'assemblage thermocollante

un fer à repasser

des chutes de tissus assortis

un marqueur

une machine à coudre

du fil coordonné

1 m (1 yd) de ruban blanc de 2 cm (3/4 po) de large

1 m (1 yd) de ruban rouge de 2 cm (3/4 po) de large

3,5 m (3 3/4 yd) de biais blanc

3 m (3 1/4 yd) de gros cordon

PRÉPARATION

Découpez dans le plastique deux cercles de 90 cm (36 po) de diamètre et, dans le satin, un cercle de 60 cm (24 po) de diamètre dont vous découperez le tour avec des ondulations. Dessinez sur le papier les gabarits de poissons d'après les modèles donnés à la page 251 en variant leur taille puis découpez.

1

Reportez les poissons sur la toile d'assemblage. Découpez et collez sur les chutes de tissus. Enlevez le papier de protection et collez au fer sur le rond de satin bleu. Dessinez au marqueur les écailles et les nageoires.

2

Placez le satin entre les deux cercles transparents, et piquez au point zigzag les contours du satin. Coupez chacun des rubans en six morceaux égaux, formez des passants et épinglez-les sur le pourtour du double cercle. Finissez le bord avec le biais. Enfilez le cordon dans les passants, et nouez-en les extrémités.

SERVIETTE DE PLAGE

Recoupez un vieux drap de bain, ou taillez dans du tissu-éponge pour réaliser cette jolie serviette de plage ornée d'appliqués d'inspiration marine.

FOURNITURES

du papier et un crayon
des ciseaux à papier
des chutes de tissus assortis
un fer à repasser
des ciseaux de tailleur
une serviette-éponge ou du tissu-éponge
une machine à coudre
des fils coordonnés
un feutre de couturière
des épingles

PRÉPARATION

Agrandissez les motifs de la page 252, puis découpez-les dans le papier. Dans un tissu de couleur contrastée par rapport à la serviette, découpez deux bandes de 1 m x 7,5 cm (1 yd x 3 po) qui vous serviront à border la serviette. Faites un repli de 1 cm (1/2 po) de chaque côté de ces bandes. Repassez.

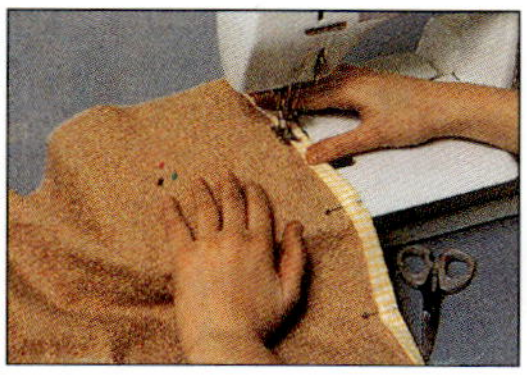

1

Piquez les bandes aux bords de la serviette ou du tissu-éponge de manière à dissimuler les bords vifs.

2

Épinglez les gabarits des motifs sur les chutes de tissus, et découpez-les.

3

Disposez les motifs à l'une des extrémités de la serviette. Faites se chevaucher le seau et la pelle. Mettez la machine sur le mode zigzag, et piquez les motifs.

COURTEPOINTE EN APPLIQUÉ NOIR ET BLANC

Ce dessin très typé joue sur des images et leur négatif. Les motifs sont découpés dans du tissu noir et du tissu blanc puis appliqués sur des carrés en inversant les couleurs.

FOURNITURES

un carré de carton de 30 cm (12 1/2 po) et un crayon

un cutter

1,50 x 1,15 m (1 1/2 yd x 45 po) de percale blanche

des ciseaux de tailleur

2 x 1,15 m (2 yd 1/4 x 4 po) de percale noire

1,05 m x 90 cm (40 x 36 po) de toile d'assemblage thermocollante

un fer à repasser

une machine à coudre

du fil noir

PRÉPARATION

Agrandissez le motif ci-dessous, reportez-le sur le carton et découpez-le. Découpez dans les étoffes de percale 12 carrés blancs et 6 noirs de 32 cm (12 1/2 po) de côté. Découpez la toile d'assemblage en six carrés de 32 cm (12 1/2 po) cm de côté. Coupez dans le tissu noir un morceau de 1 x 1,30 m (39 x 52 po) qui servira de fond à l'ouvrage.

1

Reportez le motif ci-dessous sur les carrés de toile d'assemblage.

2

Collez la toile d'assemblage sur l'envers des carrés noirs et découpez soigneusement le motif.

3

Enlevez le papier de protection de la toile et disposez les motifs noirs sur un carré blanc, et le carré noir évidé de ses motifs sur un autre carré blanc. Faites ainsi pour chaque carré noir. Repassez pour coller.

AGRANDIR DE 75 %

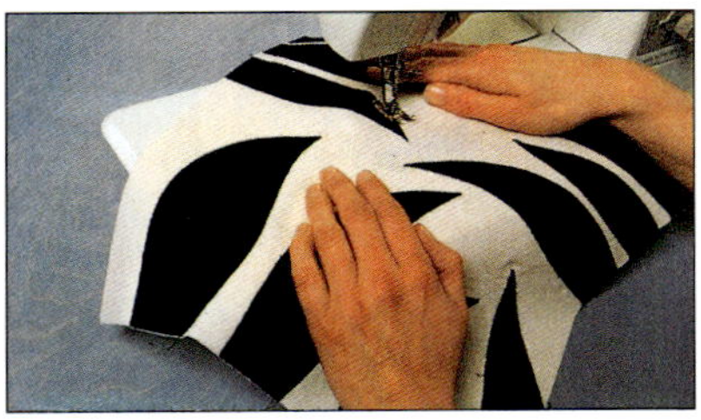

4

Piquez à la machine au point zigzag tout le tour des formes noires.

FINITION

Assemblez les carrés par bandes de trois, puis les quatre bandes entre elles. Travaillant envers contre envers, faufilez le fond de l'ouvrage. Rabattez les bords sur le dessus de l'ouvrage, puis les angles ; faites un petit repli et cousez à points glissés.

JEU DE COUSSINS EN PATCHWORK

Ces quatre coussins ont été réalisés dans un morceau de patchwork découpé puis assemblé plusieurs fois. Cette technique de travail séminole est une astucieuse façon d'utiliser des chutes de tissus unis aux couleurs vivement contrastées.

FOURNITURES

1 x 1,15 m (1 yd x 45 po) de soie rouge pour le dos des coussins

3 m (3 1/4 po) de passepoil rouge

des ciseaux de tailleur

une machine à coudre

des fils coordonnés

quatre fois 40 cm (15 po) de soie sauvage dans quatre coloris différents

de la toile d'assemblage thermocollante

un fer à repasser

4 garnitures de coussins de 20 cm (8 po) de côté

PRÉPARATION

Dans la soie rouge, faites un biais de 3 cm (1 1/4 po) de large et de 3 m (3 1/4 yd) de long, et utilisez-le pour recouvrir le passepoil. Coupez en deux les quatre carrés de soie suivant leur diagonale. Prenez un triangle de chaque couleur et assemblez-les pour constituer un carré de quatre couleurs. Pliez celui-ci deux fois en deux selon ses médianes et repassez pour bien marquer les lignes de pliure. Faites ainsi quatre carrés.

1

Découpez chaque carré selon les pliures pour obtenir quatre petits carrés.

2

Découpez chaque petit carré en trois bandes de manière à obtenir douze rectangles.

3

Assemblez au hasard deux fois trois bandes. Recoupez en deux les six dernières bandes, mélangez-les et assemblez-les pour retrouver six nouvelles bandes. Assemblez encore au hasard pour obtenir deux blocs rectangulaires.

4

Découpez chaque rectangle en deux, et nettoyez les bords.

5

Collez la toile d'assemblage sur l'envers des chutes de soie rouge. Dessinez vingt cercles et découpez. Enlevez le papier de protection de la toile et collez ces cercles sur les blocs de patchwork. Piquez les contours à la machine au point zigzag.

FINITION

Dans la soie rouge, coupez quatre dos de coussin de 23 cm (9 po) de côté. Travaillant endroit contre endroit, assemblez un dos à chaque bloc de patchwork en prenant le passepoil entre les deux épaisseurs de tissu. Ménagez dans l'une des coutures une ouverture de 13 cm (5 po). Crantez les angles, repassez et retournez sur l'endroit. Glissez les garnitures de coussin à l'intérieur des housses ainsi obtenues, et refermez les ouvertures à points glissés.

CARTES DE VŒUX EN PATCHWORK DE SOIE

Ce motif qui évoque un sapin de Noël a été réalisé avec un assemblage de bandes de soie que l'on a recoupé en triangle. C'est une technique de patchwork simple mais très spectaculaire.

FOURNITURES

un crayon et une règle

des chutes de tissus de soie imprimée assortis

des ciseaux de tailleur

une machine à coudre

des fils de couleurs contrastées

des épingles

de la colle pour tissu

du carton

des ciseaux à papier

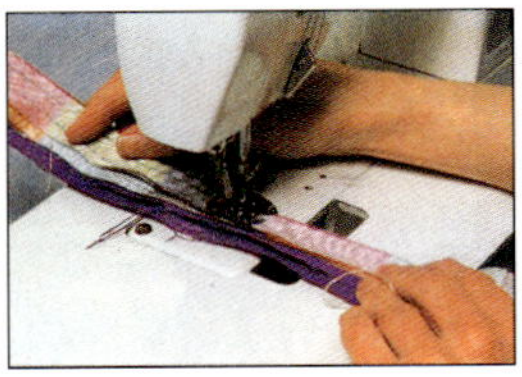

1

Découpez les morceaux de soie en bandes de 2,5 x 36 cm (1 x 14 po). Faites-les se chevaucher puis assemblez-les avec des fils de couleurs contrastées dans le sens de la longueur.

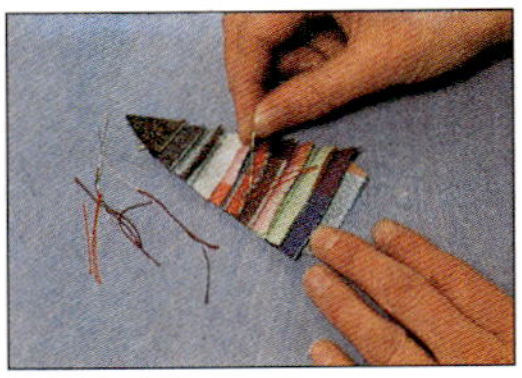

2

Découpez dans le patchwork ainsi réalisé des formes triangulaires. Avec une épingle, effrangez les bords vifs de chaque bande.

3

Avec de la colle pour tissu, fixez les triangles sur un fond de tissu de soie, puis collez celui-ci sur un morceau de carton, et retaillez à la dimension de la soie. Découpez d'autres morceaux de carton, pliez-les en deux pour faire des cartes, et collez le motif sur le devant de chacune.

Couvercle pour pot de confiture

Appliquez cette belle fraise bien mûre sur un petit « chapeau » qui recouvrira le couvercle d'un pot de confiture. Rehaussez l'ouvrage de quelques points de broderie, puis inspirez-vous d'autres fruits pour réaliser d'autres couvercles.

Fournitures

un crayon
une soucoupe
des chutes de tissus rose et vert
des ciseaux de tailleur
de la toile d'assemblage thermocollante
un fer à repasser
du papier-calque et un crayon
du fil à broder
une aiguille à broder
une machine à coudre
du fil coordonné
40 cm (16 po) de ruban rose

Préparation

Dessinez le contour de la soucoupe sur le tissu rose et sur le tissu vert. Découpez les deux cercles. Collez la toile d'assemblage aux chutes de tissu. Dessinez le motif de la fraise sur du papier et reportez-le ensuite sur la toile d'assemblage. Découpez. Enlevez le papier de protection et disposez le motif au centre du cercle vert. Repassez.

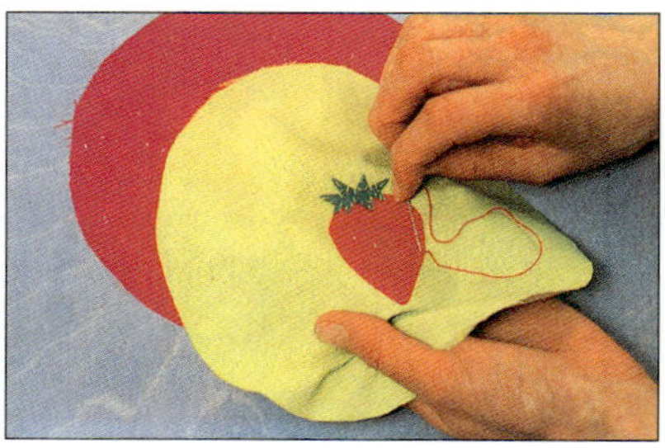

1

Reprenez les contours de la fraise avec des points de broderie. Parsemez le pourtour de points de croix. Travaillant endroit contre endroit, assemblez les deux cercles à la machine, en ménageant une petite ouverture.

2

Retournez le travail sur l'endroit. Bordez la circonférence du cercle d'une ligne de points devant. Fixez le ruban à 5 cm (2 po) du bord. Placez l'ouvrage sur le couvercle du pot de confiture, et nouez le ruban pour maintenir le « chapeau ».

ÉTUI À LUNETTES EN APPLIQUÉ

Si vous lavez en machine de vieux morceaux de tricot, vous obtiendrez un matériau ayant l'élasticité de la laine et la texture du feutre. Dessinez les motifs d'appliqué à main levée, et placez-les sur cet étui à lunettes.

FOURNITURES

du papier et un crayon

des ciseaux à papier

des morceaux de tricot feutré assortis

des ciseaux de tailleur

20 x 90 cm (8 x 36 po) de soie de doublure

des épingles

une machine à coudre

du fil coordonné

20 cm (8 po) de tresse

50 cm (1/2 yd) de cordon

PRÉPARATION

Agrandissez le gabarit ci-dessous et reportez-le sur du papier. Utilisez-le pour découper l'étui dans la laine feutré, sa doublure, plus quatre carrés de laine feutrée différents pour recouvrir l'étui.

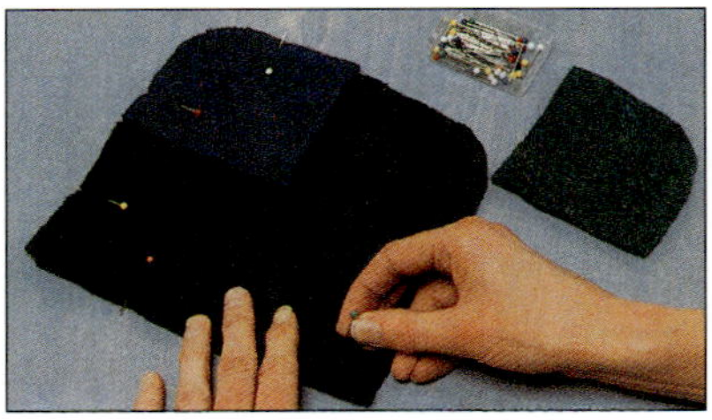

1

Assemblez quatre carrés de laine feutrée sur l'étui.

2

Découpez vos motifs d'appliqué dans des chutes de laine feutrée. Disposez-les sur les carrés. Épinglez.

3

Reprenez les contours des motifs à la machine au point zigzag.

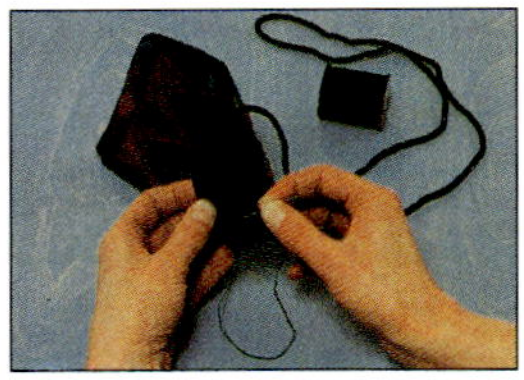

4

Travaillant endroit contre endroit, pliez l'étui en deux dans le sens de la longueur et cousez. Retournez sur l'endroit. Faites de même pour la doublure. Glissez-la à l'intérieur. Recouvrez les bords, sauf celui de la pliure, avec la tresse. Fixez le cordon.

AGRANDIR DE 75 %

TROUSSE À BIJOUX

Cette trousse à bijoux, qui se roule pour se glisser facilement dans un bagage, a été entièrement surpiquée selon un dessin de labyrinthe. Ce type de surpiqûre peut s'utiliser pour remplir un motif ou, au contraire, tout le fond d'un ouvrage.

FOURNITURES

20 x 90 cm (8 x 36 po) de soie à carreaux

des ciseaux de tailleur

des chutes de molleton

une aiguille et du fil à faufiler

une machine à coudre

du fil coordonné

1 m (1 yd) de biais

2 boutons-pression

des épingles

un pied ganseur

une fermeture Éclair de 15 cm (6 po)

un bouton

PRÉPARATION

Découpez trois rectangles de 18 x 40 cm (7 x 16 po) : deux dans la soie et un dans le molleton. Prenez ce dernier entre les deux épaisseurs de soie, en plaçant l'endroit de la soie sur l'extérieur. Faufilez en commençant par le centre. Pour le porte-bagues, découpez deux longueurs de 23 cm (9 po) de biais, et assemblez pour obtenir un biais deux fois plus large. Coupez en deux, rabattez les extrémités, et cousez-les. Fixez un bouton-pression à chacune des extrémités.

1

Surpiquez entièrement le rectangle de soie matelassé en faisant un dessin de labyrinthe. Utilisez pour cela un fil de couleur contrastée, ou reprenez une des couleurs de la soie.

2

Avec du biais, recouvrez les deux bords courts du rectangle matelassé. Repliez ensuite les extrémités du rectangle sur 7,5 cm (3 po) et faufilez. Épinglez la fermeture Éclair le long d'un bord replié et piquez. Piquez son autre côté sur le fond. Divisez l'autre poche en trois par trois piqûres verticales.

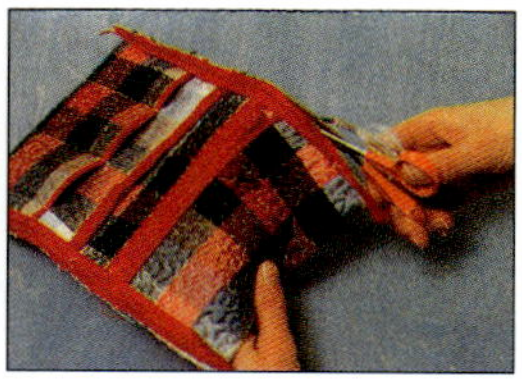

3

Épinglez le biais large en travers du milieu de la trousse. Fixer avec les boutons-pression. Posez du biais étroit le long des bords longs de la trousse, piquez, nettoyez les bords vifs et repliez le biais sur l'endroit du travail. Rabattez à points glissés.

FINITION

Roulez l'étui et repérez le milieu de sa longueur. Cousez un bouton et une bride.

TENTURE INDIENNE

Ces tentures que l'on suspend au-dessus des portes se trouvent partout en Inde, où elles ornent les entrées des temples. Elles se caractérisent par des couleurs très vives ainsi que par l'assemblage étrange des pièces de patchwork que rehaussent des motifs appliqués.

FOURNITURES

du papier et un crayon

de la percale

des ciseaux de tailleur

du molleton

un choix de chutes de velours, de satin, de soie et de coton

des ciseaux à broder

un tambour à broder

des fils à broder

une aiguille à broder

des perles, des sequins et des boutons

du fil à matelasser

une aiguille et du fil à faufiler

une machine à coudre et du fil

des morceaux de biais, de ruban et de ruban adhésif

des anneaux de rideau

PRÉPARATION

Déterminez la forme et les dimensions de votre tenture, et dessinez-en le plan en le divisant en blocs de patchwork. Découpez la tenture dans la percale, en prévoyant une marge pour la couture. Découpez-la aussi dans le molleton, mais sans marge.

1

Découpez les formes de vos appliqués et du patchwork à main levée. Faufilez-les sur un carré de tissu et disposez dans un tambour. Si vous le désirez, glissez du rembourrage dans certains des motifs pour obtenir plus de relief. Surpiquez ensuite à la main les contours des motifs, en prenant bien toutes les épaisseurs de tissu. Rehaussez avec des perles, des sequins et des petits boutons.

2

Confectionnez une bordure avec des pièces taillées comme ci-dessus. Travaillant endroit contre endroit, épinglez le long du bord supérieur de la tenture, puis piquez à la machine.

3

Rabattez la bordure. Bordez ses pointes avec des chutes de ruban et de tresse. Recouvrez la couture d'assemblage d'une longueur de ruban. Piquez.

FINITION

En suivant votre schéma, assemblez les blocs pour faire la tenture. Intercalez le molleton entre le patchwork et la percale constituant le fond, en disposant les côtés endroit sur l'extérieur. Faufilez ensemble. Faites une piqûre à la machine tout autour de l'ouvrage. Dissimulez les bords vifs avec du biais, des rubans ou du ruban adhésif. Cousez les anneaux de rideau en haut de la tenture en les espaçant régulièrement.

LOVE AND LIVE HAPPY

SET DE TABLE DE STYLE BISTROT

On a décoré ce set de table avec des appliqués figurant des légumes de potager d'inspiration rétro. Ce style kitsch est caractéristique des années cinquante.

FOURNITURES

du papier et un crayon

des ciseaux à papier

des chutes de tissus orange, rouge et jaune

des ciseaux de tailleur

20 x 50 cm (8 x 20 po) de tissu à rayures vertes et rouges

10 x 27 cm (4 x 10 1/2 po) de vichy jaune

une aiguille et du fil à faufiler

un feutre de couturière

des fils à broder vert et marron

une aiguille à broder

une machine à coudre

du fil coordonné

un fer à repasser

5 x 36 cm (2 x 14 po) de percale rouge

30 x 36 cm (12 x 14 po) de vichy vert

un morceau de tissu matelassé de 33 x 42 cm (13 x 16 1/2 po)

PRÉPARATION

Reportez sur le papier les motifs de la page 252 en les agrandissant, puis découpez-les. Épinglez-les sur les chutes de tissus, et découpez en prévoyant 5 mm (1/4 po) supplémentaires pour les replis. Coupez dans le tissu à rayures vertes et rouges deux bandes de 5,5 x 9 cm (2 1/4 x 3 1/2 po), et une autre de 7 x 36 cm (2 3/4 x 14 po).

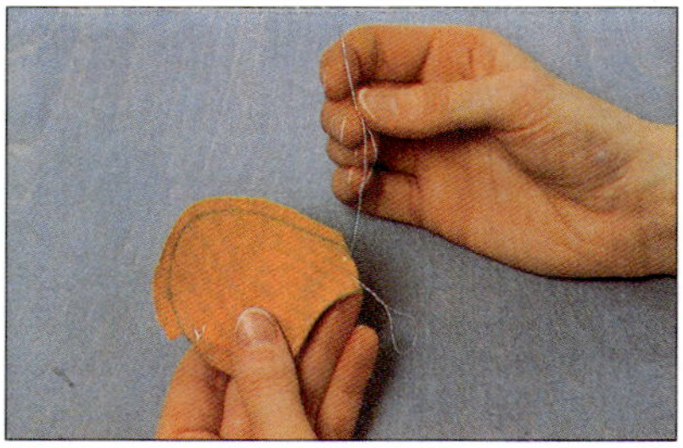

1

Faites un repli sur le pourtour des motifs, et faufilez. Découpez dans le vichy jaune trois rectangles de 10 x 9 cm (4 x 3 1/2 po).

2

Épinglez un motif sur chacun des rectangles et cousez à points glissés. Dessinez les détails au feutre de couturière, et brodez ensuite au fil.

3

Assemblez endroit contre endroit les deux bandes courtes à rayures entre les appliqués et repassez. Cousez ensuite la bande rouge au bord gauche des appliqués, puis la longue bande rayée au bord droit.

4

Travaillant endroit contre endroit, cousez le vichy vert à la bande rouge. Cousez un côté court du tissu matelassé à la longue bande à rayures. Faufilez le dessus du set au tissu de dessous. Ramenez le set aux dimensions suivantes : 32 x 42 cm (13 x 16 1/2 po). Coupez ce qu'il vous reste de tissu à rayures rouges et vertes en bandes, et bordez les trois autres côtés du set.

COUVRE-LIVRE AVEC APPLIQUÉ

Cet ouvrage peut vous servir aussi à habiller un carnet. Pour l'appliqué, choisissez de la feutrine qui ne s'effiloche pas, et décorez le cœur de la fleur avec des petites perles de couleur.

FOURNITURES

du papier et un crayon

des ciseaux à papier

du tissu de coton dans deux couleurs contrastées

des ciseaux de tailleur

des chutes de feutrines assorties

de la colle pour tissu

des épingles

une machine à coudre

des fils coordonnés

un fer à repasser

du fil à broder

une aiguille à broder

des perles de couleur

PRÉPARATION

Posez le livre ouvert ou le carnet à plat sur le papier et dessinez-en les contours, en prévoyant 1 cm (1/2 po) de plus tout autour. Épinglez le gabarit ainsi obtenu sur l'un des morceaux d'étoffe et découpez. Pliez le gabarit en deux et découpez deux morceaux dans le tissu contrasté, en ajoutant 1 cm (1/2 po) de marge pour la couture du côté plié. Agrandissez le motif de fleur et reportez-le sur un morceau de feutrine. Découpez-le. Disposez sur le côté droit du grand morceau de tissu et collez. Coupez un cœur de fleur dans une autre feutrine, et collez-le au centre de la fleur.

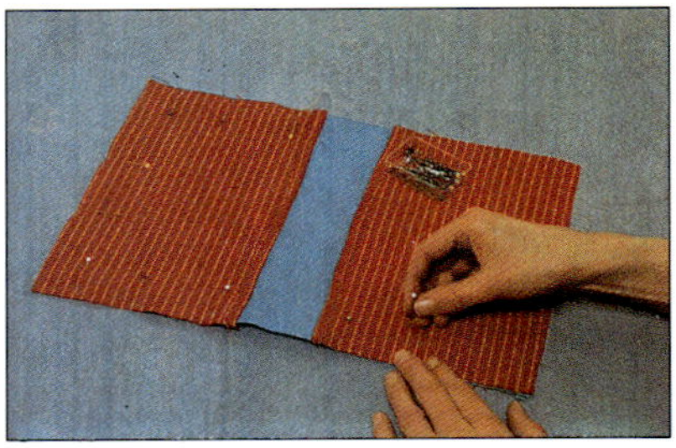

1

Faites un ourlet sur les bords longs des deux morceaux de tissu contrasté. Cousez et repassez. Travaillant endroit contre endroit, épinglez au grand morceau de tissu.

2

En commençant par le centre de l'ouvrage, piquez les coutures. Crantez les angles, repassez et retournez. Reprenez au point devant les contours de la fleur ainsi que celui de son centre, que vous rehausserez de petites perles.

CARTE ET ÉTIQUETTE-CADEAU POUR LA SAINT-VALENTIN

Confectionnez une carte de la Saint-Valentin et son étiquette assortie, pour accompagner un cadeau destiné à un ami intime. Décorez évidemment avec des cœurs.

FOURNITURES

du carton de couleur
un crayon et une règle
des ciseaux à papier
un emporte-pièce
des chutes de tissus assortis
des ciseaux de tailleur
du papier
de la colle pour tissu
des épingles
du fil à broder
une aiguille à broder
des petites perles
10 cm (4 po) de cordon ou de jolie ficelle

PRÉPARATION

Coupez un rectangle de carton de 15 x 20 cm (6 x 8 po) et pliez-le en deux. Découpez un autre morceau de carton de la forme des étiquettes à bagage, et faites-y un trou. Coupez deux rectangles, dont la taille sera adaptée au support, dans le tissu, puis effrangez-en les bords à l'aide d'une aiguille. Coupez une bande de tissu, retaillez en feston l'un de ses bords longs, et collez au plus grand rectangle de tissu. Reproduisez sur du papier en l'agrandissant le motif ci-dessous. Découpez. Il vous faut deux gabarits.

AGRANDIR DE 50 %

1

Épinglez les gabarits de cœur sur des tissus de couleurs contrastées, et découpez. Coupez plusieurs petits cercles dans des tissus assortis.

2

Collez les cercles sur les cœurs, puis les cœurs sur les rectangles de tissu. Rehaussez avec des perles et des points de couleur. Collez les rectangles en tissu sur la carte et sur l'étiquette. Passez la ficelle ou le cordon dans cette dernière, et nouez.

TOQUE DE FEUTRE TRAVAILLÉ

Cette toque est composée de chutes de tricot feutré. Pour la base, privilégiez des couleurs froides comme le bleu ou le vert et pour le motif, jouez le contraste avec des couleurs chaudes tel que le rouge ou l'orange.

FOURNITURES

du papier et un crayon

des ciseaux à papier

des ciseaux de tailleur

des chutes de tricot feutré de tons différents

20 x 90 cm (8 x 36 po) de tissu de doublure

des épingles

une machine à coudre

du fil coordonné

du gros-grain

une aiguille et du fil à faufiler

PRÉPARATION

Agrandissez les deux pièces du patron ci-dessous, et reportez-les sur le papier. Découpez. Avec ces gabarits, découpez des morceaux dans un des tricots feutrés et dans la doublure. Découpez suffisamment de carrés de tricot feutré de tons différents pour garnir le bandeau. Dessinez à main levée un motif pour le dessus de la toque, et découpez ses éléments dans les tricots feutrés de couleurs assorties.

1

Épinglez les carrés sur le bandeau, et piquez au point zigzag. Disposez votre motif sur le dessus de la toque et piquez de la même manière.

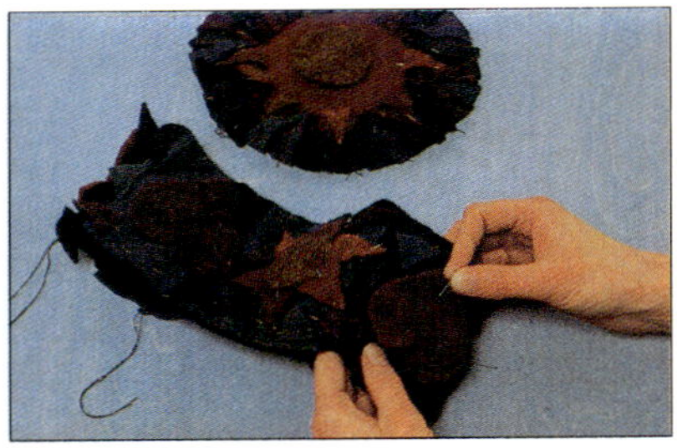

2

Découpez d'autres formes pour décorer les carrés du bandeau, et appliquez-les dessus. Faites de même pour le motif du fond.

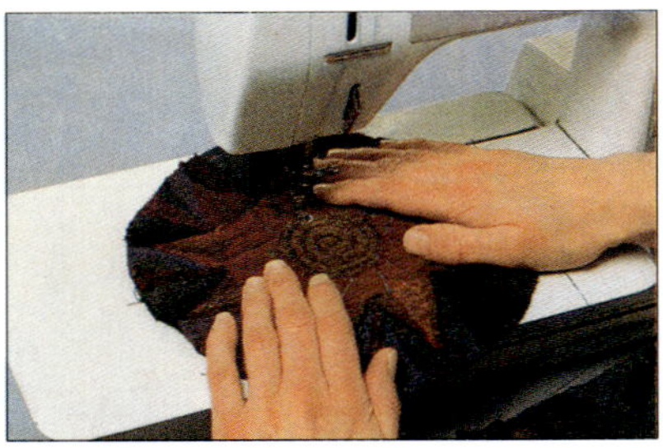

3

Rebrodez le bandeau et le fond en faisant des lignes géométriques de points avec des fils contrastés.

FINITION

Assemblez les extrémités du bandeau pour confectionner un tube, et assemblez le fond à une extrémité de celui-ci. Confectionnez la doublure et placez à l'intérieur de la toque, envers contre envers. Coupez le gros-grain de 3 cm (1 1/4 po) plus grand que le tour de tête désiré, plus 1 cm (1/2 po) pour la couture. Assemblez ses deux extrémités et faufilez au bas du bandeau. Repliez à l'intérieur de la toque et cousez au point de surjet avec le bord du bandeau.

FOND À AGRANDIR DE 75 %

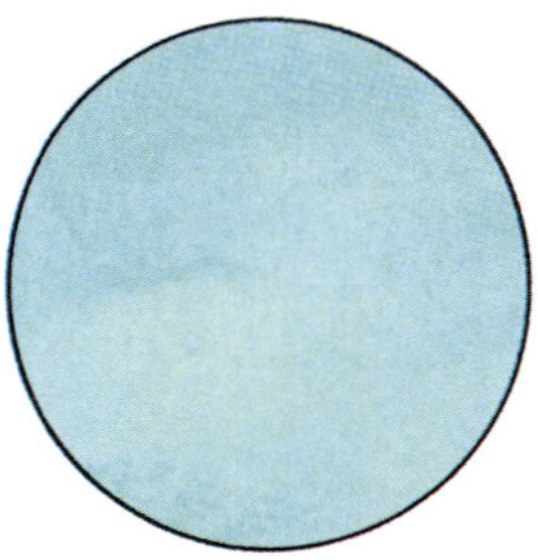

BANDEAU À AGRANDIR DE 75 %

GILET EN APPLIQUÉ NOIR ET BLANC

Appliquez une série de motifs noirs sur ce gilet en simple coton blanc, et votre vêtement ne passera pas inaperçu. Dessinez les motifs à main levée, et appliquez-les par petites sections.

FOURNITURES

un patron de gilet

des ciseaux de tailleur

90 cm x 1,50 m (36 x 60 po) de tissu de coton blanc

50 x 90 cm (20 x 36 po) de tissu de coton noir

un feutre de couturière

des épingles

une machine à coudre

du fil noir

des ciseaux à bouts pointus

PRÉPARATION

Découpez les devants du gilet dans le tissu noir et dans le tissu blanc. Coupez le dos dans le tissu blanc seulement.

1

Dessinez les motifs à main levée sur l'envers des deux devants blancs. Utilisez le feutre de couturière.

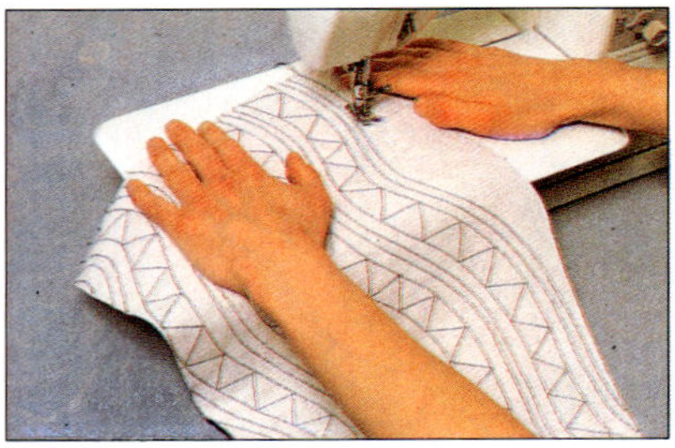

2

Épinglez les devants noirs aux devants blancs, l'endroit dessus pour chaque morceaux. Piquez à la machine les contours des motifs avec du fil noir.

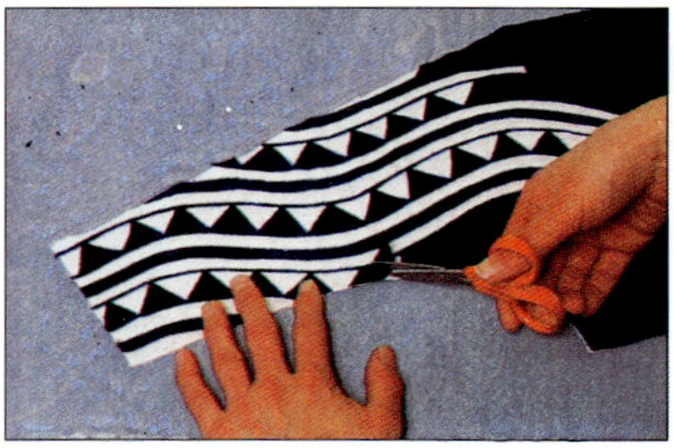

3

Retournez l'ouvrage pour avoir l'endroit du noir sur le dessus, et découpez des petites sections de tissu noir avec des ciseaux à bouts pointus. Découpez tout près des lignes de piqûre, afin qu'apparaisse le tissu blanc.

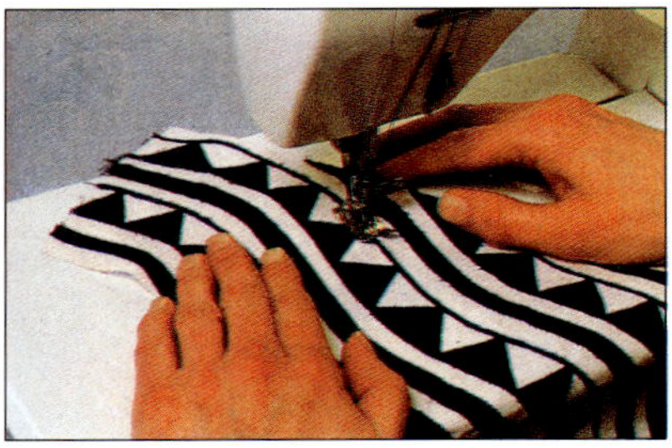

4

Recouvrez, à la machine, les bords vifs au point zigzag. Faites de même jusqu'à avoir décoré ainsi les deux devants du gilet.

FINITION

Assemblez le gilet en suivant les instructions inscrites sur le patron.

COUVERTURE MATELASSÉE MARINE ET ROSE

Cette petite couverture matelassée en patchwork a été réalisée dans des couleurs typiquement modernes, et on a rabattu son tissu de fond sur le devant pour qu'il s'applique sur la bande de bordure et forme comme un liseré.

FOURNITURES

du carton

un cutter

des ciseaux de tailleur

50 x 90 cm (20 x 36 po) de tissu de coton rose

50 x 90 cm (20 x 36 po) de tissu de coton imprimé rose

30 x 90 cm (12 x 36 po) de tissu de coton imprimé bleu marine

50 x 90 cm (20 x 36 po) de tissu de coton bleu marine

des épingles

une machine à coudre

des fils coordonnés

un fer à repasser

1,20 m x 90 cm (48 x 36 po) de molleton

1,20 m x 90 cm (48 x 36 po) de tissu de coton rose pour la doublure

des fils à matelasser rose et bleu marine

une aiguille à matelasser

PRÉPARATION

Confectionnez des gabarits de carton carrés de 9 cm (3 1/2 po) de côté. Découpez 48 carrés rose uni, 36 dans l'imprimé rose et 24 dans l'imprimé marine. Coupez quatre gabarits carrés de 9,5 cm (3 3/4 po) de côté pour les carrés d'angle : il vous en faut deux dans l'imprimé marine et deux rose uni. Découpez deux bandes de bordure marine de 9,5 x 69 cm (3 3/4 x 27 1/4 po), et deux autres de 9,5 x 89 cm (3 3/4 x 35 po).

1

Assemblez les carrés de tissu deux par deux.

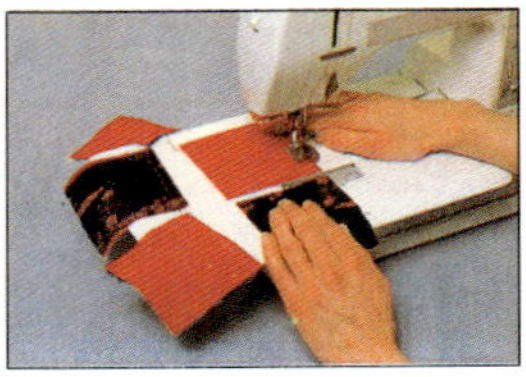

2

En utilisant la méthode en drapeau, piquez-les à la machine par deux, puis en bandes. Assemblez trois bandes de trois carrés pour obtenir 12 blocs de neuf carrés.

3

Assemblez les blocs : trois dans le sens de la largeur, et quatre dans le sens de la longueur. Assemblez les carrés d'angle aux extrémités des bandes courtes. Repassez. Cousez les bandes longues au patchwork, puis les bandes courtes.

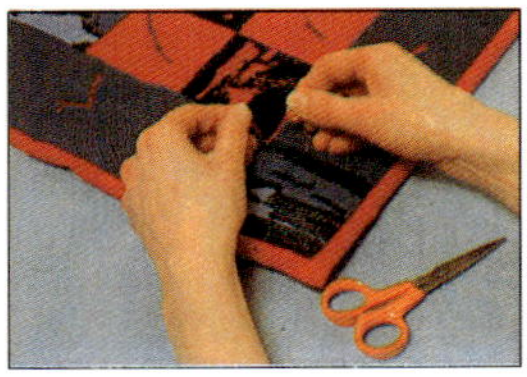

4

Retaillez le molleton à la dimension du patchwork et intercalez-le entre celui-ci et le tissu de fond, les côtés endroits sur l'extérieur. Épinglez puis faufilez les trois épaisseurs. Ramenez le tissu de fond sur les bordures du patchwork, rabattez les angles, faites un étroit repli, et cousez sur les bandes à points glissés. Avec du fil à matelasser, faites des petits nœuds marine au centre de chaque carré rose uni, et des nœuds roses le long des bordures.

HOUSSE DE COUSSIN EN PATCHWORK SIMPLE

Un patchwork de carrés tout simple et piqueté de boutons peut être superbe si vous sélectionnez bien vos couleurs. Ici, on a choisi des tons chauds qu' affectionnent les Scandinaves, cherchant toujours à contrebalancer les lumières froides de leurs pays nordiques.

FOURNITURES

10 x 90 cm (4 x 36 po) de tissu rose

10 x 90 cm (4 x 36 po) de tissu orange

10 x 90 cm (4 x 36 po) de tissu jaune

des ciseaux de tailleur

30 x 90 cm (12 x 36 po) de tissu pour le dos du coussin

des épingles

une machine à coudre

du fil coordonné

un fer à repasser

des fils à broder rose, orange et jaune

une aiguille à broder

9 boutons

4 pompons

PRÉPARATION

Dans chaque tissu, découpez 4 carrés de 9,5 cm (3 3/4 po) de côté. Coupez le tissu du dos de la housse en deux pour obtenir des rectangles de 30 x 45 cm (12 x 18 po). Rabattez un petit ourlet sur un côté court de chaque rectangle.

1

Assemblez les carrés par deux en opposant les couleurs. Assemblez-les ensuite en bandes de quatre carrés, en prenant 1 cm (1/2 po) en couture. Ouvrez les coutures au fer.

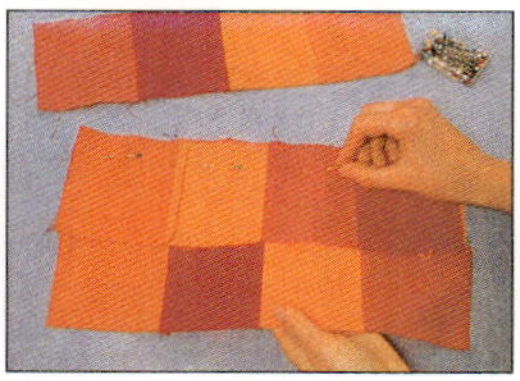

2

Assemblez les bandes et ouvrez les coutures au fer.

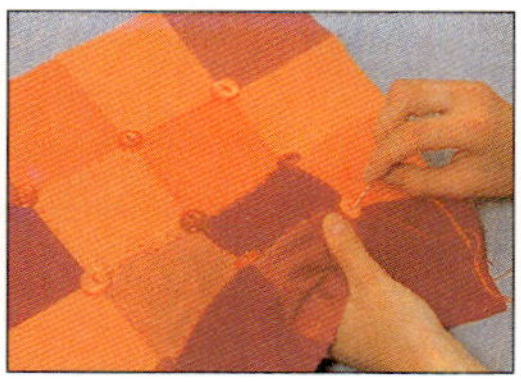

3

Rebrodez chaque carré d'un encadrement de points devant en utilisant un fil de couleur contrastée. Cousez un bouton à chaque angle, comme vous le voyez ci-dessus.

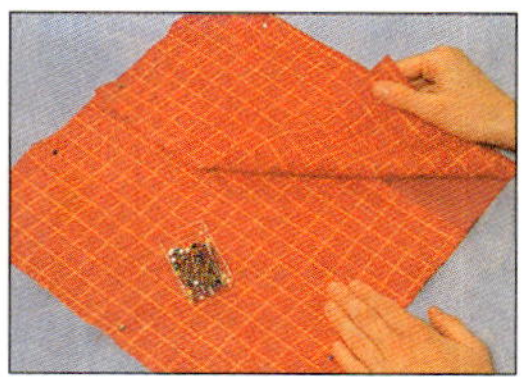

4

En travaillant endroit contre endroit, épinglez les deux morceaux formant le dos de la housse au patchwork, de sorte qu'ils se chevauchent légèrement. Piquez les quatre coutures. Crantez les angles, repassez et retournez sur l'endroit. Cousez un pompon aux quatre coins.

SAC-POCHON EN PATCHWORK DE SATIN

L'effet de damier du patchwork est accentué par le fort contraste des couleurs. On a doublé le satin avec du calicot, mais vous pouvez aussi utiliser de la triplure ou de la toile d'assemblage.

FOURNITURES

50 x 90 cm (20 x 36 po) de calicot

des ciseaux de tailleur

1 m x 90 cm (1 yd x 36 po) de satin noir

50 x 90 cm (20 x 36 po) de satin jaune

une aiguille et du fil à faufiler

une machine à coudre et du fil coordonné

un morceau de tissu de coton de 50 x 90 cm (20 x 36 po) pour la doublure

un fer à repasser

des épingles

8 œillets

un marteau

1,50 m (1 3/4 yd) de cordon de soie

PRÉPARATION

Dans le calicot, découpez 36 carrés de 5 cm (2 po) de côté. Faufilez la moitié des carrés sur le satin noir, et l'autre sur le satin jaune. Découpez ensuite 18 carrés noirs et 18 jaunes. Assemblez par bandes de trois carrés, en alternant les jaunes et les noirs. Assemblez les bandes en trois de 12 carrés blocs. Écrasez les coutures au fer. Dans le calicot, découpez un cercle de 22 cm (8 1/2 po) de diamètre et un autre dans le satin noir. Dans le tissu de doublure, découpez un rectangle de la taille du patchwork et un fond.

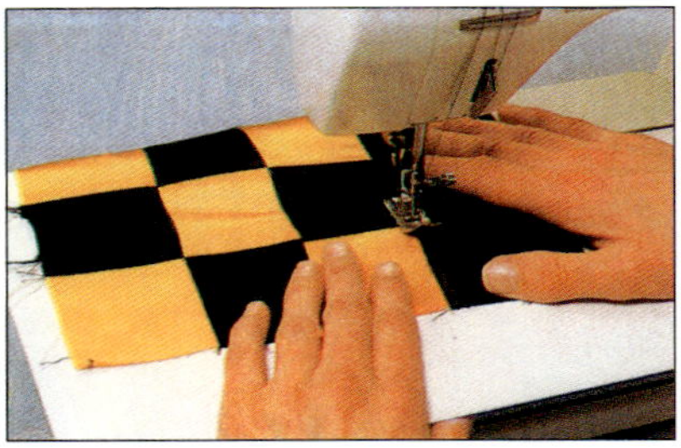

1

Dans le satin noir, découpez deux bandes de 7 x 38 cm (2 3/4 x 15 po). Rabattez un ourlet de 1 cm (1/2 po), épinglez puis cousez aux deux extrémités du patchwork. Assemblez les extrémités courtes de celui-ci de manière à constituer un tube.

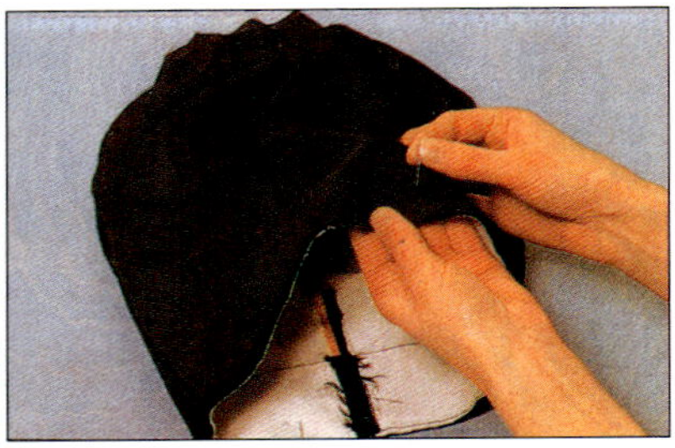

2

Épinglez puis cousez le fond du tube. Montez la doublure de la même façon, puis, en travaillant endroit contre endroit, épinglez la doublure au sac, en suivant le bord supérieur. Cousez, en laissant une petite ouverture. Crantez, repassez et retournez. Refermez l'ouverture à points glissés.

3

Placez sept œillets le long du bord supérieur du sac en les espaçant régulièrement. Pliez un carré de satin en trois. Repliez les extrémités et cousez. Fixez-le au bas du sac et attachez-y le dernier œillet. Enfilez le cordon dans les œillets et nouez-en les extrémités.

PETIT SAC DU SOIR EN SATIN

Ce petit accessoire du soir, très raffiné, est réalisé dans un patchwork d'étoffes de satin aux riches couleurs. Reportez-vous au diagramme de la page 253 pour l'agencement des pièces du patchwork.

FOURNITURES

du papier et un crayon

quatre fois 20 x 90 cm (8 x 36 po) de satin dans quatre coloris différents

des ciseaux de tailleur

de la toile d'assemblage thermocollante

un fer à repasser

des épingles

une machine à coudre

du fil coordonné

20 x 30 cm (8 x 12 po) de tissu de doublure

50 cm (20 po) de cordelière de soie

une grosse perle dorée à large trou

PRÉPARATION

En vous reportant au diagramme de la page 253, découpez les éléments du motif en prévoyant 5 mm supplémentaires (1/4 po) pour les coutures. Découpez deux carrés de 2,5 cm (1 po) de côté dans la couleur 1. Agrandissez les gabarits de triangle et découpez-les dans le papier. Découpez seize triangles dans la couleur 2, et seize dans la couleur 3. Découpez dans la couleur 4 huit carrés de 4 cm (1 1/2 po) de côté. Collez de la toile d'assemblage à l'envers de toutes vos pièces. Ensuite, en suivant le diagramme, assemblez quatre triangles, puis un petit carré à chaque extrémité. Faites un second assemblage identique. Assemblez ensuite quatre autres triangles pour constituer une bande courte, et faites-en une seconde semblable. Piquez de part et d'autre d'un grand carré. Dans la couleur 4, découpez un rectangle de 32 x 7 cm (12 1/2 x 3 po) pour la glissière, et un cercle de 11,5 cm (4 1/4 po) de diamètre pour la base.

1

Assemblez les deux bandes étroites de patchwork aux longues pour constituer un carré. Faites un autre bloc identique. Assemblez endroit contre endroit.

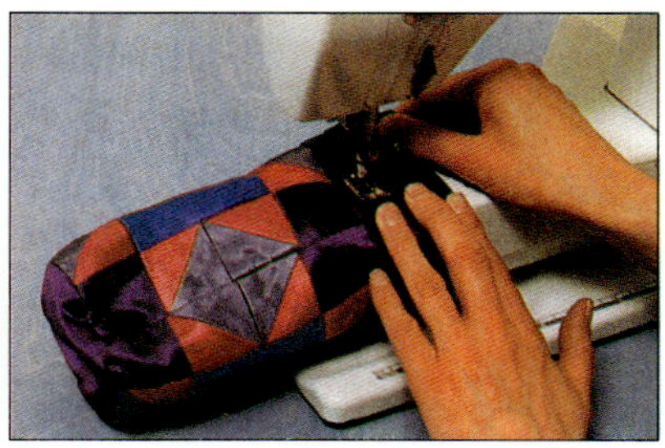

2

Assemblez la bande prévue pour la coulisse au bord supérieur du patchwork. Repliez le patchwork en deux et piquez la couture de côté. Montez la base du sac sur le tube, crantez la couture, puis nettoyez-la. Confectionnez la doublure et glissez-la à l'intérieur. Piquez deux lignes parallèles à 5 mm (1/4 po) du bord et espacées de 5 mm (1/4 po). Enfilez la cordelière dans la glissière ainsi formée. Glissez la perle sur les deux brins de cordelière et nouez. Effrangez les extrémités de la cordelière.

COUSSIN EN CHEVRONS DE PATCHWORK

De simples triangles, suivant la manière dont ils sont agencés, peuvent créer des motifs très intéressants tout en restant géométriques, tel cet effet de gros chevrons.

FOURNITURES

du papier et un crayon

du carton

1 m x 90 cm (1 yd x 36 po) de soie violet sombre

1 m x 90 cm (1 yd x 36 po) de soie violet plus clair

des ciseaux de tailleur

des épingles

une machine à coudre

du fil coordonné

un fer à repasser

50 x 90 cm (20 x 36 po) de tissu pour le dos de la housse

PRÉPARATION

Dans le carton, faites des gabarits des deux triangles ci-dessous, à droite. Découpez dans chacune des étoffes de soie 21 gros triangles et 6 petits, en prévoyant 5 mm (1/4 po) supplémentaires pour les coutures.

1

Disposez les gros triangles en six rangs de manière à obtenir un effet de chevrons. Pour que les bords soient droits, disposez à chaque extrémité un petit triangle coupé en deux.

2

Travaillant endroit contre endroit, assemblez les triangles par deux, un de chaque couleur. Repassez les coutures. Assemblez ensuite les doubles triangles en bandes. Repassez.

3

En travaillant endroit contre endroit, assemblez les bandes pour avoir un carré. Repassez.

4

Vous voyez ci-dessus une autre manière d'agencer vos triangles, qui ressemble davantage à une succession de pyramides.

5

Ci-dessus, une troisième variante d'agencement des triangles, qui produit un effet de losanges.

FINITION

En travaillant endroit contre endroit, assemblez le patchwork aux rectangles constituant le dos du coussin, et confectionnez une housse comme expliqué à la page 25

AGRANDIR DE 50 %

PORTE-AIGUILLES AU CŒUR APPLIQUÉ

Appliquez un cœur matelassé sur ce porte-aiguilles en soie, et rehaussez avec des fils lamés et des petites perles. Le porte-aiguilles se présente comme un petit livre dont les pages seraient en feutrine.

FOURNITURES

du papier et un crayon

du carton

des ciseaux à papier

un carré de 6 cm (2 1/2 po) de soie turquoise

un rectangle de 19 x 12 cm (7 1/2 x 4 3/4 po) de soie violette

des ciseaux à broder

une aiguille et du fil à faufiler

des épingles

une aiguille et du fil assorti

une petite quantité de matériau de rembourrage

du fil lamé

une aiguille à broder

des petites perles dorées

de la colle pour tissu

des chutes de feutrine

28 cm (11 po) d'étroit ruban turquoise

PRÉPARATION

Reproduisez et découpez le motif de cœur sur le papier. Découpez deux rectangles de carton de 9 x 7 cm (3 1/2 x 2 3/4 po).

1

Découpez le gabarit de cœur dans la soie turquoise en ajoutant 5 mm (1/4 po) tout autour. Faites un petit repli, crantez et faufilez.

2

Disposez le cœur à droite du rectangle violet, et cousez-le. Sur l'envers du tissu violet, pratiquez une petite fente aux ciseaux, sous le cœur, et garnissez le motif avec un peu de matériau de rembourrage. Refermez la fente. Rehaussez le cœur avec des broderies en fil lamé et des perles. Brodez également des points de croix éparpillés.

3

Collez les deux rectangles de carton sur l'envers de la soie violette. Repliez les bords, rabattez les angles et collez. Étalez un morceau de feutrine, recoupez à la dimension des morceaux de carton et cousez à points glissés sur la soie.

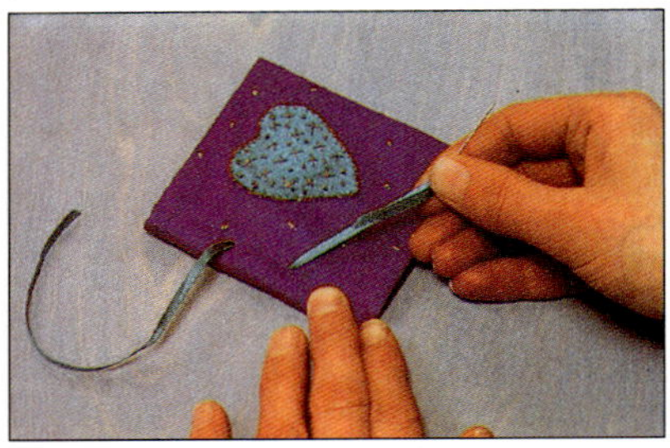

4

Disposez des rectangles de feutrine à l'intérieur du carnet ainsi réalisé. Cousez-les le long de la ligne de pliure. Enfilez le ruban depuis le dos vers le devant du porte-aiguilles, et faites un joli nœud avec.

TAPIS DE JEU POUR ENFANT

Ce joli tapis de jeu orné d'échelles et de serpents en appliqué se réalise comme une couverture matelassée. Vous pouvez aussi le confectionner à la taille d'un lit d'enfant : il servira de courtepointe.

FOURNITURES

du carton et un crayon

30 x 90 cm (12 x 36 po) de tissu de coton

des ciseaux de tailleur

des chutes de feutrines assorties

un feutre de couturière

un cutter

une machine à coudre

du fil coordonné

du fil à broder noir

une aiguille à matelasser

50 x 90 cm (20 x 36 po) de tissu pour doubler le tapis

des épingles

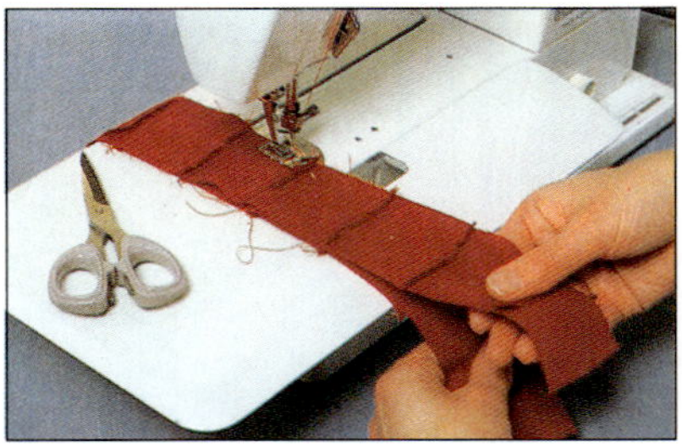

1

Assemblez les carrés en bandes de dix. Puis assemblez les dix bandes pour obtenir un carré.

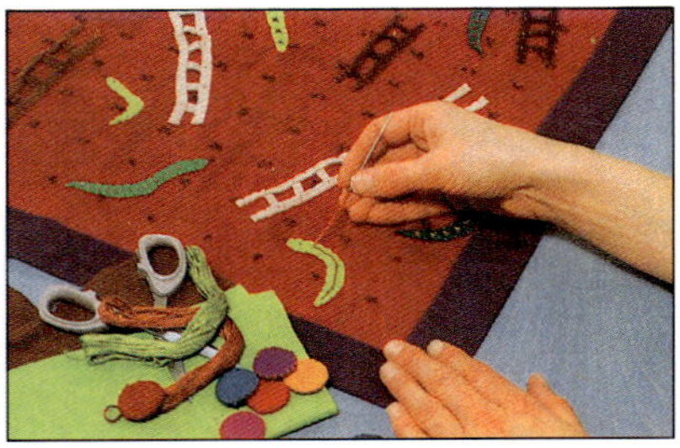

2

Numérotez les carrés en brodant les chiffres au fil noir. Appliquez les motifs en feutrine sur le tapis et brodez-les.

PRÉPARATION

Dans le carton, faites un gabarit carré de 3 cm (1 1/4 po) de côté. Découpez cent carrés dans le tissu de coton, en prévoyant 5 mm (1/4 po) de plus pour les coutures. Dessinez à main levée les serpents, les échelles et les jetons sur les chutes de feutrines et découpez-les.

FINITION

Découpez le tissu pour doubler le tapis en prévoyant 3 cm (1 1/4 po) de plus que le patchwork tout autour. Épinglez les deux épaisseurs ensemble envers contre envers. Rabattez le tissu de dessous sur le patchwork à la manière d'une bordure, rabattez les angles en onglet, faites un petit repli et cousez au patchwork à points glissés.

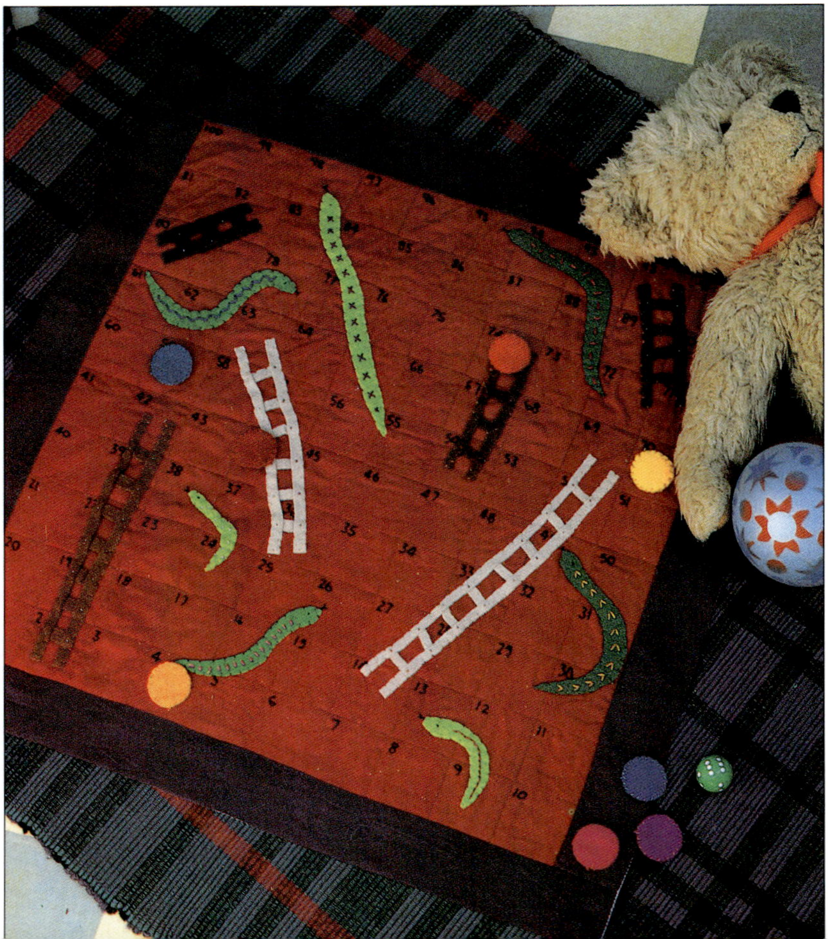

COUVERTURE D'ENFANT

Les tout-petits adoreront se blottir dans cette couverture douillette. On l'a décorée de jolis appliqués de couleurs vives rehaussés de fils de couleurs et de boutons.

FOURNITURES

du lainage de couverture
des ciseaux de tailleur
de la laine à tapisserie
une aiguille à tapisserie
une petite soucoupe
un marqueur pour tissu
un choix de chutes de lainage pour couverture
de gros boutons

1

Retaillez le lainage de couverture aux dimensions requises, rabattez un petit ourlet et maintenez par un point de grébiche de couleur contrastée.

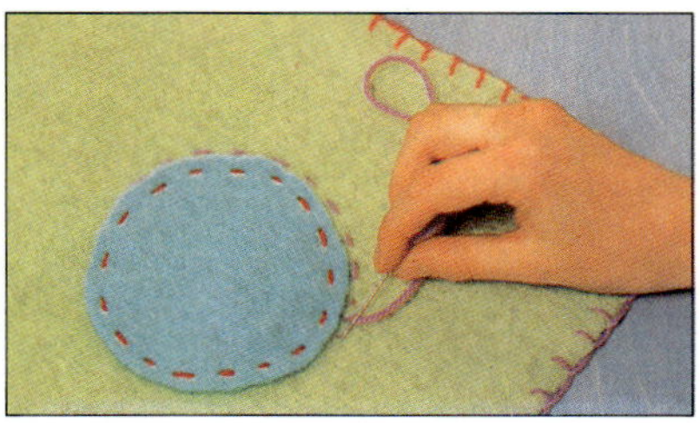

2

Dessinez les contours de la soucoupe sur des chutes de lainage de différentes couleurs, et découpez. Appliquez les disques ainsi obtenus sur la couverture, en les maintenant par des points devant de couleur contrastée. Cousez un bouton au centre de chaque disque.

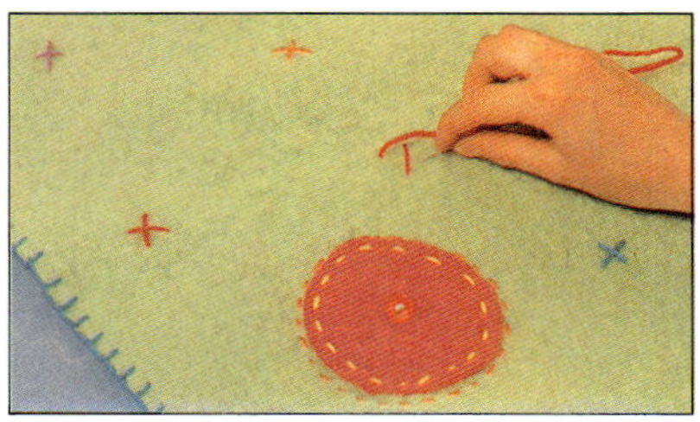

3

Parsemez la couverture de gros points de croix de couleurs différentes.

SAC À CHAUSSURES

Décorez cet élégant sac avec une chaussure en appliqué. Il vous servira pour transporter vos chaussons de gymnastique ou de danse.

FOURNITURES

des ciseaux de tailleur

50 x 90 cm (20 x 36 po) de tissu de coton

une machine à coudre

du fil coordonné

66 x 7 cm (26 x 2 3/4 po) de tissu de coton d'une couleur différente

un fer à repasser

du papier et un crayon

un feutre pour tissu

un choix de chutes de tissus

de la toile d'assemblage thermocollante

des épingles

un petit morceau de ruban étroit

50 cm (20 po) de ruban de 2,5 cm (1 po) de large

un petit bouton

PRÉPARATION

Découpez dans le tissu un rectangle de 45 x 70 cm (17 3/4 x 27 1/2 po). Repliez 6,5 cm (2 1/2 po) sur l'endroit le long d'un des bords longs, et piquez à la machine. En travaillant endroit contre endroit, pliez le rectangle en deux, et piquez sa base et ses côtés. Retournez sur l'endroit. Dans le tissu de couleur différente, découpez une bande de 66 x 7 cm (26 x 2 3/4 po) et repliez 5 mm (1/4 po) sur ses bords longs. Agrandissez le motif de chaussure ci-contre, et reportez-le sur les chutes de tissus. Doublez avec la toile d'assemblage et découpez.

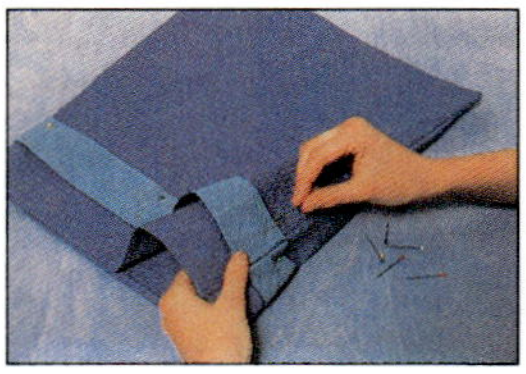

1

En commençant à la couture, épinglez la bande de couleur différente sur l'endroit du sac, à 5 cm (2 po) du haut. Cousez les bords à points glissés, en laissant les deux extrémités ouvertes.

2

Enlevez le papier de protection de la toile d'assemblage, et repassez l'appliqué sur le sac. Rehaussez la chaussure avec quelques points de broderie et le morceau de ruban.

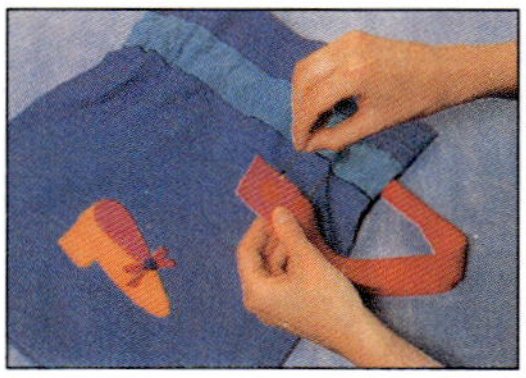

3

Introduisez le ruban large dans la coulisse de tissu contrasté, rabattez les extrémités du ruban et assemblez en cousant le bouton.

AGRANDIR DE 50 %

SAC À JOUETS EN PATCHWORK

Confectionnez un patchwork aux couleurs de l'arc-en-ciel pour ce grand sac à jouets. Vous disposerez les couleurs en diagonale et obtiendrez ainsi un effet de marches d'escalier.

FOURNITURES

du papier et un crayon

du carton

un cutter

des chutes de tissus dans six des couleurs de l'arc-en-ciel

de la toile d'assemblage thermocollante

un fer à repasser

une machine à coudre

du fil coordonné

un cintre en bois de 30 cm (12 po) environ

un feutre de couturière

de la peinture rouge (facultatif)

PRÉPARATION

Dans le carton, faites un gabarit carré de 10 cm (4 po) de côté, et découpez 72 carrés dans la toile d'assemblage. Collez ceux-ci sur les chutes de tissus et découpez en prévoyant 5 mm (1/4 po) de plus pour les coutures. Disposez vos carrés selon des diagonales de couleur pour produire un effet d'arc-en-ciel. Assemblez ensuite la moitié de vos carrés en deux blocs de six carrés par trois chacun. Repassez les coutures. Assemblez les autres carrés en un grand bloc de six carrés par six, qui constituera le dos du sac.

1

En travaillant endroit contre endroit, assemblez les deux petits blocs sur la moitié de leur longueur. Rabattez la marge de couture sur la longueur restée ouverte. Faufilez puis cousez pour que le travail soit propre sur l'endroit.

2

Toujours endroit contre endroit, épinglez les deux côtés du sac ensemble. Placez le cintre le long du bord supérieur, et dessinez son contour. Découpez ensuite selon la ligne incurvée.

FINITION

Piquez les deux côtés du sac en prenant 1 cm (1/2 po) en couture. Crantez les angles, repassez et retournez sur l'endroit. Peignez le cintre en rouge, si vous le désirez, et glissez-le à l'intérieur du sac.

COUSSIN MOSAÏQUE

Cette technique de patchwork évoque une mosaïque. On assemble à la main de très petites pièces de tissu de manière à créer un motif d'ensemble.

FOURNITURES

du papier et un crayon

un cutter

des épingles

50 x 90 cm (20 x 36 po) de tissu de coton rouge

des chutes de cotons noir, gris et blanc

des ciseaux de tailleur

une aiguille et du fil à faufiler

du fil coordonné

des ciseaux à broder

une machine à coudre

du fil assorti

du matériau de rembourrage polyester

1

Agrandissez le dessin de la page ci-contre et faites des gabarits de papier. Élaborez l'agencement de vos couleurs, et notez-les sur chacun de vos gabarits.

2

Épinglez les gabarits de papier sur les tissus correspondants, puis découpez, en prévoyant 5 mm (1/4 po) de marge pour la couture.

3

Faufilez les tissus aux gabarits de papier comme expliqué à la page 19.

4

Assemblez les pièces de tissu à la main avec un petit point de surjet très régulier. Pour ne pas vous tromper dans les couleurs, suivez votre diagramme et travaillez un seul motif à la fois.

AGRANDIR DE 50 %

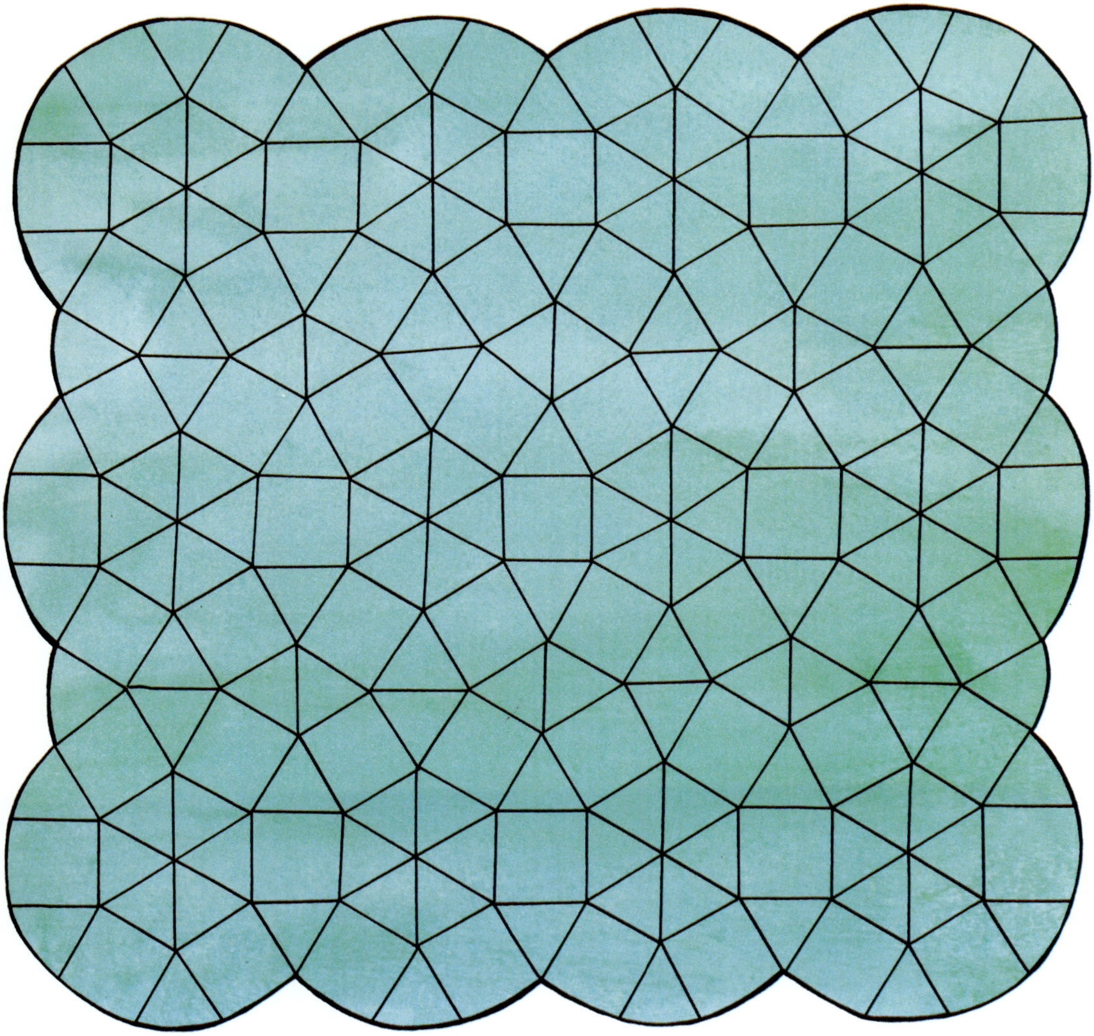

FINITION

Enlevez les faufils et les gabarits de papier, et repassez le travail en écrasant bien les coutures d'assemblage. Taillez le tissu rouge à la dimension du patchwork et assemblez endroit contre endroit. Piquez les quatre côtés à la machine, en ménageant une petite ouverture. Crantez les angles, repassez, et retournez le travail sur l'endroit. Remplissez avec le matériau de rembourrage, et refermez l'ouverture à points glissés.

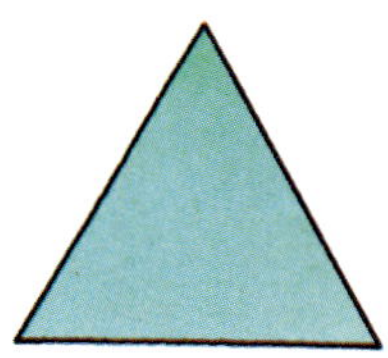

Tablier de cuisine

Tout le charme de ce tablier tient à son bord festonné et à ses appliqués, qui représentent des ustensiles de cuisine et sont rebrodés de couleurs vives.

Fournitures

du papier et un crayon

du carton

un cutter

des chutes de tissus assortis

de la toile d'assemblage thermocollante

un fer à repasser

75 x 90 cm (30 x 36 po) de tissu de coton

des ciseaux de tailleur

75 x 90 cm (30 x 36 po) de tissu de couleur contrastée

un feutre de couturière

du fil à broder

une aiguille à broder

des épingles

une machine à coudre

du fil coordonné

1 m (1 yd) de ruban de 8 cm (3 po) de large

Préparation

Agrandissez les motifs ci-contre, et découpez-les dans du carton. Coupez également dans le carton un demi-cercle. Collez la toile d'assemblage à l'envers de vos chutes de tissus. Dans chacun des tissus de coton, découpez un rectangle de 60 x 50 cm (24 x 20 po). L'un d'eux constituera la doublure du tablier.

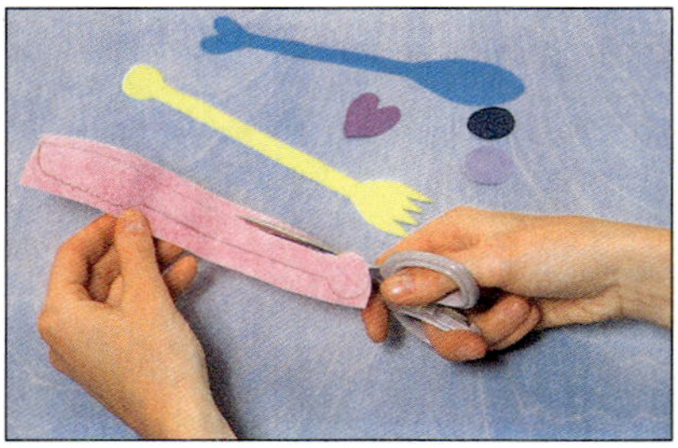

1

Dessinez les gabarits des appliqués sur la toile d'assemblage et découpez-les dans différents tissus.

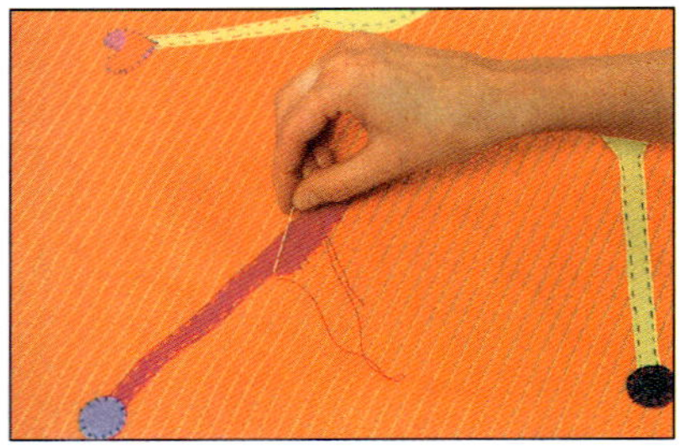

2

Posez les appliqués sur le devant du tablier en les cousant avec de gros points de couleur.

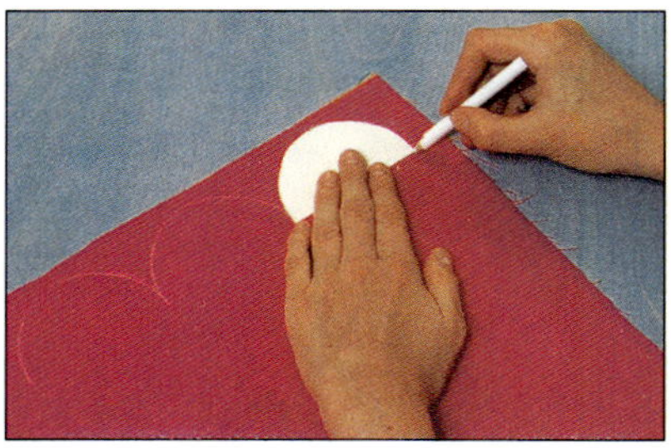

3

En travaillant endroit contre endroit, superposez le dessus du tablier et le dessous. Dessinez le gabarit en demi-cercle sur l'envers, en bas du tablier, pour obtenir un feston. Piquez trois côtés du tablier à la machine, en laissant le haut ouvert. Crantez les angles des festons.

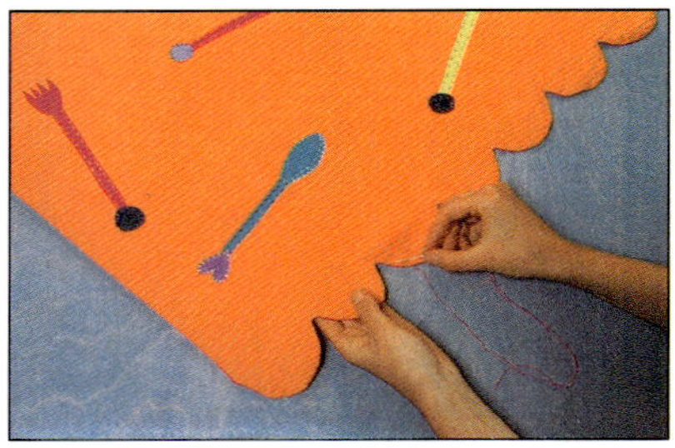

4

Retournez le tablier sur l'endroit. Reprenez les contours des festons avec de gros points devant de couleur vive.

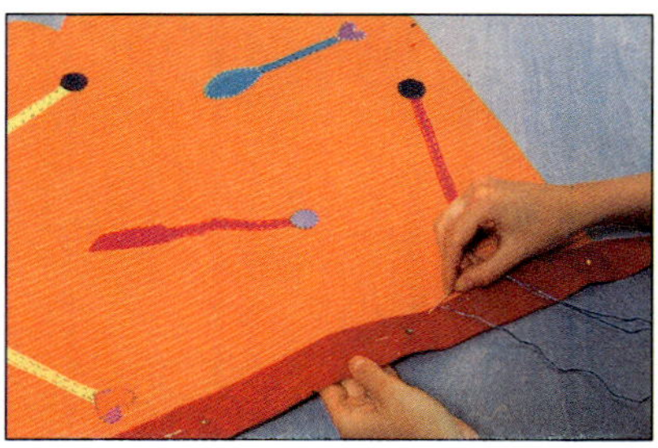

5

Faites un petit repli sur l'intérieur des deux épaisseurs de tissu du bord resté ouvert. Pliez le ruban dans le sens de la largeur, et repassez. Faufilez sur le bord ouvert, en prenant les deux tissus. Cousez à points glissés.

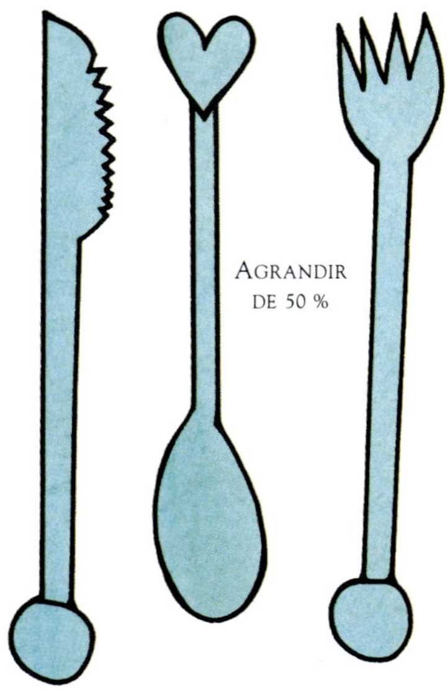

TAIE D'OREILLER AVEC APPLIQUÉS

Agrémentez une taie d'oreiller ordinaire avec ces motifs d'étoile et de cœur aux couleurs vives. Rehaussez-les de quelques points de broderie. L'appliqué est une excellente manière de rajeunir du linge de maison.

FOURNITURES

du papier et un crayon
des ciseaux à papier
un marqueur pour tissu
de la toile d'assemblage thermocollante
un fer à repasser
des chutes de tissus assortis
des ciseaux de tailleur
une taie d'oreiller
des fils à broder assortis
une aiguille à broder

1

Dans le papier, reproduisez en les agrandissant les gabarits en bas à droite. Reportez-les sur la toile d'assemblage. Collez celle-ci sur l'envers des tissus assortis et découpez les motifs.

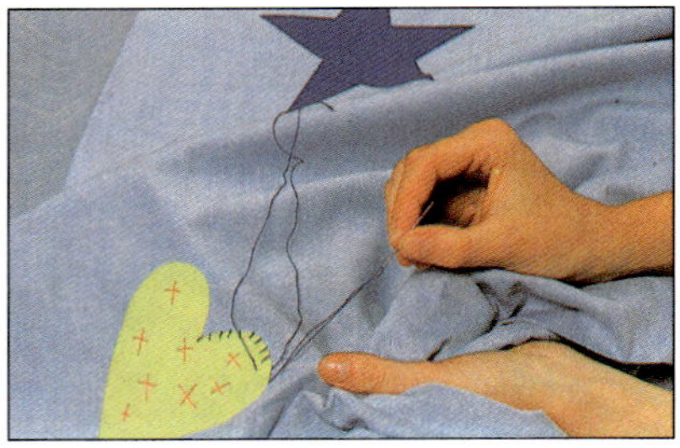

2

Enlevez le papier de protection de la toile, et collez les motifs aux quatre coins de la taie, avec le fer. Reprenez les bords au point de grébiche, et décorez avec quelques points de croix.

3

Rebrodez une ligne de points devant tout autour de la taie, avec un fil de couleur contrastée.

SAC DE TOILETTE

Ce petit sac de toilette a été réalisé dans un matériau lavable. Le patchwork que nous avons choisi est très particulier et évoque des motifs Arts déco.

FOURNITURES

du papier et un crayon

du carton

un cutter

des ciseaux de tailleur

30 x 90 cm (12 x 36 po) de vinyle blanc

30 x 90 cm (12 x 36 po) de vinyle rouge

30 x 90 cm (12 x 36 po) de vinyle bleu

des épingles

une machine à coudre

du fil coordonné

70 cm (28 po) de grosse cordelière blanche

PRÉPARATION

Reportez sur le carton les éléments du diagramme ci-contre en les agrandissant, découpez-les. Avec ces gabarits, découpez-les ensuite dans les différentes étoffes de vinyle en prévoyant 5 mm (1/4 po) pour les coutures, dans l'ordre suivant : 1, 6, 13, 14 et 15 en blanc ; 2, 3, 8, 10 et 12 en rouge ; 4, 5, 7, 9 et 11 en bleu. Dans le vinyle blanc, découpez un rectangle de 38 x 30 cm (15 x 12 po) pour la doublure et, dans le bleu, découpez un carré de 18 cm (7 po) de côté pour le dos.

1

Le motif se réalise en deux temps. Assemblez d'abord les pièces 4 et 2, puis 5 et 3. Assemblez ensuite les pièces 4/2 à 6 et 3/5 à 6. Assemblez enfin l'ensemble à 1.

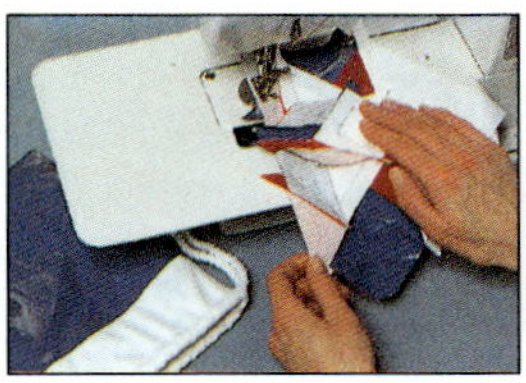

2

Dans un deuxième temps, assemblez les pièces 9 et 10, puis celles-ci à 14 ; 10 à 11, puis nos 10/11 à 13 ; 11 à 12 ; 9 à 8, puis celles-ci à 15. Assemblez 7 à 8. Pour finir assemblez les deux blocs.

AGRANDIR DE 50 %

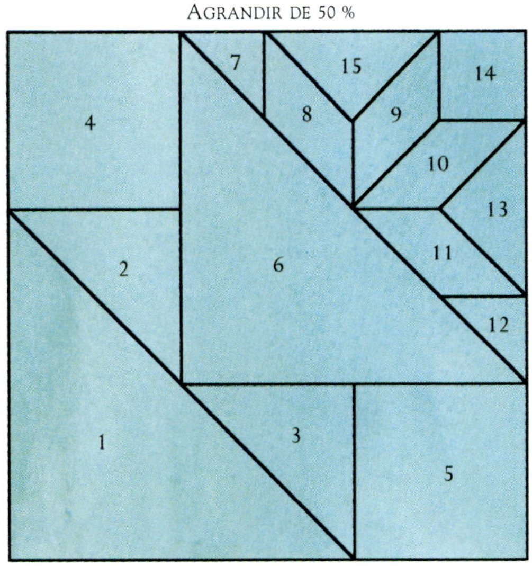

FINITION

En travaillant endroit contre endroit, cousez le patchwork au rectangle bleu, par l'un des bords longs. Cousez la doublure en haut du sac. Crantez les coutures et nettoyez. Repliez en deux et cousez les coutures, en ménageant une ouverture. Retournez, puis rentrez la doublure à l'intérieur, en laissant une bande de 6 cm (2 1/2 po) sur l'endroit. Piquez deux lignes parallèles à 5 mm (1/4 po) du haut du sac, et espacées de 1 cm (1/2 po) pour faire une glissière. Enfilez la cordelière dans la glissière et nouez-en les extrémités.

ÉTUI À BOUILLOTTE

Pour cet ouvrage, on a choisi un patchwork en bandes que l'on a ensuite matelassé puis surpiqué avec des motifs en volutes et en losanges. Ainsi votre bouillotte restera-t-elle bien chaude durant les soirées d'hiver.

FOURNITURES

1 m x 90 cm (1 yd x 36 po) de tissu blanc

des ciseaux de tailleur

50 x 90 cm (20 x 36 po) de tissu noir

une machine à coudre

du fil coordonné

une bouillotte

un feutre de couturière

50 x 90 cm (20 x 36 po) de molleton

du fil rouge

2 m (2 yd) de biais de 2,5 cm (1 po) de large

des épingles

un fer à repasser

3 boutons-pression

MOTIFS DE MATELASSÉ À AGRANDIR DE 50 %

PRÉPARATION

Coupez le tissu noir en six bandes de 50 x 7,5 cm (19 3/4 x 3 po) et coupez quatre bandes à ces dimensions dans le tissu blanc. Assemblez ces bandes pour former deux ensembles de cinq, en alternant les couleurs. Dessinez les contours de la bouillotte sur le patchwork ainsi constitué, en ajoutant 1 cm (1/2 po) tout autour pour les coutures, puis découpez. D'après cette forme, découpez deux morceaux de tissu blanc pour la doublure. Dessinez le dessin du matelassé sur les bandes de patchwork.

1

Intercalez le molleton entre le patchwork et la doublure, l'endroit des tissus sur l'extérieur. Faufilez puis piquez sur le pourtour. Piquez ensuite les dessins de matelassé avec le fil rouge.

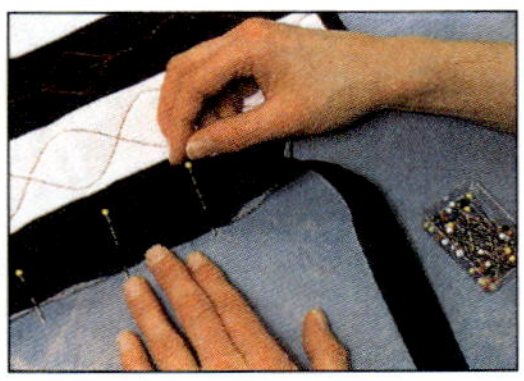

2

Bordez le haut avec le biais. Épinglez un autre morceau de biais sur les bords vifs latéraux, en travaillant sur l'endroit, et cousez. Placez les deux pièces endroit contre endroit avec le biais entre les deux et assemblez par les côtés en laissant une ouverture de 15 cm (6 po) en haut. Repassez.

3

Retournez sur l'endroit, puis cousez les boutons-pression pour pouvoir fermer l'ouverture.

BROCHE AVEC UN CŒUR

Ce petit cœur appliqué est rehaussé de fil doré. Monté en broche, il fait un bijou très élégant, mais vous pourriez aussi l'appliquer sur une poche ou à la pointe d'un col de chemise.

FOURNITURES

du papier et un crayon

un petit morceau de velours ou de soie jaune doré

des ciseaux à broder

des chutes de lainages bleu et gris

de la toile d'assemblage thermocollante

un fer à repasser

une machine à coudre

du fil lamé doré

des chutes d'organza

des épingles

un support de broche

PRÉPARATION

Reportez le motif de cœur ci-dessous sur le velours ou la soie, et découpez-le. Dans le lainage bleu, découpez un rectangle de 3 x 4 cm (1 1/4 x 1 1/2 po) et, dans le lainage gris, un rectangle de 5 x 4 cm (2 x 1 1/2 po). Collez la toile d'assemblage au lainage gris. Surpiquez le pourtour de plusieurs lignes de fil doré pour faire un cadre.

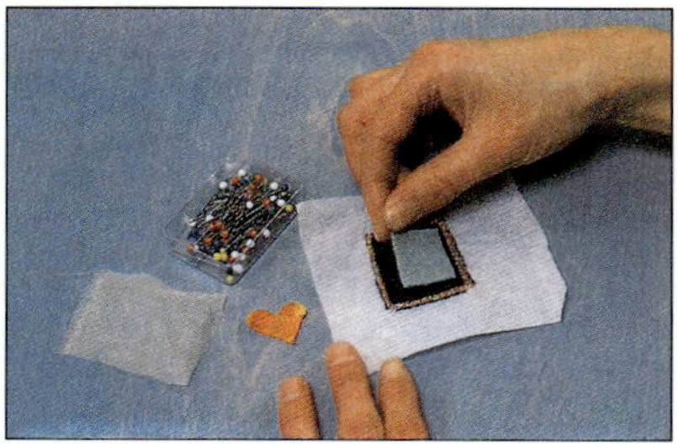

1

Disposez le tissu bleu sur le cadre, puis posez-y le cœur et recouvrez avec le morceau d'organza. Épinglez. Piquez l'organza à la machine, tout près des piqûres figurant le cadre. Retaillez le tissu le long de la ligne de piqûre.

2

Enlevez le surplus de toile d'assemblage sur le pourtour du travail, et cousez l'appliqué à la broche.

TABLIER D'ENFANT

Ce tablier sera idéal pour la classe de peinture. Son ample poche, servant à ranger les crayons et autres accessoires, est rehaussée d'un galon à pompons. Nous l'avons confectionné dans un tissu de coton, mais vous pouvez utiliser le vinyle pour qu'il soit imperméable.

FOURNITURES

des ciseaux de tailleur

des chutes de tissus

du papier et un crayon

50 x 90 cm (20 x 36 po) de toile de coton

une machine à coudre

du fil coordonné

un fer à repasser

25 cm (10 po) de galon à pompons

des épingles

une aiguille et du fil à faufiler

1,50 m (60 po) de ruban de 8 cm (3 po) de large

PRÉPARATION

Dans les chutes de tissus assortis, découpez cinq bandes de 6 x 20 cm (2 1/2 x 8 po) pour faire la poche. Dessinez le gabarit du tablier ci-contre en l'adaptant aux mesures voulues, et découpez-le dans la toile de coton. Rabattez un ourlet à la machine sur tous les bords.

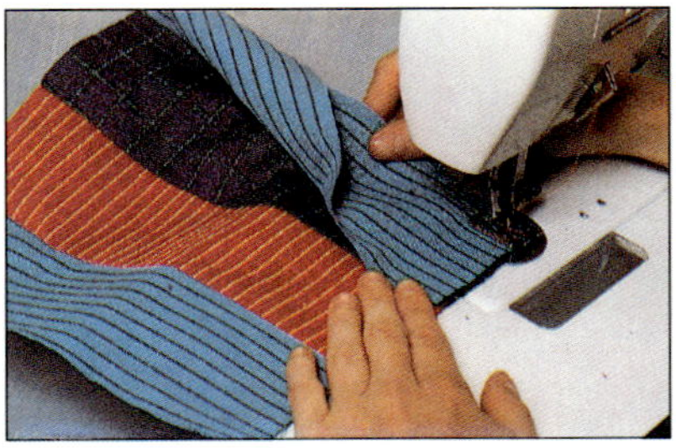

1

Assemblez les cinq bandes. Découpez dans la toile de coton un morceau aux mêmes dimensions. En travaillant endroit contre endroit, assemblez les quatre côtés, en ménageant une petite ouverture. Crantez les angles, repassez, puis retournez sur l'endroit.

PATRON À AGRANDIR À LA TAILLE DE L'ENFANT

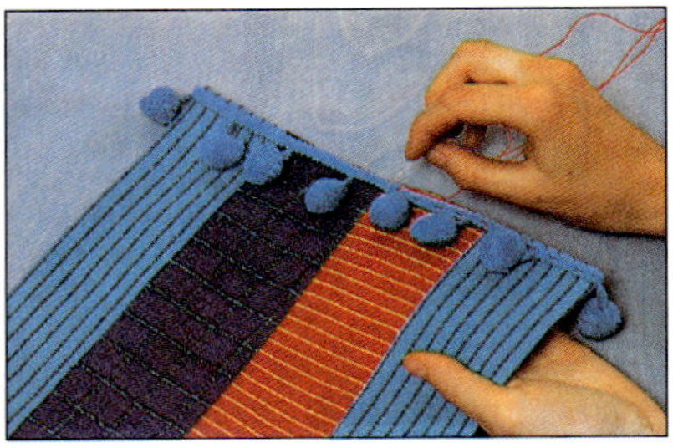

2

Cousez le galon à points glissés le long du bord supérieur de la poche.

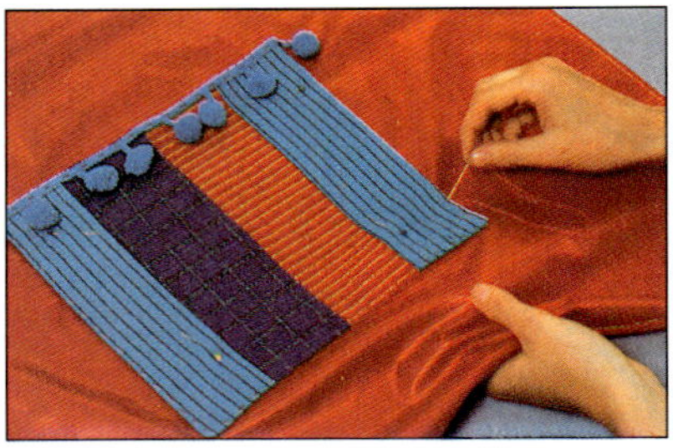

3

Faufilez la poche sur le tablier, et cousez à points de surjet.

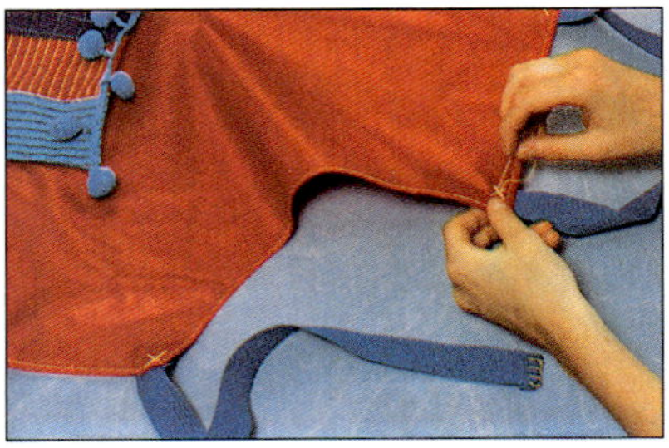

4

Coupez une longueur de 60 cm (24 po) de ruban que vous coudrez de part et d'autre de l'extrémité supérieure du tablier. Coupez le reste en deux, et cousez de part et d'autre de la taille. Surfilez les bords vifs.

CABAS DE VINYLE

Cet ouvrage prouve combien l'aspect et le caractère d'un patchwork changent suivant le matériau que l'on utilise. Attention de bien cranter les coutures d'assemblage arrondies pour que le travail fini soit net.

FOURNITURES

du papier et un crayon

du carton

un cutter

des ciseaux de tailleur

1 m (1 yd) de molleton

1 m x 90 cm (1 yd x 36 po) de vinyle bleu

50 x 90 cm (20 x 36 po) de vinyle rouge

50 x 90 cm (20 x 36 po) de vinyle blanc

des épingles

une machine à coudre

du fil coordonné

un fer à repasser

une aiguille et du fil à faufiler

une aiguille à tricoter

PRÉPARATION

Agrandissez les pièces du patron de la page 253, et découpez deux corps de sac dans le vinyle bleu pour la doublure, et un dans le molleton, en prévoyant 1 cm (1/4 po) de plus pour les coutures. Découpez deux de chacun des motifs dans le vinyle blanc et dans le rouge, en prévoyant encore 5 mm (1/4 po) de plus. Coupez un fond de sac dans le vinyle bleu, un dans le vinyle rouge, et un dans le molleton, en prévoyant 1 cm (1/2 po) de plus pour les coutures. Découpez deux poignées rouges de 36 x 10 cm (14 x 4 po).

1

Assemblez les pièces 1 et 3 à 2, 4 et 6 à 5, 7 et 9 à 8, puis 10 et 12 à 11. Crantez les coutures et repassez-les doucement au fer tiède en intercalant un morceau de papier. Assemblez ensuite pour obtenir deux grands carrés. Puis assemblez les carrés ensemble. Crantez les coutures et ouvrez-les.

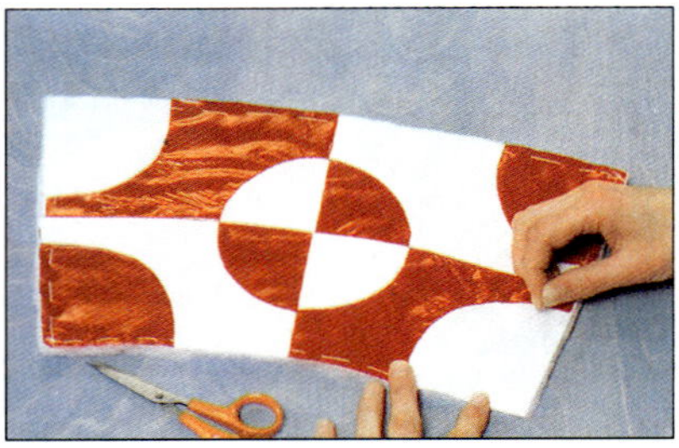

2

Placez les deux patchworks et le fond rouge sur leurs homologues en molleton. Faufilez les pourtours.

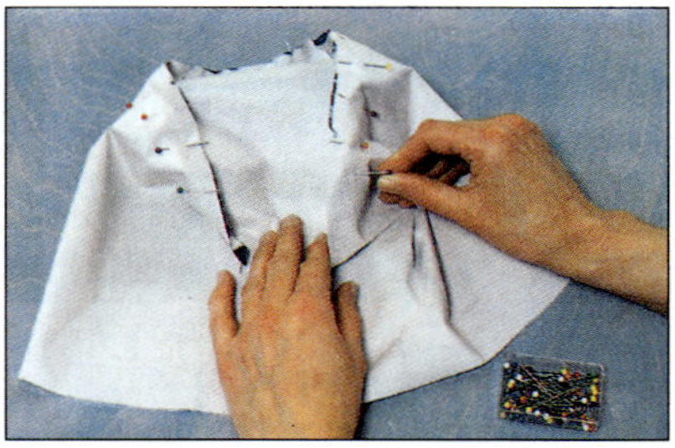

3

Confectionnez la doublure du sac dans le vinyle bleu.

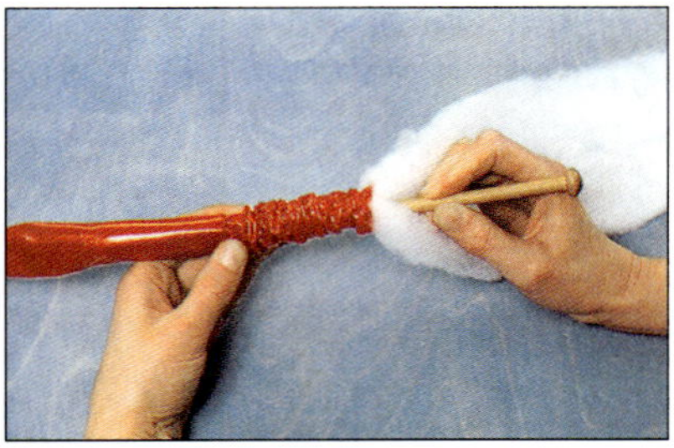

4

Piquez les poignées dans le sens de la longueur, retournez sur l'endroit et remplissez de matériau de rembourrage en vous aidant d'une aiguille à tricoter, comme indiqué ci-dessus. Laissez 2,5 cm (1 po) à chaque extrémité.

FINITION

Assemblez les bords étroits du patchwork pour confectionner un tube et cousez-le à la base. Nettoyez et crantez les coutures. Épinglez les poignées. Cousez la doublure bleue au bord supérieur du sac, et fixez les poignées en même temps. Ménagez une ouverture de 7,5 cm (3 po). Retournez la doublure et refermez l'ouverture. Repassez le sac au fer tiède en intercalant du papier.

GABARITS

LE STYLE TRADITIONNEL

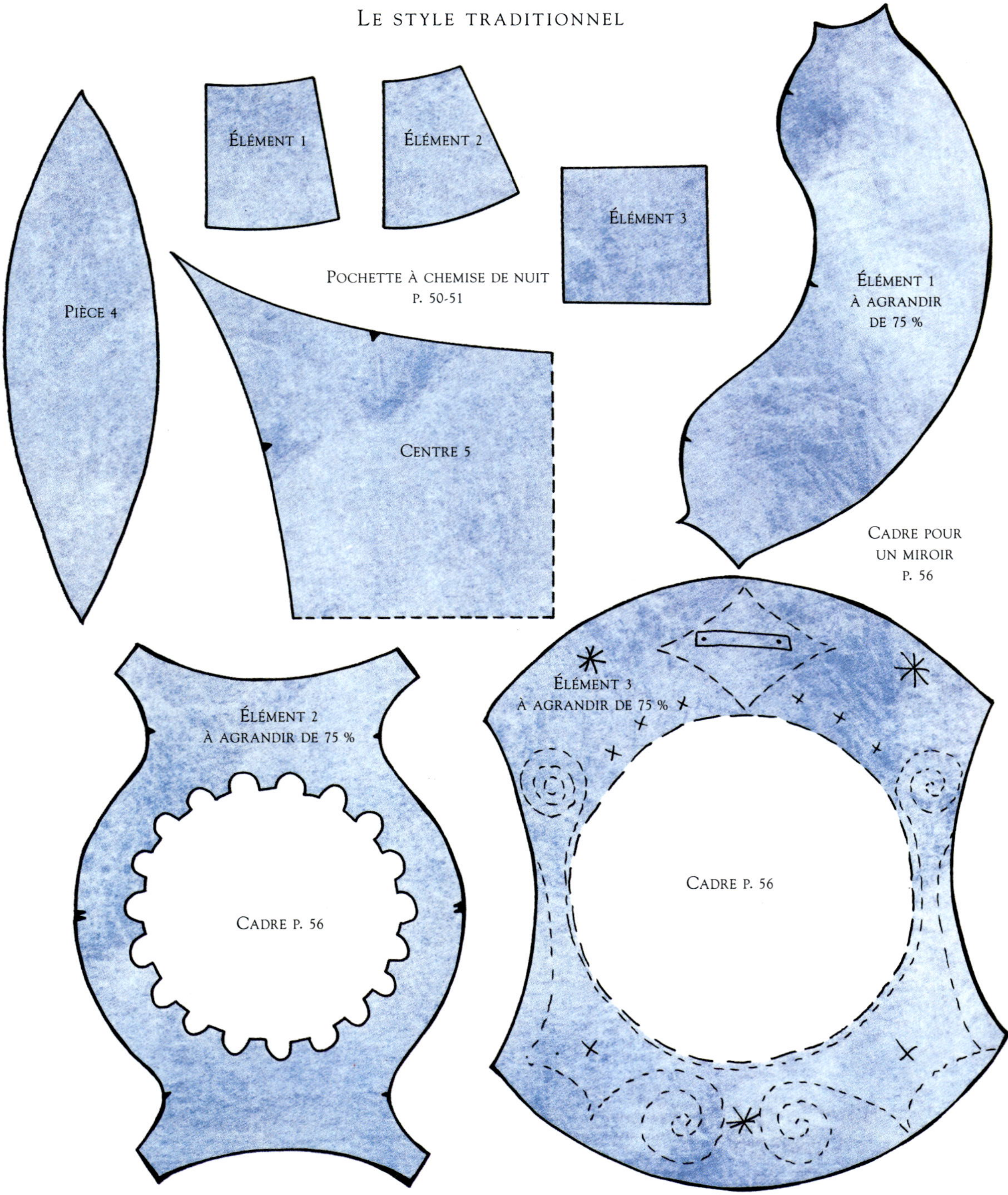

COURTEPOINTE HÉRALDIQUE P. 58
MOTIFS À AGRANDIR DE 50 %

Courtepointe héraldique
p. 58
Motifs à agrandir de 50 %

Gilet surpiqué
p. 60
À agrandir de 2/3

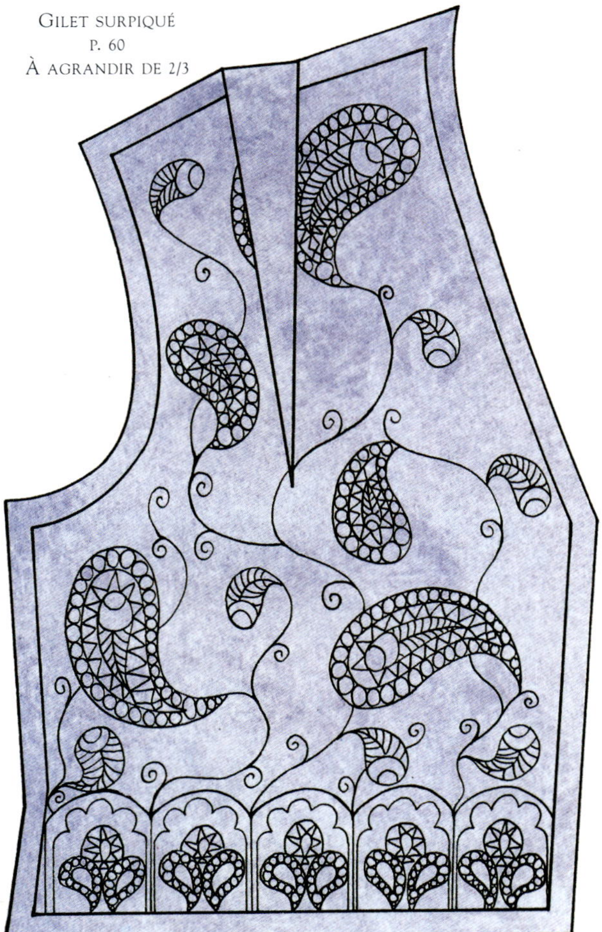

Toque matelassée p. 65

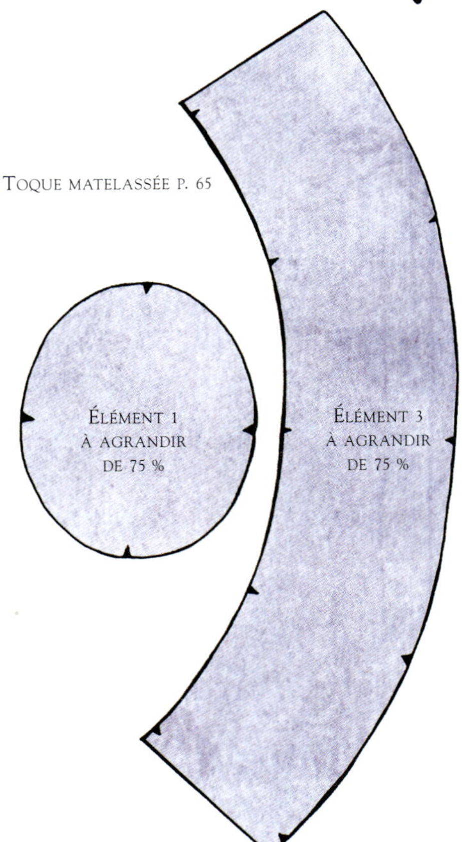

Toque matelassée
p. 65

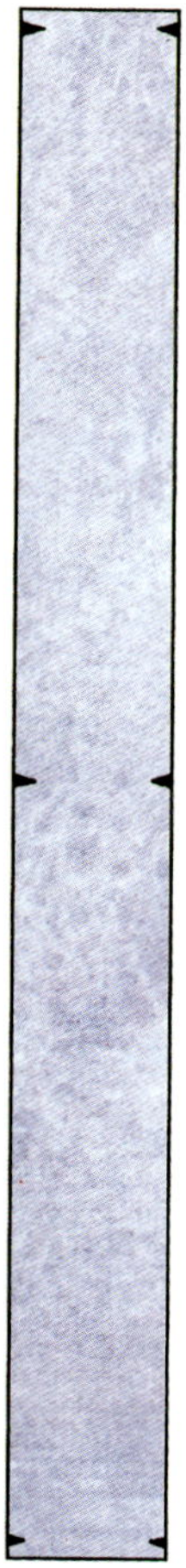

Élément 2
à
agrandir de 75 %

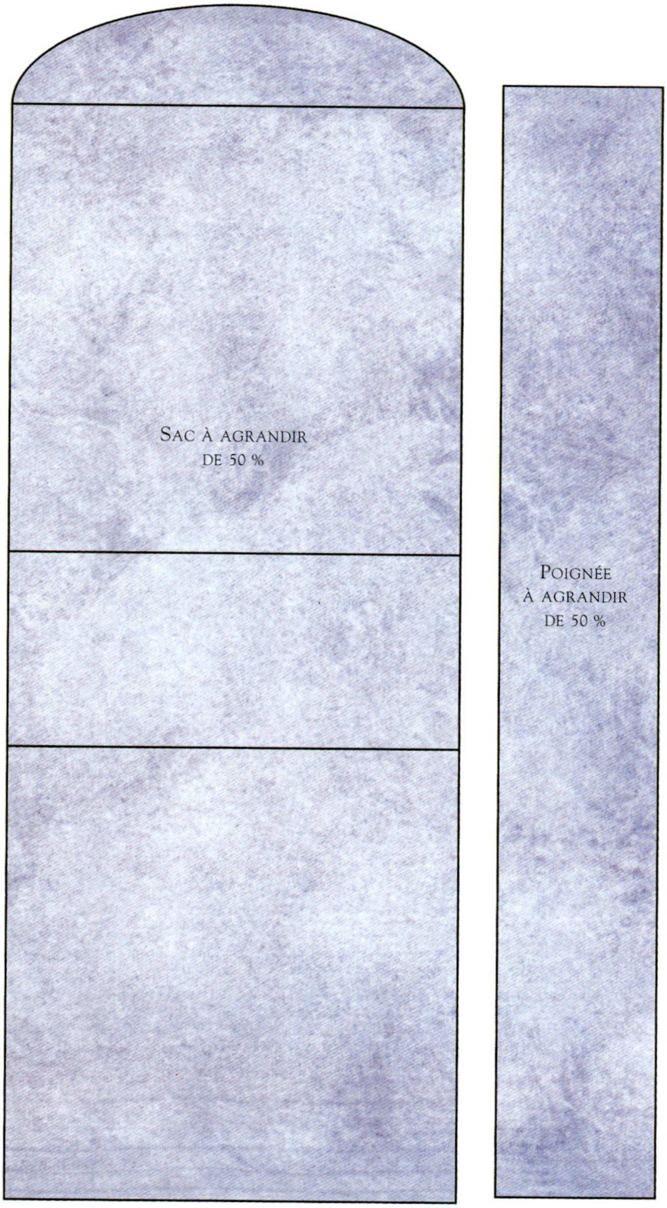

Sac de satin matelassé
p. 76

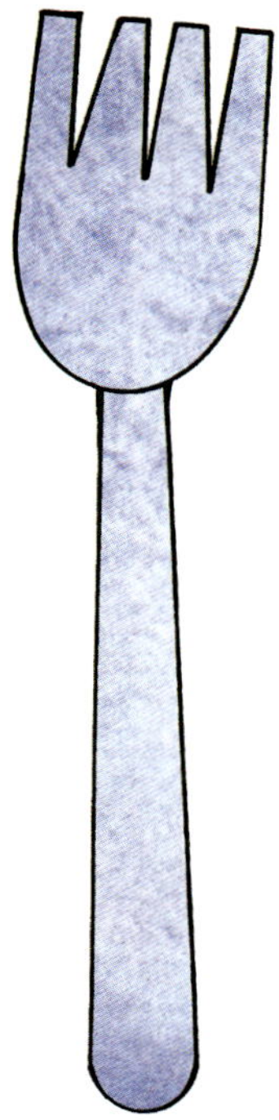

Serviette en broderie
perse p. 71

LE STYLE RUSTIQUE

JETÉ NAÏF P. 84
MOTIFS À AGRANDIR DE 50 %

CŒUR

RAISIN

MAIN

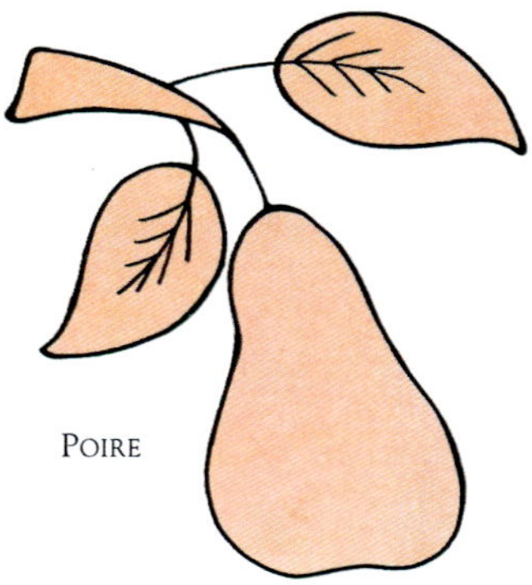

POIRE

OISEAU 2

OISEAU 1

FLEUR

FRAISE

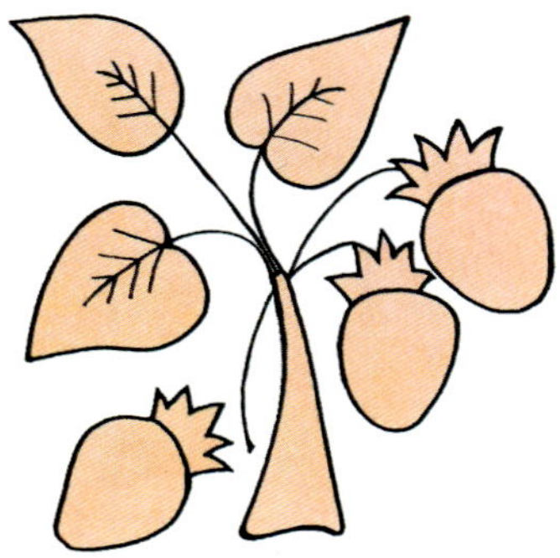

OISEAU 3

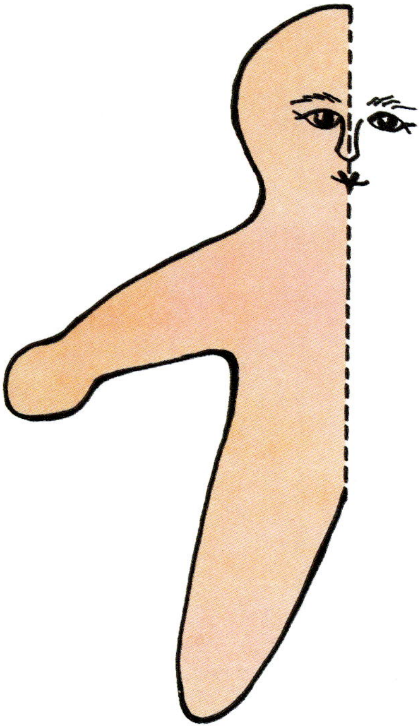

POUPÉE DE TISSU P. 94
DEMI-PATRON À AGRANDIR DE 50 %

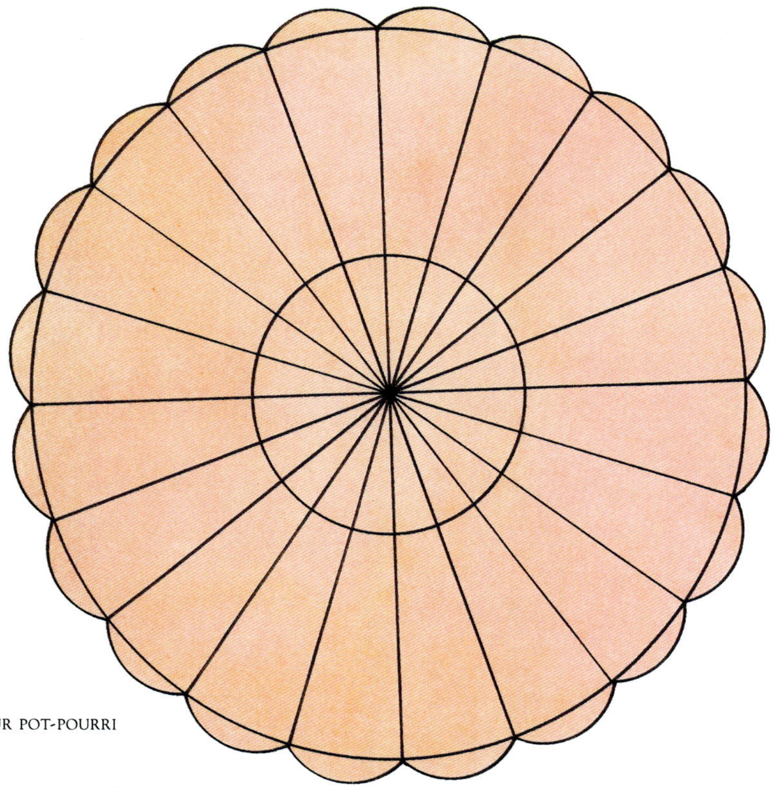

COUSSIN SOLEIL POUR POT-POURRI
P. 114

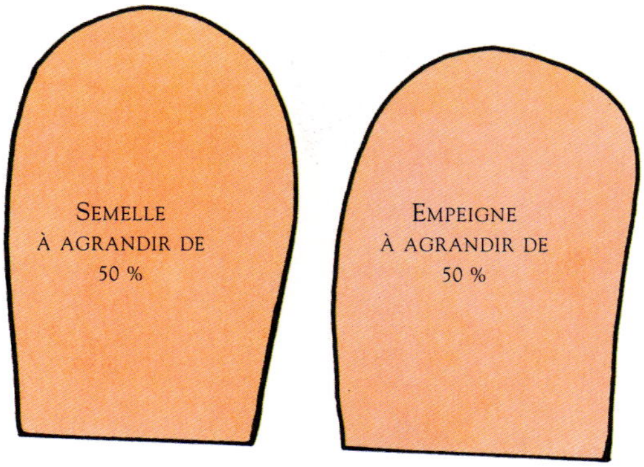

CHAUSSONS EN CRAZY PATCHWORK P. 122

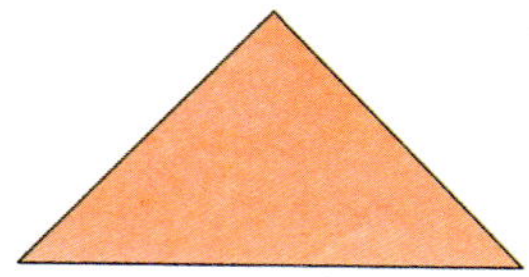

COUSSIN AU PANIER DE CERISES P. 120
GABARIT À AGRANDIR DE 50 %

COUSSIN EN APPLIQUÉ
POUR BÉBÉ P. 126

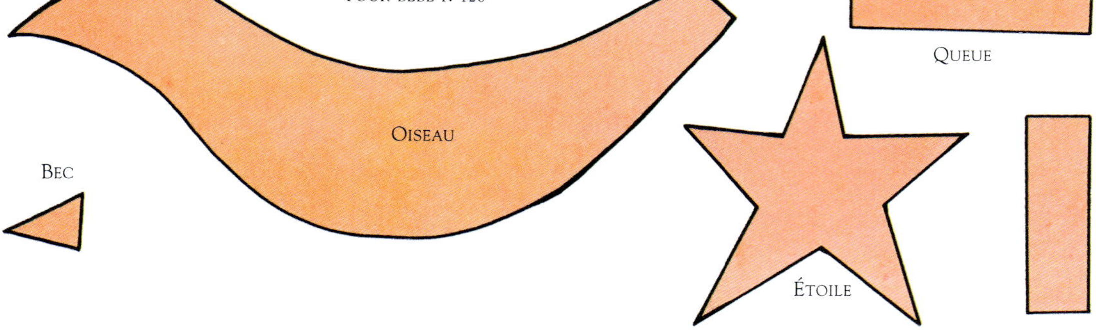

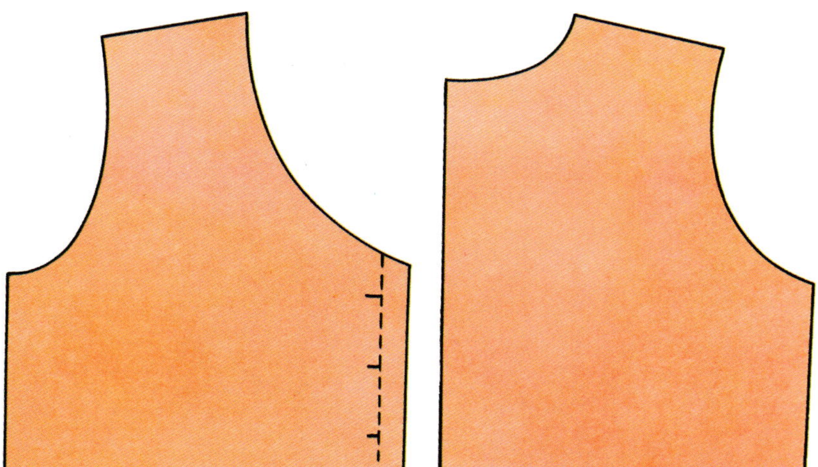

GILET D'ENFANT AVEC
APPLIQUÉ P. 132
À AGRANDIR DE 50 %

LE STYLE ETHNIQUE

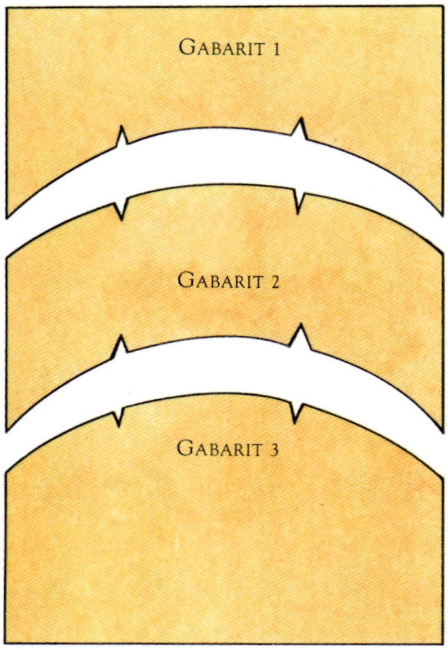

SAC EN PATCHWORK P. 138
À AGRANDIR DE 50 %

MANIQUE DOUBLE EN APPLIQUÉ SAN BLAS P. 143

VESTE D'ENFANT TRICOTÉE AVEC MOTIFS APPLIQUÉS P. 178

GILET APPLIQUÉ POUR ENFANT P. 146
À AGRANDIR DE 50 %

CADRE EN APPLIQUÉ
PA NDUA P. 170

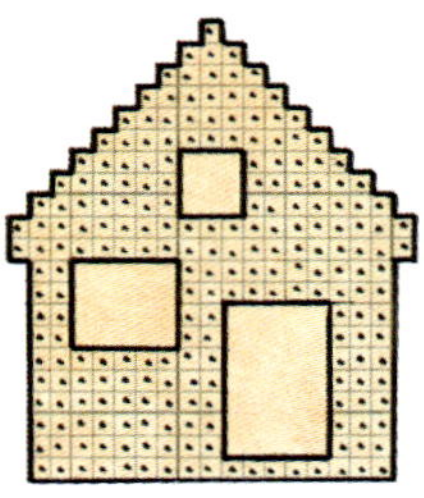

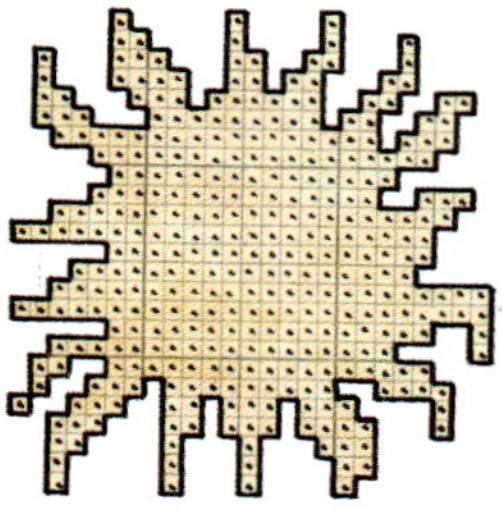

CHANDAIL D'ENFANT EN
PATCHWORK DE TRICOT P. 180

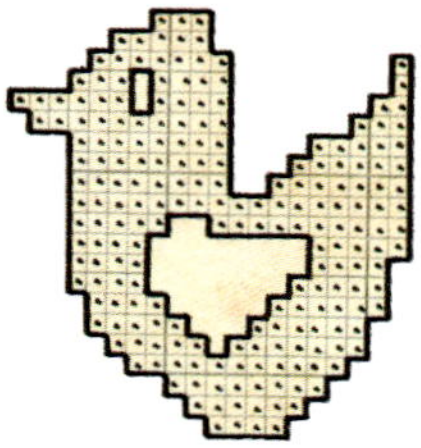

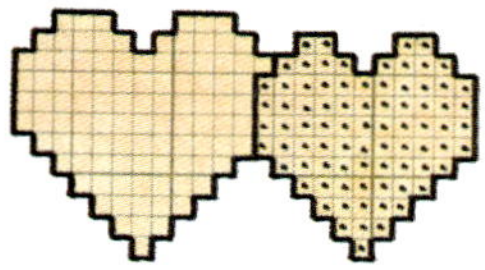

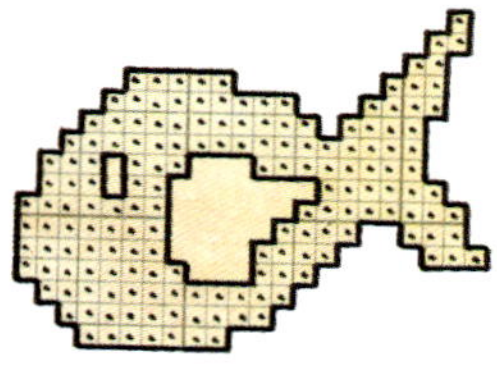

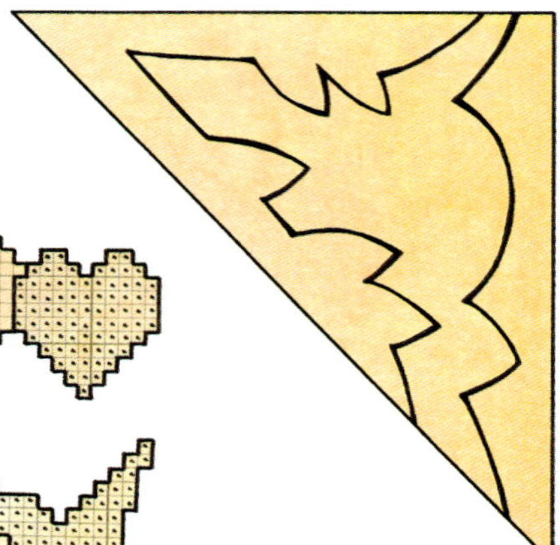

PANNEAU EN APPLIQUÉ
HAWAÏEN P. 184
À AGRANDIR DE 50 %

Le style contemporain

Sac de rangement p. 192
À agrandir de 50 %

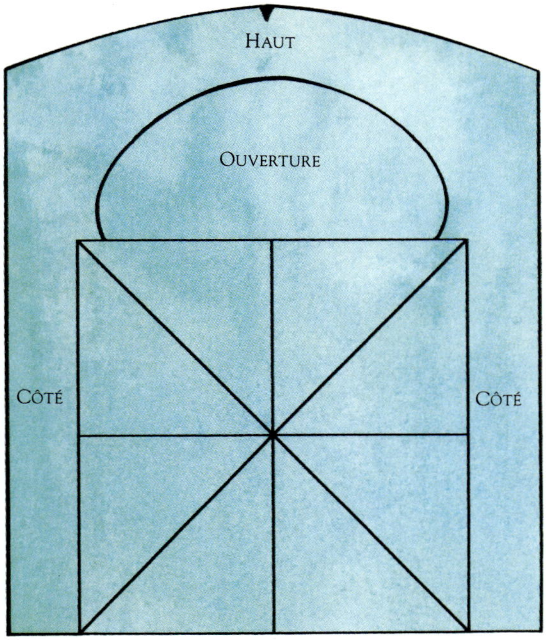

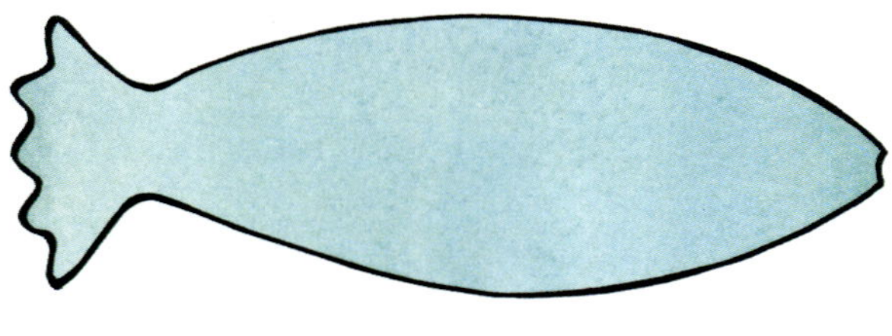

Sac de plage p. 198

Motifs des poissons

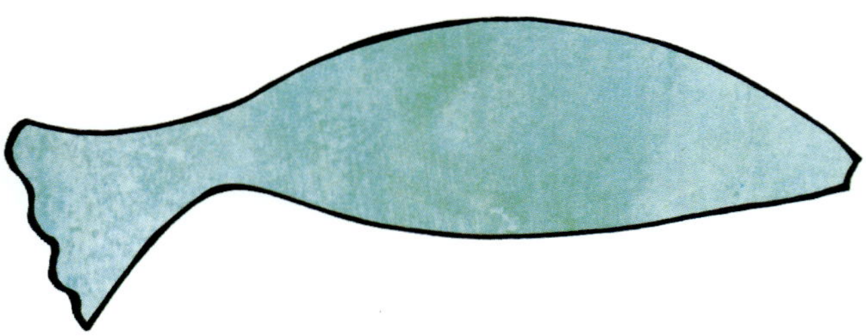

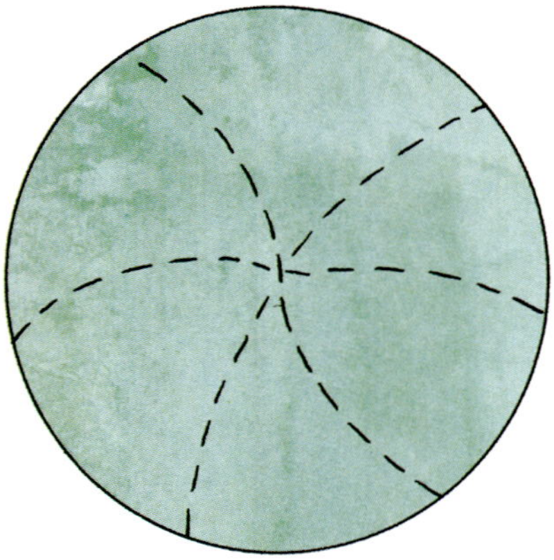

SERVIETTE DE PLAGE P. 199
MOTIFS À AGRANDIR DE 50 %

SET DE TABLE DE STYLE BISTROT P. 210

Petit sac du soir en satin p. 221
À agrandir de 50 %

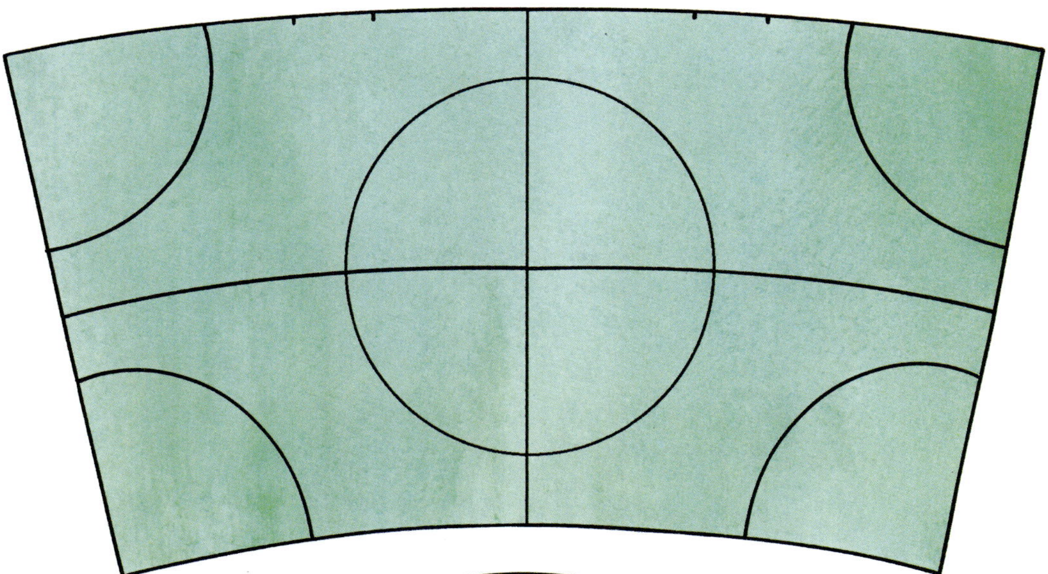

Cabas de vinyle p. 240
À agrandir de 50 %

INDEX

INDEX

REMERCIEMENTS

Les éditeurs remercient les stylistes, artistes et artisans dont les noms suivent, pour les projets qu'ils ont conçus et réalisés pour cet ouvrage : Abigail Barbier, Jenny Blair, Petra Boase, Louise Brownlow, Sally Burton, Julia Crook, Joanna Davies, Rachel Frost, Emma Ganderton, Lucinda Ganderton, Rachel Hyde, Judith Izatt, Sylvia Landers, Teresa Searle, Karen Spurgin, Isabel Stanley, Karen Triffitt, Chloe Walker, Jenny Watson, Angela Wheeler, Kate Whitworth, Dorothy Wood et Emma Woods. Ils remercient aussi Kay Dimbleby et ses clients pour avoir autorisé la publication des photos des superbes couvertures des pages 29 et 136. Que soient également remerciés pour leurs photos : John Freeman (pages 29 b et 136 b), Debbie Patterson (pages 190 et 191), Steve Tanner (pages 28, 29 t, 82 et 83), Peter Williams (pages 136 t, 137 et 190).

Notes

Notes

Notes

Notes

Notes

Notes

Notes

Notes